财务管理

主编　张根文　舒文存　高玲玲

合肥工业大学出版社

图书在版编目(CIP)数据

财务管理/张根文,舒文存,高玲玲主编.—合肥:合肥工业大学出版社,2009.8(2015.5重印)

ISBN 978-7-5650-0001-0

Ⅰ.财… Ⅱ.①张…②舒…③高… Ⅲ.财务管理—教材 Ⅳ.F275

中国版本图书馆CIP数据核字(2009)第130725号

财 务 管 理

张根文 舒文存 高玲玲 主编　　　　责任编辑 权 怡

出 版	合肥工业大学出版社	**版 次**	2009年8月第1版
地 址	合肥市屯溪路193号	**印 次**	2015年5月第3次印刷
邮 编	230009	**开 本**	787毫米×1092毫米 1/16
电 话	总编室:0551-62903038	**印 张**	13.25
	发行部:0551-62903198	**字 数**	322千字
网 址	www.hfutpress.com.cn	**印 刷**	合肥共达印刷厂
E-mail	hfutpress@163.com	**发 行**	全国新华书店

ISBN 978-7-5650-0001-0　　　　定价:26.00元

如果有影响阅读的印装质量问题,请与出版社发行部联系调换。

总　序

会计作为一门学科，是基于人类管理生活、生产的需要而产生的，并随着经济关系和经济管理活动的日趋复杂而得以不断发展和进步。会计作为现代经济管理的重要组成部分，发挥越来越大的作用，充分印证了"经济越发展，会计就越重要"。20 世纪 90 年代以来，随着我国经济的快速发展，我国会计领域发生了一系列的重大变革：1993 年"两则两制"的颁布，1998 年《股份有限公司会计制度》的颁布，2001 年《企业会计制度》的颁布以及 2006 年新会计准则的颁布。尤其是 2006 年，财政部出台的包括基本会计准则和 38 项具体会计准则在内的新会计准则体系，标志着我国会计迈出了与国际接轨的实质性一步。这次变革，深刻地改变了会计理论和会计实践。为了能更好地满足经济与社会发展的需要，就要求我们的会计教育也要顺应形势，与时俱进，能够培养出高质量、高水平的会计工作者。其中，编写一套融科学性、新颖性、实用性和通用性于一体的会计专业教材就显得十分重要。

为此，我们组织了长期在教学一线、拥有丰富教学经验的教师共同开发了这套高等学校会计专业系列教材。本系列教材包含了会计专业的核心课程："基础会计"、"中级财务会计"、"财务管理"、"管理会计"、"成本会计"和"审计学"等。

高等学校会计专业系列教材的出版，得到了合肥工业大学出版社及其他兄弟院校的热情支持和帮助，在此表示衷心的感谢。

会计是为经济服务的，中国经济的快速发展务必将带动会计理论与会计实务不断地发展，所以还有许多问题需要不断地去研究和探索。

为了更好的交流与沟通，使我们能不断地提高与完善，请将您阅读或教学中得到的宝贵经验或建议发至本系列教材的交流邮箱(hfutaccounting@yahoo.cn)，我们将及时与您互动，并向您送上我们深深的感谢！

"高等学校会计专业系列教材"编写组

2009 年 5 月

前　言

会计是商业的语言,会计工作是经济管理工作的重要组成部分。经济越发展,会计越重要。随着我国社会主义市场经济的飞速发展和改革的不断深入,在会计理论探讨和实践改革等方面也在不断深化。为了规范会计核算工作,提高会计信息质量,财政部于2006年2月15日颁布了新的企业会计准则,包括1项基本准则和38项具体准则。这标志着我国的会计在国际趋同的进程中又迈出了一大步。《财务管理》是会计专业学科体系中的一门十分重要的专业课程。本书在编写过程中注重科学性、实用性和通用性。全书系统地介绍了财务管理的理论基础、财务管理的运作以及财务分析与控制,注重理论与实践相结合,并力求将财务管理领域最新研究成果及政策体现在教材中。

本书适用于高等学校经济管理类学科各专业的财务管理课程,同时,也可供经济管理工作者和研究人员阅读与参考。

本书共十章,主要包括财务管理的基础、财务管理的运作以及财务分析与财务控制等。各章具体分工如下:张根文(第一、二、九章),高玲玲(第三、四、五章),杨苏(第六、八章),舒文存(第七、十章),全书由张根文统稿。在本书的编写过程中,麻晓芳、陈琛、常晓明、王健等同志参与了资料的收集和部分编写工作,在此向他们表示感谢。

为便于教师的教学和学生的学习,我们附录了"时间价值系数表"。另外,每章安排了一定量的复习思考题和练习题。教学用课件以及课后习题答案可以从合肥工业大学出版社网站(http://hfutpress.com.cn)下载。

本书在编写过程中参阅、借鉴了大量文献资料,并得到了其他兄弟院校的同行和有关部门的热情支持和帮助,在此表示感谢。

本书的出版得到了安徽肥东县汇银小额贷款股份有限公司的资助,在此对公司董事长杨秀梅女士的热情支持表示感谢。

由于我们的理论和业务水平有限,再加上编写时间仓促,书中存在不妥、错误之处,敬请读者批评、指正。

编　者

2009年8月

目　录

第一章　总　论 …………………………………………………………… (1)

第一节　财务管理概述 …………………………………………………… (1)

第二节　财务管理的目标 ………………………………………………… (7)

第三节　财务管理的环境 ………………………………………………… (10)

第四节　财务管理的环节 ………………………………………………… (14)

第二章　财务管理价值观念 …………………………………………… (17)

第一节　资金时间价值 …………………………………………………… (17)

第二节　风险价值 ………………………………………………………… (25)

第三章　筹资管理(Ⅰ)——筹资方式 ………………………………… (32)

第一节　企业筹资概述 …………………………………………………… (32)

第二节　资金需要量的预测 ……………………………………………… (36)

第三节　股权资金的筹集 ………………………………………………… (41)

第四节　债权资金的筹集 ………………………………………………… (48)

第四章　筹资管理(Ⅱ)——资本结构 ………………………………… (62)

第一节　资本成本 ………………………………………………………… (62)

第二节　资本结构理论 …………………………………………………… (67)

第三节　最佳资本结构决策 ……………………………………………… (70)

第五章　营运资产管理 ………………………………………………… (78)

第一节　营运资产概述 …………………………………………………… (78)

第二节　现金管理 ………………………………………………………… (80)

第三节　应收账款管理 …………………………………………………… (86)

第四节　存货管理 ………………………………………………………… (89)

第六章　项目投资管理 ………………………………………………………… (95)

第一节　项目投资概述 ………………………………………………………… (95)
第二节　项目投资的现金流量分析 ……………………………………………… (97)
第三节　项目投资决策评价的基本方法………………………………………… (101)
第四节　项目投资决策方法的运用……………………………………………… (107)

第七章　证券投资管理……………………………………………………………… (115)

第一节　证券投资概述…………………………………………………………… (115)
第二节　债券投资管理…………………………………………………………… (119)
第三节　股票投资管理…………………………………………………………… (122)
第四节　基金投资管理…………………………………………………………… (125)
第五节　证券投资组合…………………………………………………………… (129)

第八章　利润分配与股利政策……………………………………………………… (135)

第一节　利润分配概述…………………………………………………………… (135)
第二节　利润预测………………………………………………………………… (138)
第三节　股利理论与政策………………………………………………………… (142)

第九章　财务分析…………………………………………………………………… (152)

第一节　财务分析的意义与内容………………………………………………… (152)
第二节　财务分析的方法………………………………………………………… (153)
第三节　偿债能力分析…………………………………………………………… (158)
第四节　营运能力分析…………………………………………………………… (163)
第五节　盈利能力分析…………………………………………………………… (167)
第六节　现金流量分析…………………………………………………………… (171)
第七节　企业财务状况综合评价………………………………………………… (174)

第十章　财务控制…………………………………………………………………… (183)

第一节　财务控制概述…………………………………………………………… (183)
第二节　责任中心………………………………………………………………… (186)
第三节　责任预算、责任报告与业绩考核 ……………………………………… (192)
第四节　责任结算与核算………………………………………………………… (194)

附表一　复利现值系数表……………………………………………………………………（198）

附表二　复利终值系数表……………………………………………………………………（199）

附表三　年金现值系数表……………………………………………………………………（200）

附表四　年金终值系数表……………………………………………………………………（201）

主要参考文献…………………………………………………………………………………（202）

第一章 总 论

［学习目的］ 本章主要介绍财务管理的基本概念、目标、环境以及财务管理的环节。通过本章的学习，要求了解财务管理的发展，掌握财务管理的概念、财务管理的内容以及财务管理目标的几种代表观点，了解财务管理的环境以及财务管理的环节。

第一节 财务管理概述

一、财务管理的发展

（一）财务管理的初步形成阶段

企业财务管理大约起源于15世纪末16世纪初。当时西方社会正处于资本主义萌芽时期，地中海沿岸的许多商业城市出现了由公众入股的商业组织，入股的股东有商人、王公、大臣和市民等。商业股份经济的发展客观上要求企业合理预测资本需要量，有效筹集资本。但由于这时企业对资本的需要量并不是很大，筹资渠道和筹资方式比较单一，并没有形成独立的财务管理职业，而是包含在商业经营管理之中，因此被视为近代财务管理的萌芽。

19世纪末20世纪初，工业革命的成功促进了企业规模的不断扩大、生产技术的重大改进和工商活动的进一步发展，股份公司迅速发展起来，并逐渐成为占主导地位的企业组织形式。股份公司的发展不仅引起了资本需求量的扩大，而且也使筹资的渠道和方式发生了重大变化，企业筹资活动得到进一步强化。如何筹集资本扩大经营，成为大多数企业关注的焦点。于是，许多公司纷纷建立了一个新的管理部门——财务管理部门，财务管理开始从企业管理中分离出来，成为一种独立的管理职业，标志着财务管理的形成。

当时公司财务管理的职能主要是预计资金需要量和筹措公司所需资金，筹资是当时公司财务管理理论研究的根本任务。这段时期内的主要研究成果有：1897年，美国财务学者格林(Green)出版了《公司财务》，详细阐述了公司资本的筹集问题，该书被认为是最早的财务著作之一；1910年，米德(Meade)出版了《公司财务》，主要研究企业如何最有效地筹集资本，该书为现代财务理论奠定了基础。

（二）财务管理的快速发展阶段

1929年爆发的世界性经济危机和30年代西方经济整体的不景气，造成众多企业破产，投资者损失严重。在危机中幸存下来的企业认识到，要走出困境，在财务管理上只把主要精力集中到筹资上是很不够的。因为当时的主要矛盾已转化为如何以低价优质的产品去占领市场，增强竞争能力，以求得企业生存。产品价格降低，必须以产品成本降低为基础，于是各股份公司与其他企业纷纷把财务管理的重点从筹资为主转向成本管理为主。由于公司与企业成本管理的加强，增强了这些公司与企业的竞争能力，使它们在经济发展上逐渐进入复苏阶段。在此发展阶段，企业采取了一系列加强财务管理的措施。在采购环节，通过制定"经济采购批量"，对资金占用与采购、储存费用进行监督与控制；在生产环节，通过制定"经济投产批量"、标准成本与内部结算价格，对生产消耗进行监督与控制；在销售环节方面，通过制定"经济发货批量"、"销售费用预算"，对销售费用进行监督与控制等。

当时公司财务管理的主要职能是加强企业内部的成本管理与财务监督，成本管理是当时公司财务管理理论研究的根本任务。这段时期内的主要研究成果有：美国洛弗(W. H. Lough)的《企业财务》，首先提出了企业财务除筹措资本外还要对资本周转进行有效的管理。英国罗斯(T. G. Rose)的《企业内部财务论》，特别强调企业内部财务管理的重要性，认为资本的有效运用是财务研究的重心。

(三)财务管理的进一步完善阶段

20世纪50年代以后，面对激烈的市场竞争和买方市场趋势的出现，财务经理普遍认识到，单纯靠扩大融资规模、增加产品产量已无法适应新的形势发展需要，企业生存与发展不仅取决于内部的财务管理，而更重要的取决于投资机会的把握和投资地点与项目的选择，因为投资失误的损失比之企业内部成本管理不善的损失更具有毁灭性。于是，企业财务管理的重点由成本管理转向投资管理，而作好投资管理的主要方式是投资决策，即全面作好投资项目的可行性论证，并深入分析影响投资效果和投资风险的国内与国际条件，作出投资方向、地点和项目的决策。决策的首要任务是解决资金使用效率问题，为便于决策，资金的时间价值引起财务经理的普遍关注，以固定资产投资决策为研究对象的资本预算方法日益成熟，财务管理的重心由重视外部融资、成本控制转向注重资金在公司内部的合理配置，使公司财务管理发生了质的飞跃。

50年代后期，对公司整体价值的重视和研究，是财务管理理论的另一显著发展。实践中，投资者和债权人往往根据公司的盈利能力、资本结构、股利政策、经营风险等一系列因素来决定公司股票和债券的价值。由此，资本结构和股利政策的研究受到高度重视。这一时期主要财务研究成果有：1951年，美国财务学家迪安(Joel Dean)出版了最早研究投资财务理论的著作《资本预算》，对财务管理由融资财务管理向资产财务管理的飞跃发展发挥了决定性影响；1952年，哈里·马克维茨(H. M. Markowitz)发表论文《资产组合选择》，认为在若干合理的假设条件下，投资收益率的方差是衡量投资风险的有效方法。从这一基本观点出发，1959年，马科维茨出版了专著《组合选择》，从收益与风险的计量入手，研究各种资产之间的组合问题。马科维茨也被公认为资产组合理论流派的创始人；1958年，弗兰科·莫迪利安尼(Franco Modigliani)和米勒(Merto H. Miller)在《美国经济评论》上发表《资本成本、公司财务和投资理论》，提出了著名的MM理论。莫迪利安尼和米勒因为在研究资本结构理论上的突出成就，分别在1985年和1990年获得了诺贝尔经济学奖；1964年，夏普(William Sharpe)、林特纳(John Lintner)等在马克维茨理论的基础上，提出了著名的资本资产定价模型(CAPM)，系统地阐述了资产组合中风险与收益的关系，区分了系统性风险和非系统性风险，明确提出了非系统性风险可以通过分散投资而减少等观点。资本资产定价模型使资产组合理论发生了革命性变革，夏普因此与马克维茨一起共享第22届诺贝尔经济学奖的荣誉。

70年代后，金融工具的推陈出新使公司与金融市场的联系日益加强。认股权证、金融期货等广泛应用于公司筹资与对外投资活动，推动财务管理理论日益发展和完善。70年代中期，布莱克(F. Black)等人创立了期权定价模型(Option Pricing Model，简称OPM)；斯蒂芬·罗斯提出了套利定价理论(Arbitrage Pricing Theory)。在此时期，现代管理方法使投资管理理论日益成熟，主要表现在：建立了合理的投资决策程序；形成了完善的投资决策指标体系；建立了科学的风险投资决策方法。1972年，法玛(Fama)和米勒(Miller)出版了《财务管理》一书，这部集西方财务管理理论之大成的著作，标志着西方财务管理理论已经发展成熟。

80年代以后，随着数学方法、应用统计、优化理论与电子计算机、电子通讯技术以及网络技术等先进方法和手段在财务管理中的应用，公司财务管理理论得到了巨大的发展，分别诞生了财务管理信息系统、网络财务管理等。

二、财务管理的概念与特点

(一)财务管理的概念

财务管理是基于企业再生产过程中客观存在的财务活动和关系而产生的，是企业管理的重要组成部分。财务管理是指根据财经法规制度，按照财务管理的原则，组织企业财务活动，处理财务关系的一项经济管理工作。也就是说，财务管理是组织企业财务活动、处理财务关系的一项经济管理工作。

对财务管理这个概念的理解主要包括三个方面：首先，它要组织财务活动，就要了解企业包括哪些财务活动，且要区别一般的财务活动和特殊的财务活动。一般的财务活动是筹资、投资、资产的运营、分配，特殊的财务活动如兼并、收购、跨国经营等财务，财务管理学主要解决的是一般财务活动问题。其次，它处理财务关系，在资金运营过程中表现出不同的财务关系，一个合格的财务管理人员或经济管理人员能不能真正理解和运用好财务管理，显然在于他能不能处理好各种各样的财务关系。第三，它是一项经济管理工作，因此不同于人事管理、单纯的物资管理等，具有综合色彩。

(二)财务管理的特点

由于企业的生产经营活动是复杂多样的，这就决定了企业管理所涵盖的内容是十分广泛的，如生产管理、技术管理、人力资源管理、总务管理、营销管理、信息管理和财务管理等。各项管理活动是相互联系、密切配合的，同时又有科学的分工。财务管理是组织企业财务活动、处理财务关系的一项经济管理工作，相对于其他经济管理工作具有以下几个特点。

1. 涉及面广

首先就企业内部而言，财务管理活动涉及企业生产、供应、销售等各个环节，企业内部各个部门与资金不发生联系的现象是不存在的。每个部门也都在合理使用资金、节约资金支出、提高资金使用率上，接受财务的指导，受到财务管理部门的监督和约束。同时，财务管理部门本身为企业生产管理、营销管理、质量管理、人力物资管理等活动提供及时、准确、完整、连续的基础资料。其次，现代企业的财务管理也涉及企业外部的各种关系。在市场经济条件下，企业在市场上进行融资、投资以及收益分配的过程中与各种利益主体发生着千丝万缕的联系。主要包括：企业与其股东之间，企业与其债权人之间，企业与政府之间，企业与金融机构之间，企业与其供应商之间，企业与其客户之间，企业与其内部职工之间等等。

2. 综合性强

企业管理是一个由生产管理、营销管理、质量管理、技术管理、设备管理、人事管理、财务管理、物资管理等诸多子系统构成的复杂系统。诚然,其他管理都是从某一个方面并大多采用实物计量的方法,对企业在生产经营活动中的某一个部分实施组织、协调、控制,所产生的管理效果只能对企业生产经营的局部起到制约作用,不可能对整个企业的营运实施管理。财务管理则不同,作为一种价值管理,它包括筹资管理、投资管理、权益分配管理、成本管理等等,这是一项综合性强的经济管理活动。正因为是价值管理,所以财务管理通过资金的收付及流动的价值形态,可以及时全面地反映商品物资运行状况,并可以通过价值管理形态进行商品管理。也就是说,财务管理渗透在全部经营活动之中,涉及生产、供应、销售每个环节和人、财、物各个要素,所以抓企业内部管理以财务管理为突破口,通过价值管理来协调、促进、控制企业的生产经营活动。

3. 灵敏度高

企业是面向市场的独立法人实体和市场竞争主体。企业经营管理目标为经济效益最大化,这是现代企业制度要求投入资本实现保值增值所决定的,也是社会主义现代化建设的根本要求所决定的。因为,企业要想生存,必须能以收抵支、到期偿债。企业要发展,必须扩大收入。收入增加意味着人、财、物相应增加,这些都将以资金流动的形式在企业财务上得到全面地反映,并对财务指标的完成发生重大影响。因此,财务管理是一切管理的基础、管理的中心。抓好财务管理就是抓住了企业管理的牛鼻子,管理也就落到了实处。

三、财务管理的内容

(一)财务活动

企业的财务活动包括筹资活动、投资活动、资金营运活动、资金分配活动等。

1. 筹资活动

筹资活动是指导致企业资本及债务规模和构成发生变化的活动。

企业要想从事生产经营活动,首先要解决的问题是如何取得所需要的资金,包括以什么方式、在什么时间筹集多少资金。例如,企业可以通过发行股票、发行债券、吸收直接投资等方式筹集资金,这些表现为企业资金的收入。企业偿还借款、支付利息、股利以及付出各种筹资费用等,则表现为企业资金的支出。这种因为资金筹集而产生的资金收支,便是由公司筹资而引起的财务活动。企业在进行筹资活动时,财务人员首先要解决以什么方式筹集资金的问题,考虑是通过发行股票取得资金还是向债权人借入资金,两种资金占总资金的比例应为多少等。如果企业决定借入资金,则需进一步考虑是发行债券好还是从银行借入资金好,资金应该是长期的还是短期的,资金的偿付是固定的还是可变的等等。财务人员面对这些问题时,一方面要保证筹集的资金能满足公司经营与投资的需要,另一方面要使筹资风险在企业的掌控之中,即一旦外部的环境发生变化,公司不至于由于偿还外债而陷入破产。也就是说,企业财务人员在进行决策时,尽量以最低的成本获得充足的资金供应。

2. 投资活动

企业的投资活动是指企业长期资产的构建和不包括在现金等价物范围内的投资及其处置活动。

企业筹集资金的目的是为了把资金用于生产经营活动,以便获得盈利,不断增加企业的价值。企业筹集到的资金既可以对内投资,也可以对外投资。对内投资主要指用于购量固定资产、无形资产等;对外投资主要指用于购买其他公司的股票、债券,与其他公司联营进行投资以及收购另一个公司等。广义的投资包括对内投资和对外投资,狭义的投资仅指对外投资。财务管理中所讲的投资一般是指广义的概念。

企业在进行投资时,由于企业的资金是有限的,因此应尽可能地将资金投放于能获取最佳投资效益的项目。同时,又要考虑通过投资方向和投资方式的选择,来尽可能地降低投资风险。

3. 资金营运活动

企业的资金营运活动是指企业日常经营而引起的财务活动。

企业在日常生产经营过程中,会发生一系列的资金收付。例如,当企业要采购材料或商品,以便从事生产和销售活动时,需要支付工资和其他营业费用;当企业把产品或商品销售出去时,就会取得收入,收回资金;当企业现有资金不能满足企业经营的需要时,还要采取短期借款等方式来筹集所需资金。这些业务都会产生企业资金的收付。为满足企业日常营业活动的需要而垫支的资金称之为营运资金;因企业日常经营而引起的财务活动,称为资金营运活动。

企业营运资金的周转与企业生产经营周期往往具有一致性。在一定时期内,资金周转越快,就越是可以利用相同数量的资金生产出更多的产品,取得更多的收入,获得更多的报酬。因此,如何加速资金周转,提高资金利用效果,是财务管理的主要内容之一。

4. 资金分配活动

企业资金分配活动是指因利润分配而产生的资金收支引起的财务活动。

企业在经营过程中会产生收入,也可能会因对外投资而分得利润,这表明企业有了资金的增值或取得了投资报酬。企业在取得收入之后,需要按规定的程序进行分配。首先,要依法纳税;其次要用来弥补亏损,提取公积金、公益金;最后要向投资者分配利润。广义的分配是指对企业各种收入进行分割和分派的行为,狭义的分配仅指对企业净利润的分配。财务管理中的分配通常是指后者。

企业所实现的净利润,可以作为投资者的投资收益分配给投资者,也可以留存于企业作为投资者追加的投资。企业需要依据法律的有关规定,合理确定分配规模以及分配方式,从而确保能获得最大的长期利益。

企业财务活动的四个方面是相互联系、相互依存的,它们共同构成了一个完整的财务活动过程。伴随着企业生产经营活动的不断进行,财务活动也周而复始,不断进行。整个财务活动过程也就是企业财务管理的基本内容包括:筹资管理、投资管理、营运资金管理、利润分配管理。本书第三章~第八章分别从这几个方面做了介绍。

(二)财务关系

企业财务关系是指企业在组织财务活动过程中与有关各方面发生的经济利益关系。财务关系体现着财务活动的本质特征,并影响着财务活动的规模、速度。这种财务关系包括以下几个方面:

1. 企业与所有者之间的财务关系

是指投资者向企业投入资金,企业向其支付投资报酬所形成的经济关系。

企业的所有者要按照投资合同、协议、章程的约定履行出资义务,以便及时形成企业的资本，同时，拥有参与或监督企业经营、参与企业剩余权益分配，并承担一定的风险；管理企业利用资本进行营运，对出资者有承担资本保值、增值的责任，实现利润后，应该按照出资比例或合同、章程的规定，向其所有者支付报酬。一般而言，所有者的出资不同，他们各自对企业承担的责任也不同，相应的对企业享有的权利和利益也不相同。

因此，企业与所有者之间的关系是风险与共和以资本保值、增值为核心的剩余权益分配关系，体现着一种经营权与所有权的关系。

2. 企业与债权人之间的财务关系

是指企业向债权人借入资金，并按借款合同的规定按时支付利息和归还本金所形成的经济关系。

企业除利用资本进行经营活动外，还要借入一定数量的资金，以便降低企业资金成本，扩大企业经营规模。企业利用债权人的资金，要按约定的利息率，及时向债权人支付利息；债务到期时，要合理调度资金，按时向债权人归还本金。

因此，企业与债权人之间的关系是建立在契约之上的债务——债权关系。

3. 企业与国家之间的财务关系

国家作为社会管理者，担负着维护社会正常秩序、保卫国家安全、组织和管理社会活动等任务，为企业生产经营活动提供公平竞争的经营环境和公共设施等条件，为此所发挥的“社会费用”，须从受益企业的生产费用中扣除，从而形成具有强制性的纳税义务。

因此，国家以收缴各种税费的形式，与企业之间产生财务关系，企业应照章纳税。这是一种强制性分配关系。

4. 企业与受资者之间的财务关系

是企业以购买股票或直接投资的形式向其他企业投资形成的经济利益关系，体现所有权性质的投资与受资的关系。

5. 企业与债务人之间的财务关系

是指企业将其资金以购买债券、提供借款或商业信用等形式出借给其他单位所形成的经济关系。企业将资金借出后，有权要求其债务人按约定的条件支付利息和归还本金。企业与债务人之间的关系也就是债权——债务关系。

6. 企业内部各单位之间的财务关系

是指企业内部各单位之间在生产经营各环节中相互提供产品或劳务所形成的经济利益关系。企业在实行厂内经济核算制和企业内部经营责任制的条件下，企业供、产、销各个部门以及各个生产单位之间，相互提供劳务和产品要计价结算。这种在企业内部资金使用中的权责关系、利益分配关系与内部结算关系，体现了企业内部各单位之间的经济利益关系。

7. 企业与职工之间的财务关系

是指企业向职工支付劳动报酬过程中所形成的经济关系。

职工是企业的劳动者，他们以自身提供的劳动作为参加企业分配的依据。企业根据经营者的职务能力和经营能力高低，根据一般职工业务能力和劳动业绩大小，用其收入向职工支付工薪、津贴和奖金，并按规定提取公益金等。企业与职工之间是以权、责、劳、绩为依据的在劳动成果上的分配关系。

8. 企业与董事会、监事会的财务关系

董事会决定企业经营计划和投资方案，制定企业年度财务预决算、利润分配、弥补亏损和增减注册资本等方案，企业要为董事会支付董事会经费，因此，企业与董事会之间发生经济利益关系。监事会负责检查企业财务，企业执行董事会决议的一切财务收支，都要接受监事会的检查监督，同时企业也要支付一部分监事会经费，因此，也与企业发生经济利益关系。

搞好企业与各个部门之间的关系也是财务管理日常工作的重要内容。企业应当正确处理和协调与各有关方面的财务关系，取得国家、投资者和其他单位的信任，努力实现企业与其他各种财务主体之间的利益均衡，调动各个方面的积极因素，促进企业生产经营活动的正常开展，实现财务管理目标。

第二节 财务管理的目标

一、企业财务管理目标的含义及特点

财务管理目标是企业财务管理活动所希望实现的结果，是一切财务活动的出发点和归宿，是评价企业理财活动是否合理的基本标准。财务管理目标是企业进行财务活动所要达到的根本目的，决定着企业财务管理的基本方向。不同的财务管理目标，会产生不同的财务管理运行机制。这就要求企业科学地设置财务管理目标，从而优化理财行为、实现财务管理的良性循环。

企业财务管理目标具有相对稳定性、可操作性、层次性等特点：

(1)相对稳定性。随着宏观经济体制和企业经营方式的变化，随着人们认识的发展和深化，财务管理目标也可能发生变化。但是，宏观经济体制和企业经营方式的变化是渐进的，只有发展到一定阶段以后才会产生质变；人们的认识在达到一个新的高度以后，也需要有一个达成共识、为人所普遍接受的过程。因此，财务管理目标作为人们对客观规律性的一种概括，总的说来是相对稳定的。

(2)可操作性。财务管理目标是实行财务目标管理的前提，它要能够起到组织动员的作用，要能够据以制定经济指标并进行分解，实现职工的自我控制，进行科学的绩效考评，这样，财务管理目标就必须具有可操作性。具体说来包括：可计量性、可追溯性以及可控制性。

(3)层次性。财务管理目标是企业财务管理这个系统顺利运行的前提条件，同时它本身也是一个系统。各种各样的理财目标构成了一个网络，这个网络反映着各个目标之间的内在联系。财务管理目标之所以有层次性，是由企业财务管理内容和方法的多样性以及它们相互关系上的层次性决定的。

二、企业财务管理目标的几种代表性观点

(一)利润最大化

利润最大化是指企业以利润最大作为企业财务管理追求的目标，认为利润代表了企业新创造的财富，利润越多则说明企业的财富增加得越多，越接近企业的目标。

以利润最大化作为企业财务管理的目标，既有其优点也有其缺点。优点表现在：企业追求利润最大化，就必须讲求经济核算，加强管理，改进技术，提高劳动生产率，以及降低产品成本。这些措施都有利于资源的合理配置，有利于经济效益的提高。缺点主要表现在：(1)

利润最大化没有考虑利润实现的时间，没有考虑资金的时间价值；(2)利润最大化没能有效地考虑风险问题，这可能会使财务人员不顾风险的大小去追求更多的利润；(3)利润最大化往往会使企业财务决策带有短期行为的倾向，即只顾眼前的最大利润，而不顾企业的长远发展。

一般认为，将利润最大化作为企业财务管理的目标，只是对经济效益的浅层次的认识，存在一定的片面性。所以，现代财务管理理论认为，利润最大化并不是财务管理的最优目标。

(二)每股收益最大化

每股收益是指归属于普通股东的净利润与发行在外的普通股股数的比值，它的大小反映了投资者投入资本获得回报的能力。这一目标的优点采取了相对值，便于不同资本规模的企业或同一企业的不同期间之间的比较。缺点表现在，与利润最大化目标一样，没有考虑资金时间价值和风险因素，也不能避免企业的短期行为。

(三)企业价值最大化

企业价值最大化是指通过企业财务上的合理经营，采用最优的财务政策，充分考虑资金的时间价值和风险与报酬的关系，在保证企业长期稳定发展的基础上使企业价值达到最大。

企业价值是指企业的市场价值，是企业所能创造的预计未来现金流量的现值，反映了企业的获利能力和成长能力。未来现金流量的现值的概念，充分考虑了资金的时间价值和风险价值两方面的因素。未来现金流量的预测考虑了不确定性和风险因素，现金流量的现值则是对现金流量在考虑资金时间价值的基础上通过折现计算出来的。

公司价值最大化的优点表现在：

(1)公司价值最大化目标考虑了取得报酬的时间，并用时间价值的原理进行了计量；

(2)公司价值最大化目标科学地考虑了风险与报酬的联系；

(3)公司价值最大化能克服公司在追求利润上的短期行为，因为不仅目前的利润会影响公司的价值，预期未来的利润对公司价值的影响所起的作用更大。

进行公司财务管理，就是要正确权衡报酬增加与风险增加的得与失，努力实现两者之间的最佳平衡，使公司的价值达到最大。因此，公司价值最大化的观点，体现了对经济效益的深层次认识，一般认为它是现代财务管理的最优目标。

其缺点主要表现在，公司价值的计量问题。因为它是将公司未来的现金流量通过一个折现率折现计算出来，而不管是未来现金流量，还是折现率的选用，都带有很浓的主观估计因素。对于上市企业，股票价格的变动在一定程度上揭示了企业价值的变化，但是股价受多种因素的影响，特别是在效率低下的资本市场，股票价格往往不能反映企业所有者权益的价值。对于非上市公司，只有通过专门的评估才能确定其价值，而这种评估很难做到，也很难保证评估准确。

三、所有者、经营者和债权人的利益冲突与协调

企业财务管理的目标是企业价值最大化，围绕这一目标，财务活动所涉及的不同利益主体并非在思想上完全一致，这就需要采取措施协调相关利益群体的关系，化解他们之间的利益冲突。

(一)所有者与经营者的矛盾与协调

企业价值最大化体现的是企业所有者的利益,它与企业经营者并不存在直接的利益关系,经营者则有其自身的利益考虑。对企业经营者来说,他所得到的利益正是所有者所放弃的利益。在西方将此称为经营者的享受成本。因此,形成了所有者与经营者之间的矛盾。这种矛盾在实际工作中的表现为:经营者希望在提高企业价值的同时,增加享受成本,而所有者则希望以较小的享受成本带来极大的企业价值提高;经营者可能故意采取使股票市价下跌的措施,使所有者受损而自己渔利等。为了解决好所有者与经营者在实现财务管理目标上的矛盾,通常采取让经营者的报酬与经营业绩相联系的方法,并配置一定的监督措施。

1. 解聘

所有者发现经营者未能达到其财务管理的目标,就解聘经营者。这样可使经营者为避免惨遭解聘而被迫按所有者的意图进行工作,不考虑自身的利益。这是一种通过所有者约束经营者的办法。

2. 接收

如果经营者经营不利,没有达到企业价值在市场上的良好体现,该公司就会被其他公司强行接收或吞并,那么经营者也会被解聘。经营者为了避免被接收,必须采取一系列措施提高企业的价值。这是一种通过市场约束经营者的办法。

3. 激励

就是将经营者的报酬与其经营业绩挂钩,使经营者自觉地采取提高企业价值的措施。激励的方式一般有两种:

(1)“股票期权”方式。即允许经营者以固定的价格购买一定数量的本公司股票,当股票市价高于其购买时的固定价格时,经营者所得的报酬就多,因而能激励经营者主动采取与所有者意志相一致的经营行动。

(2)“绩效股”方式,即利用相关的财务指标来评估经营者的业绩,并视其业绩大小给予经营者数量不等的股票作为报酬。如经考核评估,其经营业绩未能达到规定目标时,经营者也会丧失部分或全部原先持有的“绩效股”。这种激励办法既可以调动经营者为获取“绩效股”而采取的有效行为,也可以调动经营者为每股市价最大化的目标而尽心尽责。

(二)所有者与债权人的矛盾与协调

所有者的企业价值最大化目标也有可能与债权人所希望实现的目标发生矛盾。例如,所有者可能在没有经过债权人同意的情况下,指使经营者投资于比债权人预期风险高的项目。在这种情况下,高风险的投资项目一旦成功,额外利润就会被所有者独享;如果投资失效,债权人却要与所有者共同承担由此而造成的损失。再如,所有者在未征求债权人同意的情况下,要求经营者发行新债券或举借新债,致使旧债券或者老债券因偿债风险增加而价值下降,此时,如果企业破产,旧债权人却要与新债权人共同分配公司破产后的价值。

所有者与债权人的上述矛盾协调主要通过债权人进行,其具体方式有两种:

(1)限制性借款。即对借款的用途、担保条款、信用条款进行限制,使所有者不能剥夺债权人的债权价值;

(2)收回借款或停止借款。即债权人发现企业有侵蚀其债权价值的意图时,采取收回债权,停止再向其增放贷款等措施来保护自身的权益。

(三)企业目标与社会责任

企业的目标与社会的目标在很多方面是一致的。例如企业为了实现自己的目标,必须生产出符合社会需要的产品,这不仅可以满足消费者的需求,而且也实现了企业产品的价值;企业为了实现财务目标,必须不断引进与开发新技术,拓展企业经营规模,这样就会引起新的就业需要,增加就业机会;企业为了实现财务目标,必须不断扩大销售,把产品销售给顾客,提供高效率和周到的服务。可见,企业在实现财务目标的同时,也实现了企业的社会责任。

但是财务目标的实现并不总是与社会责任履行保持一致的,经常存在着一定的矛盾。如企业为了获利,可能生产伪劣产品进而损害消费者的利益;企业为了治理环境污染,需要付出一定的代价,从而减少企业价值或股东财富等。纵观各国的经验,协调企业目标与社会责任的方法主要是通过国家制定一定的法律和规定来强制企业承担。如反垄断法、反暴利法、环境保护法、保护消费者权益法等,社会公众的舆论监督也有助于协调二者的矛盾。

第三节 财务管理的环境

一、财务管理环境的含义

财务管理环境也称理财环境,是指对企业财务活动和财务管理产生影响作用的企业内外各种条件的统称。如果把财务管理作为一个系统,那么,财务管理以外的对财务管理系统有影响作用的一切系统的总和便构成财务管理环境。

探讨企业财务环境的最终目的是使企业深刻理解自己所处的特定的财务环境,在规划自己的各种财务行为时,应充分考虑可能出现的各种变量、常量、限制条件等因素,从而作出更科学、合理、有效的财务决策,以达到预期目标,促进企业的价值最大化。

根据现代企业财务管理工作所处的市场经济环境,可以将企业财务管理工作的环境划分为外部环境和内部环境。

二、财务管理的外部环境

财务管理的外部环境,指企业的外部条件、因素和状况,主要包括经济环境、金融市场环境、法律环境、社会文化环境等。

(一)经济环境

影响财务管理的经济环境因素主要包括经济周期、经济发展水平和宏观经济政策等。

1. 经济周期

市场经济条件下,经济发展与运行带有一定的波动性。这种波动大体上经历复苏、繁荣、衰退和萧条几个阶段的循环,这种循环叫做经济周期。在不同的经济周期,企业应采取不同的财务管理策略。资本主义经济周期是人所共知的现象,西方财务学者曾探讨了经济周期中的经营理财策略。其要点可以归纳如表 1-1 所示。

表 1-1 经济周期中的经营理财策略

复 苏	繁 荣	衰 退	萧 条
增加厂房设施	扩大厂房设备	停止扩张	建立投资标准
实施长期租赁	继续建立存货	出售多余设备	保持市场份额
建立存货	提高价格	停产不利产品	消减管理费用
引入新产品	开展营销规划	停止长期采购	放弃次要利益
增加劳动力	增加劳动力	消减存货	消减存货
		停止雇员	裁减雇员

从经济发展阶段看，在经济发展的繁荣时期，市场需求旺盛，销量上升，投资活跃，财务人员需要迅速筹集资金，满足生产经营的需要；在经济衰退时期，市场萎缩，销售量下降，投资锐减，财务人员则需要及时调整资金配置，调整生产经营。

2. 经济发展水平

如果经济发展处于落后状态，生产力水平不高，财务管理就得不到重视，财务管理便不能充分发挥其职能；若经济发展处于发达状态，生产力水平很高，财务管理将受到重视，财务管理便可充分发挥其职能，对经济效益的提高也会产生重大影响。

3. 宏观经济政策

我国经济体制改革的目标是建立社会主义市场经济体制，以进一步解放和发展生产力。在这一总体目标的指导下，我国正进行着财税体制、金融体制、外汇体制、外贸体制、计划体制、价格体制、投资体制、社会保障制度、会计准则体系等各项改革。所有这些改革，都深刻地影响着我国的经济生活，也深刻地影响着我国企业的发展和财务活动的运行。

（二）金融环境

企业生产经营所需的资金，除了自己投入资金以外，离不开从金融机构或金融市场取得。所以，金融环境是企业十分重要的环境因素。

1 金融机构

金融，是指货币资金的融通，可分为直接金融和间接金融，此两种资金融通方式的区别在于是否有金融机构介入，没有则为直接金融，有则为间接金融。金融机构，是指专门从事货币信用活动的中介组织。我国的金融机构，按地位和功能可分为四大类：

(1)中央银行，即中国人民银行。

(2)银行，包括政策性银行、商业银行。

(3)非银行金融机构，主要包括国有及股份制的保险公司、城市信用合作社、证券公司、财务公司等。

(4)在境内开办的外资、侨资、中外合资金融机构。

这些金融机构相互补充，构成了一个完整的金融机构体系。

2. 金融工具

金融市场是资金融通的场所，它为企业提供了筹资、投资的机会和条件，然而金融市场的形势变化不定，某一时期或某一因素对企业有利，另一时期或另一因素又会对企业不利。面对复杂多变的金融市场，企业需要做出及时、科学的筹资、投资决策，合理利用财务杠杆，降低资金成本，优化资本结构，正确估量和尽量减少投资风险，提高投资收益。

3. 金融市场

金融市场是指资金供应者和资金需求者双方通过信用工具进行交易而融通资金的市场,广而言之,是实现货币借贷和资金融通、办理各种票据和有价证券交易活动的市场。

金融市场又称为资金市场,包括货币市场和资本市场,是资金融通市场。所谓资金融通,是指在经济运行过程中,资金供求双方运用各种金融工具调节资金盈余的活动,是所有金融交易活动的总称。在金融市场上交易的是各种金融工具,如股票、债券、储蓄存单等。资金融通简称为融资,一般分为直接融资和间接融资两种。直接融资是资金供求双方直接进行资金融通的活动,也就是资金需求者直接通过金融市场向社会上有资金盈余的机构和个人筹资;与此对应,间接融资则是指通过银行所进行的资金融通活动,也就是资金需求者采取向银行等金融中介机构申请贷款的方式筹资。金融市场对经济活动的各个方面都有着直接的深刻影响,如个人财富、企业的经营,经济运行的效率,都直接取决于金融市场的活动。

金融市场的构成十分复杂,它是由许多不同的市场组成的一个庞大体系。但是,根据金融市场上交易工具的期限,一般把金融市场分为货币市场和资本市场两大类。货币市场是融通短期资金的市场,资本市场是融通长期资金的市场。货币市场和资本市场又可以进一步分为若干不同的子市场。货币市场包括金融同业拆借市场、回购协议市场、商业票据市场、银行承兑汇票市场、短期政府债券市场、大面额可转让存单市场等。资本市场包括中长期信贷市场和证券市场。中长期信贷市场是金融机构与工商企业之间的贷款市场;证券市场是通过证券的发行与交易进行融资的市场,包括债券市场、股票市场、基金市场、保险市场、融资租赁市场等。

4. 利率

利率又称利息率。表示一定时期内利息量与本金的比率,通常用百分比表示,按年计算则称为年利率。

利率,就其表现形式来说,是指一定时期内利息额同借贷资本总额的比率。利率是单位货币在单位时间内的利息水平,表明利息的多少。多年来,经济学家一直致力于寻找一套能够完全解释利率结构和变化的理论,"古典学派"认为,利率是资本的价格,而资本的供给和需求决定利率的变化;凯恩斯则把利率看做是"使用货币的代价";马克思认为,利率是剩余价值的一部分,是借贷资本家参与剩余价值分配的一种表现形式。利率通常由国家的中央银行控制,在美国由联邦储备委员会管理。现在,所有国家都把利率作为宏观经济调控的重要工具之一。当经济过热、通货膨胀上升时,便提高利率、收紧信贷;当过热的经济和通货膨胀得到控制时,便会把利率适当地调低。因此,利率是重要的基本经济因素之一。

利率是经济学中一个重要的金融变量,几乎所有的金融现象和金融资产均与利率有着或多或少的联系。当前,世界各国频繁运用利率杠杆实施宏观调控,利率政策已成为各国中央银行调控货币供求,进而调控经济的主要手段,利率政策在中央银行货币政策中的地位越来越重要。合理的利率,对发挥社会信用和利率的经济杠杆作用有着重要的意义,而合理利率的计算方法是我们关心的问题。

利息率的高低,决定着一定数量的借贷资本在一定时期内获得利息的多少。影响利息率的因素,主要有资本的边际生产力或资本的供求关系、承诺交付货币的时间长度以及所承担风险的程度等。资金的利率通常由三部分组成:

(1)纯利率,指在没有风险和通货膨胀情况下的社会平均资金利润率;

(2)通货膨胀补偿率,又称通货膨胀贴水,是指由于持续的通货膨胀会不断降低货币的实际购买力,为补偿其购买力损失而要求提高的利率;

(3)风险收益率,是指由投资者承担风险而额外要求的风险补偿率,风险收益率的大小主要取决于风险大小和风险价格两个因素。在风险市场上,风险价格的高低取决于投资者对风险的偏好程度。这样,利率的计算公式一般可以表示为:利率=纯利率+通货膨胀补偿率+风险收益率。

(三)法律环境

财务管理的法律环境是指国家制定的企业所应遵守的各种法律、规定和制度,包括:

(1)经济组织法规。指涉及经济组织方面的法规,包括全民所有制企业法规、集体所有制企业法规、私营企业法规、公司法规、涉外企业法规等等。

(2)经济管理法规。指国家在组织管理和协调经济活动中形成的法规,包括计划法规、基本建设法规、税收法规、金融法规、会计和审计法规、产品质量责任法规、价格法规、自然资源法规、市场管理法规、知识产权法规等等。

(3)经济合同法规。指企业在经济流通和交换过程中形成的法规,包括经济合同法规、技术合同法规等等。与财务活动有关的各种法律、规定和制度,约束着企业的经济行为,企业必须按照有关法规的要求组织经济活动,处理企业与各方面的关系。

(四)社会文化环境

社会文化环境主要是指一个国家或地区的社会组织、社会结构、社会风俗习惯、历史传统、生活方式、教育水平、宗教信仰等。社会文化环境对企业财务管理活动的影响也是不可忽视的,因为公众的文化水平、文明程度、社会的文化传统和风俗习惯既影响到人们的思维方式、工作态度和个人追求,又制约着企业的经营行为,从而影响企业的财务管理活动及其成果。

三、财务管理的内部环境

财务管理的内部环境指企业的内部条件,主要包括企业组织形式、企业组织机构、企业人员素质等。

1. 企业组织形式

企业有各种不同的形式,虽然它们具有共性,但由于类型不同,所以对财务管理产生的影响就不同。也就是说,在管理体制既定的条件下,不同的组织形式,决定了企业内部财务管理权限分配和职责划分的不同。

目前我国企业的组织形式按经济成分和投资主体的不同,划分有股份制企业、国有企业、集体企业、私营企业、中外合资经营企业、中外合作经营企业、外商独资经营企业及其他经济组织等形式。不同组织形式的企业,其资金来源和利润分配有着较大的差别,其遵守的财务制度和法律法规等也不尽相同。企业在进行财务活动时,必须根据企业的组织形式来筹集资金、投放资金和分配收益,处理好企业与各方面的财务关系。

2. 企业组织机构

企业组织结构有直线制、职能制、事业部制等多种形式。不同的企业组织结构,对企业财务管理体制的建立具有影响。

3. 企业人员素质

企业人员素质，特别是财务管理人员的素质，对财务管理工作的质量和效率具有直接的影响。因此，需要研究安排能充分发挥财务管理作用的组织结构和人员分工。

第四节　财务管理的环节

财务管理环节是根据财务管理工作的程序及各部分间的内在关系划分的，分为财务预测、财务决策、财务计划、财务控制、财务监督和财务分析。

一、财务预测

财务预测是根据财务活动的历史资料，考虑现实的要求和条件，对企业未来的财务活动和财务成果做出科学的预计和测算。它是财务管理的环节之一。其主要任务在于：测算各项生产经营方案的经济效益，为决策提供可靠的依据，预计财务收支的发展变化情况，以确定经营目标，测定各项定额和标准，为编制计划，分解计划指标服务。

进行预测的目的，是为了体现财务管理的事先性，即帮助财务人员认识和控制未来的不确定性，使对未来的无知降到最低限度，使财务计划的预期目标同可能变化的周围环境和经济条件保持一致，并对财务计划的实施效果做到心中有数。

财务预测按预测的对象，可以分为筹资预测、投资预测、成本预测、收入预测和利润预测；按照性质可以分为定性预测和定量预测；按照预测跨度时间分为长期预测、中期预测和短期预算。

财务预测的程序一般包括确定预测对象、制订预测计划、搜集整理资料、制定预测方法、实施预测方案以及评价与修正预测结果等。

二、财务决策

财务决策是指企业财务管理人员按照财务目标的总体要求，利用专门的方法对各种备选方案进行比较和分析，进而从中选出最佳方案的过程。现代管理科学提出："管理的重心在经营，经营的重心在决策"。所以，在市场经济条件下，财务管理的核心就是财务决策，决策成功与否直接影响到企业的兴衰成败。

进行财务决策的方法有很多种，主要可以分为两大类：

(1)经验判断法。根据决策者的经验来判断选择，常用的方法有淘汰法、排队法、归纳法等；

(2)定量分析法。运用决策论的定量方法进行方案的确定、评价和选择，常用的方法有数学分析法、数学规划法、概率决策法等。

财务决策的程序一般包括确定决策目标、拟定备选方案、评价各种方案并选择最优方案等。

三、财务计划

企业以货币形式预计计划期内资金的取得与运用和各项经营收支及财务成果的书面文

件。它是企业经营计划的重要组成部分,是进行财务管理、财务监督的主要依据。财务计划是在生产、销售、物资供应、劳动工资、设备维修、技术组织等计划的基础上编制的,其目的是为了确立财务管理上的奋斗目标,在企业内部实行经济责任制,使生产经营活动按计划协调进行,挖掘增产节约潜力,提高经济效益。

企业财务计划编制的内容主要包括:资金筹集计划、固定资产投资和折旧计划、流动资产占用和周转计划、对外投资计划、利润和利润分配计划等。

企业财务计划编制方式主要包括四种:

(1)固定计划,即按计划期内某一固定的经营水平编制的财务计划;

(2)弹性计划,即按计划期内若干经营水平编制的具有伸缩性的财务计划;

(3)滚动计划,即用不断延续的方式,使计划期始终保持一定长度的财务计划;

(4)零基计划,即对计划期内指标不是从原有基础出发,而是以零为起点,考虑各项指标应达到的水平而编制的财务计划。

四、财务控制

财务控制是指对企业的资金投入及收益过程和结果进行衡量与校正,目的是确保企业目标以及为达到此目标所制订的财务计划得以实现。财务控制的目标是在确保法律法规和规章制度贯彻执行的基础上,优化企业整体资源综合配置效益,厘定资本保值和增值的委托责任目标与其他各项绩效考核标准来制定财务控制目标,是企业理财活动的关键环节,也是确保实现理财目标的根本保证,所以财务控制是服务于企业的财务管理目标的。

企业财务控制可以按不同的标准进行分类:

(1)按照财务控制的内容,可分为一般控制和应用控制两类;

(2)按照财务控制的功能,可分为预防性控制、侦查性控制、纠正性控制、指导性控制和补偿性控制;

(3)按照财务控制的时序,可分为事前控制、事中控制和事后控制三类。

财务控制的程序一般包括制定控制标准、分解落实责任,确定执行差异、及时消除差异,评价单位业绩、进行考核奖惩等。

五、财务监督

财务监督是企业财务管理工作的重要组成部分,也是国家财政监督的基础。它对于规范企业的财务活动,严格财务制度及财经纪律,改善企业财务管理工作,保证财务计划的实现具有重要意义。

财务监督的目的在于督促企业财务活动符合国家有关政策、法规和企业经营管理制度的规定,揭露财务活动中的弊端和违法行为,威慑和制约不法行为,保证财务活动的正常运行;促进企业资源的合理配置和有效利用,实现企业经营目标。

企业进行财务监督的方法主要包括调查询问有关人员,审阅财务文件,核对账簿、报表,统计分析财务数据等方法。

六、财务分析

财务分析是以财务报告资料及其他相关资料为依据,采用一系列专门的分析技术和方法，对企业等经济组织过去和现在有关筹资活动、投资活动、经营活动、分配活动的盈利能力、营运能力、偿债能力和增长能力状况等进行分析与评价的经济管理活动。它为企业的投资者、债权人、经营者及其他关心企业的组织或个人能够了解企业过去、评价企业现状、预测企业未来，提供准确的信息或依据，并做出正确决策。

财务分析的方法与分析工具众多，具体应用应根据分析者的目的而定。最经常用到的还是围绕财务指标进行单指标、多指标综合分析，再加上借用一些参照值（如预算、目标等），运用一些分析方法（如比率、趋势、结构、因素等）进行分析，然后通过直观的、人性化的格式（如报表、图文报告等）展现给用户。

财务分析的程序一般包括搜集资料了解情况、对比分析找出差异、分析原因明确责任、提出改进措施等。

财务管理的各个环节相互连接，形成财务管理工作的完整过程，被称为财务管理循环。

复习思考题

1. 财务管理的概念和特点是什么？
2. 财务管理的内容有哪些？
3. 简述财务管理目标的几种代表性观点以及各自的优缺点。
4. 财务管理的环境有哪些？
5. 财务管理的环节有哪些？

第二章　财务管理价值观念

［学习目的］　本章主要阐述财务管理的两个最基本的观念，货币时间价值观和风险衡量观。这两个观念贯穿企业理财活动的始终。通过本章学习，需要掌握资金时间价值的计算，包括单利现值和终值的计算、复利现值和终值的计算、年金现值和终值的计算和复利条件下利率的计算；了解实际利率与名义利率的关系；掌握测度风险的衡量指标，主要有收益率期望、标准差和标准离差三个指标，了解风险类别及其控制对策。

第一节　资金时间价值

时间价值是客观存在的经济范围，任何企业的财务活动都是在特定的时空中进行的。离开了时间价值因素，就无法正确计算不同时期的财务支出，也无法正确评价企业盈亏。时间价值原理，正确地揭示了不同时点上资金之间的换算关系，是财务决策的基本依据。为此，财务人员必须了解时间价值的概念和计算方法。

一、资金时间价值的含义

资金时间价值，是指一定量资金在不同时点上的价值差额。资金的时间价值来源于资金进入社会再生产过程后的价值增值。通常情况下，它相当于没有风险也没有通货膨胀情况下的社会平均利润率，是利润平均化规律作用的结果。根据资金具有时间价值的理论，可以将某一个时点的资金金额折算为其他时点的金额。

二、现值和终值的计算

终值又叫未来值，是现在一定量的资金折算到未来某一时点所对应的金额，通常记作 F。现值是指未来某一时点上的一定量资金折算到现在所对应的金额，通常记作 P。

现值和终值是一定量资金在前后两个不同时点上对应的价值，其差额即为资金的时间价值。现实生活中计算利息所称本金、本利和的概念相当于资金时间价值理论中的现值和终值，利率 i 可视为资金时间价值的一种具体表现，现值和终值对应的时点之间可以划分为 n 期（$n>0$），相当于利息期。

（一）单利的现值和终值

1. 单利现值

$$P=F/(1+n\times i)$$

其中，$1/(1+n\times i)$ 为单利现值系数。

例 2-1 小张为了 5 年后能从银行取出 50 000 元，在年利率 3%的情况下，目前应存入银行的金额是多少？

$$P=F/(1+n\times i)=50\ 000/(1+5\times 3\%)\approx 43\ 478.26(\text{元})$$

2. 单利终值

$$F=P\times(1+n\times i)$$

其中，$(1+n\times i)$为单利终值系数。

例 2-2 小张将 50 000 元存入银行，年利率 3%，求 5 年后的终值。

$$F=P(1+n\times i)=50\ 000\times(1+5\times 3\%)=57\ 500(\text{元})$$

(二)复利计算

复利指每经过一个计息期，要将该期所派生的利息加入本金再计算利息，逐期滚动计算。这里所说的计息期，是指相邻两次计息的间隔。除非特别说明，计息期一般为一年。

1. 复利现值

$$P=F/(1+i)^n$$

其中，$1/(1+i)^n$ 为复利现值系数，记作$(P/F,i,n)$，可直接查阅“复利现值系数表”。

例 2-3 小张为了 5 年后能从银行取出 50 000 元，在复利年利率 3%的情况下，求当前应存入金额。

$$P=F/(1+i)^n=50\ 000\times(P/F,3\%,5)=50\ 000\times 0.862\ 6=43\ 130(\text{元})$$

2. 复利终值

$$F=P(1+i)^n$$

其中，$(1+i)^n$ 为复利现值系数，记作$(F/P,i,n)$，可直接查阅“复利终值系数表”。

例 2-4 某人将 50 000 元存入银行，复利年利率 3%，求 5 年后的终值。

$$P=P\times(1+i)^n=50\ 000\times(F/P,3\%,5)=50\ 000\times 1.159\ 3=57\ 965(\text{元})$$

(三)年金终值和现值的计算

年金，是指一定时期内每期以相等金额收付的款项。年金包括普通年金(后付年金)、即付年金(先付年金)、递延年金、永续年金等形式。普通年金和即付年金是年金的基本形式，都是从第一期开始等额收付，两者的区别是普通年金发生在期末，而即付年金发生在期初。递延年金和永续年金是派生出来的年金，递延年金是从第二期或第二期以后才发生，而永续年金的收付期趋向无穷大。

在年金中，系列等额收付的间隔期间不一定是指一年。只要满足“相等的时间间隔收付相等的金额”这一条件即可，例如每月等额支付的职工薪酬也是年金。

1. 普通年金终值和现值的计算

本书中把年金记作 A，终值记作 F，现值记作 P。

(1)普通年金终值的计算：

普通年金，又称后付年金，每期等额款项的收付发生在期末。普通年金终值如同零存整取的本利之和，等于一定时期内每期期末等额收付款项的复利终值之和。普通年金终值的计算可用图 2－1 来表示。

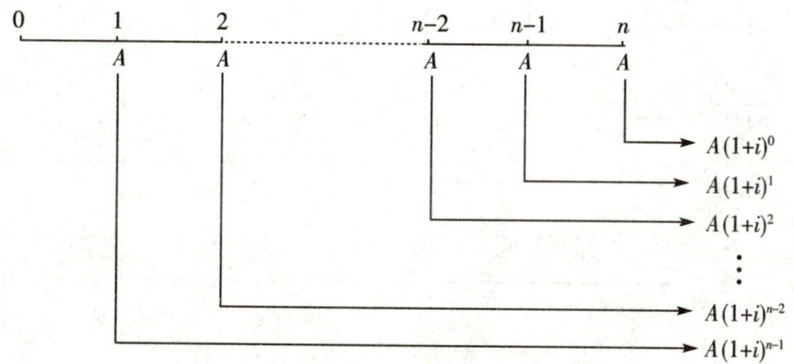

图 2－1 普通年金终值计算示意图

根据图 2－1，普通年金终值的计算公式为：

$$F=A+A(1+i)+A(1+i)^2+A(1+i)^3+\cdots+A(1+i)^{n-1}$$

$$=A\,\frac{(1+i)^n-1}{i}=A(F/A,i,n)$$

式中，$\frac{(1+i)^n-1}{i}$称为年金终值系数，记作$(F/A,i,n)$，可直接查阅"年金终值系数表"。

如果上式中，已知终值、利率和期限，求 A，则公式可以变换为：

$$A=F/(F/A,i,n)$$

这里的$\frac{1}{(F/A,i,n)}$被称之为偿债基金系数，也可以表示为$(A/F,i,n)$，A 被称之为偿债基金。年金终值系数与偿债基金系数互为倒数。

例 2－5 小张热心于公众事业，自 2001 年 12 月底开始，他每年都要向一位失学儿童捐款。小张向这位失学儿童每年捐款 3 000 元，帮助这位失学儿童从小学一年级开始读完了九年义务教育。假设每年定期存款利率都是 3%，则小张九年捐款在 2009 年底相当于多少钱？

$$F=A\times(F/A,i,n)=3\,000\times(F/A,3\%,9)=3\,000\times10.159\,1=30\,477.3(\text{元})$$

例 2－6 小张准备在 5 年后偿还一笔债务 10 000 元，从现在起每年年末等额存入银行一笔款项。假设利息率为 5%，他每年需要存入多少钱？

$$A=F/(F/A,i,n)=10\,000/(F/A,5\%,5)=10\,000\div5.525\,6=1\,809.76(\text{元})$$

(2)普通年金现值的计算：

普通年金现值等于一定时期内每期期末等额收付款项的复利现值之和。普通年金现值的计算可用图 2－2 来表示。

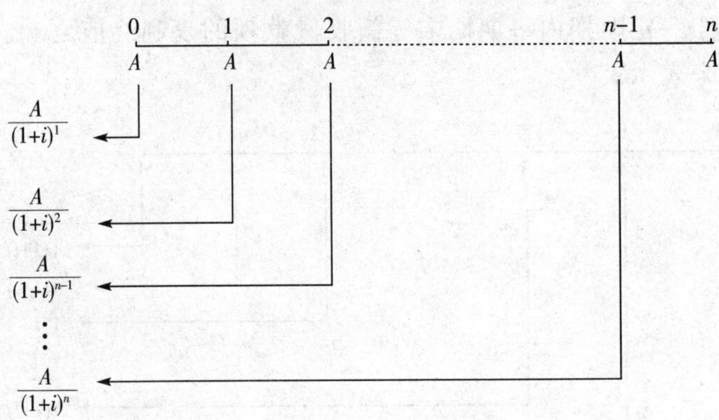

图 2-2　普通年金现值计算示意图

根据图 2-2,普通年金现值的计算公式为:

$$P=A(1+i)^{-1}+A(1+i)^{-2}+\cdots+A(1+i)^{-(n-1)}+A(1+i)^{-n}$$

$$=A\frac{1-(1+i)^{-n}}{i}=A(P/A,i,n)$$

式中,$\frac{1-(1+i)^{-n}}{i}$为年金现值系数,记作$(P/A,i,n)$,可直接查阅"年金现值系数表"。

如果上式中,已知现值、利率和期限,求 A,则公式可以变换为:

$$A=P/(P/A,i,n)$$

这里的$\frac{1}{(P/A,i,n)}$被称之为资本回收系数,也可以表示为$(A/P,i,n)$,A 被称之为年资本回收额。年金现值系数与资本回收系数互为倒数。

例 2-7　小张现在存入一笔钱,准备在以后的 5 年内,每年年末能等额取出 10 000 元,假设利息率为 5%,他现在需要存入多少钱?

$P=A(P/A,i,n)=10\ 000\times(P/A,5\%,5)=10\ 000\times4.329\ 5=43\ 295$(元)

例 2-8　某企业从银行借得 1 000 万元的贷款,准备在 10 年内等额偿还,年利率 7%,则每年应付的金额为多少?

$$A=P/(P/A,i,n)=1\ 000\times\frac{1}{(P/A,7\%,10)}=\frac{1\ 000}{7.023\ 6}\approx142.38\text{(万元)}$$

2. 即付年金终值和现值的计算

(1)即付年金终值的计算:

即付年金的终值是把即付年金每期等额的 A 都换算成为第 n 期期末的数值,再来求和。即付年金终值的计算可用图 2-3 来表示。

根据图 2-3,即付年金终值的计算公式为:

$$F=A(1+i)+A(1+i)^2+A(1+i)^3+\cdots+A(1+i)^n$$

$$F=A\cdot\frac{(1+i)^n-1}{i}\cdot(1+i)=A\cdot(F/A,i,n)\cdot(1+i)$$

或者 $F=A[(F/A,i,n+1)-1]$

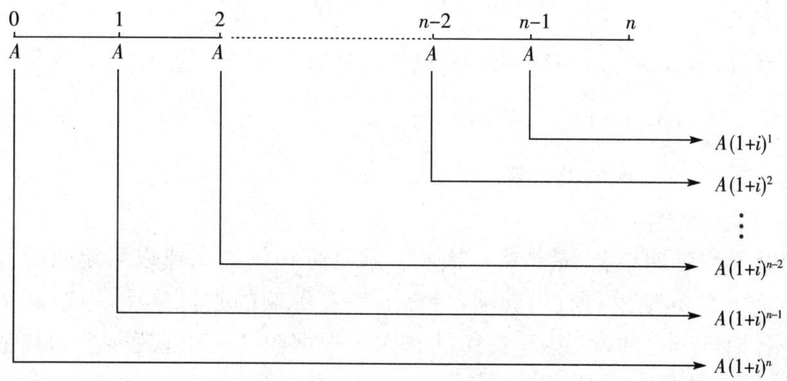

图 2-3　即付年金终值计算示意图

例 2-9　张先生为给儿子上大学准备资金，连续 8 年于每年年初存入银行 4 000 元。若银行存款利率为 5%，则王先生在第 8 年末能一次取出本利和多少钱？

方法 1：$F=4\ 000\times(F/A,5\%,8)\times(1+5\%)=4\ 000\times9.549\ 1\times(1+5\%)\approx40\ 106$（元）

方法 2：$F=A[(F/A,i,n+1)-1]=4\ 000\times[(F/A,5\%,9)-1]$

$=4\ 000\times(11.026\ 6-1)\approx40\ 106$（元）

(2)即付年金现值的计算：

即付年金的现值就是把即付年金每期等额的 A 都换算为第一期初的数值，再求和。即付年金现值的计算可用图 2-4 来表示。

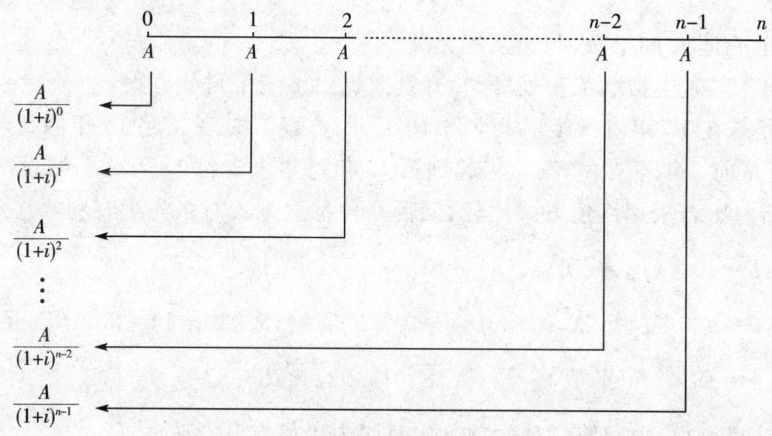

图 2-4　即付年金现值计算示意图

根据图 2-4，即付年金现值的计算公式为：

$$P=A+A(1+i)^{-1}+A(1+i)^{-2}+\cdots+A(1+i)^{-(n-1)}$$

$$=A\cdot\frac{1-(1+i)^{-n}}{i}\cdot(1+i)=A\cdot(P/A,i,n)\cdot(1+i)$$

或者 $P=A\cdot[(P/A,i,n-1)+1]$

例 2-10　某企业租入甲设备，若每年年初支付租金 40 000 元，年利率为 5%，则 5 年租金的现值为多少？

$P=A\cdot[(P/A,i,n-1)+1]=A\cdot[(P/A,5\%,5-1)+1]$

$=40\ 000\times(3.546\ 0+1)+181\ 840$（元）

3. 递延年金终值和现值的计算

(1)递延年金终值的计算：

递延年金又称延期年金，是指第一次收付款发生在第二期或以后期间的等额系列收付款项。假设最初有 m 期没有收付款项，后面 n 期有等额的收付款项，则递延年金的终值为后面 n 期的各期年金之和，可用图 2-5 来表示。根据图 2-5，递延年金的终值计算与普通年金的终值一样，只是要注意期数。

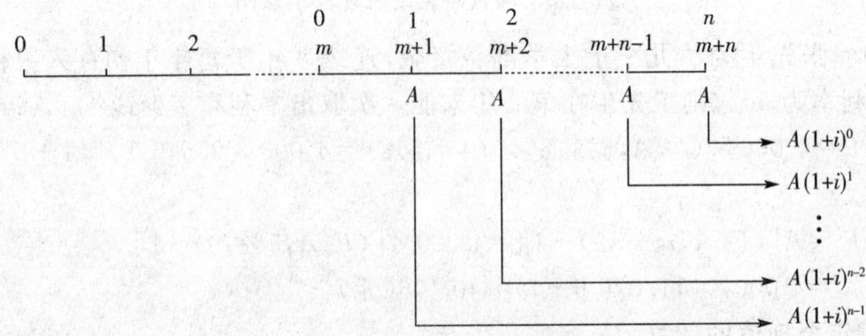

图 2-5　递延年金终值计算示意图

$$F=A(F/A,i,n)$$

式中，"n"表示的是 A 的个数，与递延期无关。

例 2-11　张先生拟购买一处房产，开发商提出了三个付款方案：

方案一是现在 15 年内每年年末支付 10 万元；方案二是现在起 15 年内每年初支付 9.5 万元；方案三是前 5 年不支付，第六年起到第 15 年每年末支付 18 万元。假设按银行贷款利率 10%复利计息，若采用终值方式比较，问哪一种付款方式对张先生有利？

方案一：$F=10\times(F/A,10\%,15)=10\times31.772=317.72$（元）

方案二：$F=9.5\times[(F/A,10\%,16)-1]\times9.5\times(35.950-1)=332.03$（元）

方案三：$F=18\times(F/A,10\%,10)=18\times15.937=286.87$（元）

从上述计算可得，采用第三种付款方案对张先生最有利。

(2)递延年金现值的计算：

计算方法一：

如图 2-6 所示，先将递延年金视为 n 期普通年金，求出在 m 期普通年金现值，然后再折算到第一期起初：

$$P_0=A\times(P/A,i,n)\times(P/F,i,m)$$

式中，m 为递延期，n 为连续收支期数。

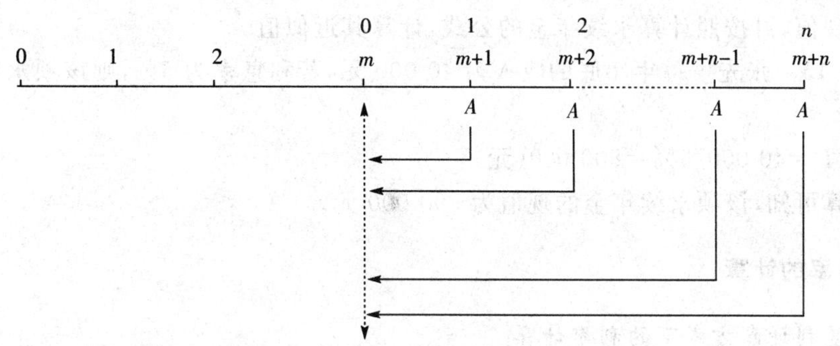

图 2-6　递延年金现值计算示意图

计算方法二：

计算 $m+n$ 期年金现值，再减去 m 期年金现值：

$$P_0=A\times[(P/A,i,m+n)-(P/A,i,m)]$$

例 2-12　张先生投资一种保险产品，该种保险要求一次支付保险费，第 11 年到第 20 年每年年末可领取保险金 1 000 元，设银行存款利息为 8%，问现在支付一次性保险费最多为多少才有利？

解答：根据计算方法一，计算为：

$$P=A\cdot(P/A,8\%,10)\cdot(P/F,8\%,10)=1\,000\times6.710\,1\times0.463\,2=3\,108(\text{元})$$

据根计算方法二，计算为：

$$P=600\times[(P/A,8\%,20)-(P/A,8\%,10)]=1\,000\times(9.818\,1-6.710\,1)=3\,108(\text{元})$$

从上述计算可得，现在支付一次性保险费至少 3 108 元才有利。

4. 永续年金现值的计算

永续年金是指无限期支付的年金。由于在计算永续年金时，n 趋向无穷大，其终值为无穷大。比如，普通年金终值 $F=A\cdot\frac{(1+i)^n-1}{i}$，当 $n\to\infty$ 时，$F_{n\to\infty}=\infty$，所以我们没有讨论永续年金终值的必要，在本书中只谈论永续年金的现值。

永续年金的现值可以看成是一个 n 无穷大后付年金的现值，则永续年金现值计算过程如下：

$$P=A\frac{1-\frac{1}{(1+i)^n}}{i}$$

当 $n\to\infty$ 时，$\frac{1}{(1+i)^n}\to0$

所以，永续年金现值的计算公式为：$P=\frac{A}{i}$。

其实，永续年金是无限期支付的年金。有些债券可以为无限期债券，可以视为永续年金。优先股因为有固定的股利而又无到期日，所以可以看作永续年金。另外，期限长、利率高的年金现值，可按照计算永续年金的公式，计算其近似值。

例 2－13 张先生每年年底的收入为 40 000 元，若利息率为 5%，则该项永续年金的现值为多少？

解答：$P=40\ 000/5\%=800\ 000$（元）

由计算可知，该项永续年金的现值为 800 000 元。

三、利率的计算

（一）复利计息方式下的利率计算

复利计息方式下，利率与现值（或者终值）系数之间存在一定的数量关系。已知现值（或者终值）系数，则可以通过内插法计算对应的利率。

$$i=i_1+\frac{B-B_1}{B_2-B_1}\times(i_2-i_1)$$

式中，所求利率为 i，i 所对应的现值（或者终值）系数为 B，B_1、B_2 为现值（或者终值）系数中与 B 相邻的系数，i_1、i_2 为 B_1、B_2 对应的利率。

（1）若已知复利现值（或者终值）系数 B 以及期数 n，则可以查系数表，找出与已知复利现值（或者终值）系数最接近的两个系数以及其对应的利率，按内插法公式计算利率。

例 2－14 张先生下岗获得 80 000 元现金补助，他盘算着趁现在还有劳动能力，先找一份临时的工作糊口，将款项存起来。张先生预计，如果 20 年后这笔款项连本带利达到 350 000元，那就可以解决自己的养老问题。那么，银行存款的年利率为多少时才能实现张先生的愿望？

解答：$80\ 000\times(F/P,i,20)=350\ 000$

即：$(F/P,i,20)=4.375$

通过查“复利现值系数表”可得：

当 $i=7\%$ 时，有 $(F/P,7\%,20)=3.869\ 7$

当 $i=8\%$ 时，有 $(F/P,8\%,20)=4.661\ 0$

因此，i 在 7% 和 8% 之间。

选用内插法有：

$$i=i_1+\frac{B-B_1}{B_2-B_1}\times(i_2-i_1)=7\%+\frac{4.375-3.869\ 7}{4.661\ 0-3.869\ 7}\times(8\%-7\%)=7.639\%$$

由计算可知，银行存款的年利率为 7.639% 时，才能实现张先生的愿望。

（2）若已知年金现值（或者终值）系数以及期数 n，则可以查系数表，找出与已知年金现值（或者终值）系数最接近的两个系数及其对应的利率，按内插法公式计算利率。

例 2－15 张先生现在向银行存入 35 000 元，按复利计算，当银行存款的年利率为多少时，才能保证在未来的 10 年中每年可以等额取出 5 000 元用于生活补助？

解答：$5\ 000\times(P/A,i,10)=35\ 000$

即：$(P/A,i,10)=7$

通过查“年金现值系数表”可得：

当 $i=7\%$ 时，有 $(P/A,7\%,10)=7.0236$

当 $i=8\%$ 时，有 $(P/A,8\%,10)=6.7101$

因此，i 在 7%和 8%之间。

选用内插法有：

$$i=i_1+\frac{B-B_1}{B_2-B_1}\times(i_2-i_1)=7\%+\frac{7-7.0236}{6.7101-7.0236}\times(8\%-7\%)=7.075\%$$

由计算可知，当银行存款的年利率为 7.015%时，才能满足张先生的愿望。

(3)永续年金的利率可以通过公式 $i=A/P$ 计算。

例 2－16　张先生热心于公众事业，他存入银行 1 000 000 元，奖励每年当地的文理科状元各 20 000 元，奖学金每年发放一次。则银行存款利率为多少时才可以设定为永久性奖励基金？

解答：$i=\frac{20\,000\times2}{1\,000\,000}=4\%$

由计算可得，当银行存款利率为 4%时，才可以设定为永久性点励基金。

(二)名义利率与实际利率

如果以“年”作为基本计息期，每年计算一次复利，这种情况下的年利率是名义利率。如果按照短于一年的计息期计算复利，并将全年利息额除以年初的本金，此时得到的利率是实际利率。名义利率与实际利率的换算关系如下：

$$i=(1+r/m)^m-1$$

其中，i 为实际利率；r 为名义利率；m 为每年复利计息次数。

例 2－17　年利率 8%，按季复利计息，试求实际利率。

解答：$i=(1+r/m)^m-1=(1+8\%/4)^4-1=1.0824-1=8.24\%$

由计算可知，实际利率为 8.24%。

第二节　风险价值

风险是现在企业财务管理环境的一个重要特征，在企业财务管理的每一个环节都不可避免地要面对风险。风险是指对企业的目标产生负面影响的事件发生的可能性。从财务管理的角度看，风险就是企业在各项财务活动过程中，由于各种难以预料或者无法控制的因素，使企业的实际收益率与预计收益率发生背离，从而蒙受经济损失的可能性。

一、风险价值的含义

风险是指未来的结果是不确定的，但这种不确定有其特殊性，表现在未来的各种结果的概率分布是已知的或是可以估计的。风险价值是指投资者由于冒着风险进行投资而获得的超过资金时间价值的额外收益，又称投资风险收益、投资风险报酬。

二、风险的类别

1. 按风险是否可以分散,分为系统风险和非系统风险

(1)系统风险,又叫做市场风险或者不可分散风险。它是由政治、经济及社会环境等某些企业外部因素的不确定性而产生的风险。这种风险是由综合的因素导致的,这些因素是个别公司或投资者无法通过多样化投资予以分散的。

(2)非系统风险,又称为公司特有风险、可分散风险。它是由于经营失误、消费者偏好改变、劳资纠纷、工人罢工、新产品试制失败等因素影响了个别公司而产生的风险。非系统风险只发生在个别公司中,由单个的特殊因素所引起。由于这些因素的发生是随机的,因此可以通过多样化投资来分散。

2. 按照风险的来源,可以分为经营风险和财务风险

(1)经营风险是指因经营行为(生产经营和投资活动)给公司收益带来的不确定性所产生的风险。这种风险主要源于公司外部条件的变动和公司内部条件的变动两个方面。

(2)财务风险是指举债经营给公司收益带来的不确定性所产生的风险。这个风险主要来源于利率、汇率变化的不确定性以及公司负债比重的大小。

三、风险的衡量

资产的风险是指资产收益率的不确定性,其大小可用资产收益率的离散程度来衡量,离散程度是资产收益率的各种可能结果与预期收益率的偏差。

(一)预期收益率 $E(R)$

$$E(R)=\sum_{i=1}^{n}R_iP(R_i)$$

其中,R_i 为第 i 种可能出现的收益大小;$P(R_i)$为第 i 种可能出现的收益的概率;n 为可能出现收益的个数。

例 2-18 启航公司有 A、B 两个项目,两个项目的报酬率及其概率分布情况如表 2-1 所示。

表 2-1 **项目 A 和项目 B 投资收益率的概率分布**

项目实施情况	概率		投资收益率	
	项目 A	项目 B	项目 A	项目 B
好	0.3	0.2	30%	15%
一般	0.4	0.6	10%	10%
差	0.3	0.2	-10%	5%

现在比较 A 和 B 两个项目的期望收益率:

$E_A(R)=0.2\times30\%+0.4\times10\%+0.3\times(-10\%)=10\%$

$E_B(R)=0.2\times15\%+0.6\times10\%+0.2\times5\%=10\%$

从计算结果可知,两个方案的期望收益率相等,但两者的概率分布不同,A 方案在各种

实施情况下的收益比较分散，其变动范围在－10％～30％之间，B方案在各种实施情况下的收益比较集中，其变动范围在5％～15％之间。

（二）收益率方差 σ^2

收益率方差是用来表示某种资产收益率的各种可能结果与某期望值之间离散程度的一个指标，其计算公式为：

$$\sigma^2 = \sum_{i=1}^{n} \{[R_i - E(R)]^2 \times P_i\}$$

其中，$E(R)$表示资产的预期收益率；P_i 是第 i 种可能情况发生的概率；R_i 是在第 i 种可能情况下该资产的收益率。

（三）收益率的标准差 σ

收益率标准差是反映某资产收益率的各种可能结果对其期望的偏离程度的一个指标。它是方差的开方。其计算公式为：

$$\sigma = \sqrt{\sum_{i=1}^{n} \{[R_i - E(R)]^2 \times P_i\}}$$

标准差和方差都是以绝对数来衡量某资产的全部风险，在预期收益率相同的情况下，标准差或者方差越大，风险越大；相反，在预期收益率相同的情况下标准差或者方差越小，风险也越小。由于标准差或者方差指标衡量的是风险的绝对大小，因而不适用于比较具有不同预期收益率的资产的风险。

将例2－18的两个方案的有关数据代入标准差的公式中，得：

$$\sigma_A = \sqrt{(30\% - 10\%) \times 0.3 + (10\% - 10\%)^2 \times 0.4 + (-10\% - 10\%)^2 \times 0.3} = 15.49\%$$

$$\sigma_B = \sqrt{(15\% - 10\%) \times 0.2 + (10\% - 10\%)^2 \times 0.6 + (5\% - 15\%)^2 \times 0.2} = 3.16\%$$

可见，A项目的风险要高于B项目的风险。

（四）收益率的标准离差率V

标准离差率是收益率的标准差与期望值之比，可称为变异系数。其计算公式为：

$V = \sigma / E(R)$

标准离差率是以相对数来衡量资产的全部风险的大小，它表示每单位预期收益所包含的风险，即每一元预期收益所承担的风险的大小。一般情况下，标准离差率越大，资产的相对风险越大；相反，标准离差率越小，相对风险越小。标准离差率可以用来比较具有不同预期收益率的资产的风险。

将例2－18的两个方案的有关数据代入标准离差的公式中，得：

$$V_A = \frac{15.49\%}{10\%} \times 100\% = 154.9\%$$

$$V_B = \frac{3.16\%}{10\%} \times 100\% = 31.6\%$$

可见，A项目的风险大于B项目。当然，在此例中，A、B两项的期望收益率相等，可直接根据标准差的大小来比较其风险的大小。但如果两项的期望收益率不等，则必须计算标准离差才能比较。

四、风险价值的计算

(一)风险收益率

风险价值是指投资者由于冒着风险进行投资而获得的超过资金时间价值的额外收益，又称投资风险收益、投资风险报酬。风险价值的大小通常用其相对值“风险收益率”或“风险报酬率”来表示。标准离差率虽然能正确评价投资风险程度的大小，但这还不是风险收益率。要计算风险收益率还需要借助风险价值系数，风险收益率、风险价值系数和标准离差率之间的关系可以表示为：

$$R_r = b \times V$$

式中：R_r 为风险收益率；b 为风险价值系数；V 为标准离差率。

风险价值系数(b)的大小有多种确定方法，根据以往同类项目加以确定，由企业领导或企业组织有关专家确定，以及由国家有关部门组织专家确定等。

对于一个理性的投资者来说，他们都会寻求风险和收益的一种权衡。这样，投资者投资每项资产，都会因承担风险而要求额外的补偿，其要求的最低收益率应该包括无风险收益率与风险收益率两部分。因此，对于每项资产来说，所要求的必要收益率就等于无风险收益率与风险收益率之和。

$$R = R_f + R_r = R_f + b \times V$$

式中，R 表示某项资产的必要收益率；R_f 表示无风险收益率。

此公式主要用于单项资产必要报酬率的确定。

假设例 2-18 中，A、B 项目的风险价值系数分别为 7% 和 10%，无风险收益率为 5%，则两项目的必要收益率分别为：

A 项目：$R = R_f + b \times V = 5\% + 7\% \times 154.9\% = 15.84\%$

B 项目：$R = R_f + b \times V = 5\% + 10\% \times 31.6\% = 8.16\%$

(二)资本资产定价模型(CAPM 模型)

资本资产定价模型(Capital Asset Pricing Model，CAPM)听起来很深奥，其实资本资产就是指股票，而定价就是试图解释资本市场如何决定股票收益率，进而决定股票价格。资本资产定价模型是由经济学家 Harry Markowitz 和 William F. Sharpe 于 1 964 年提出来的，正因为在这方面作出了贡献，他们获得了 1 990 年度的诺贝尔经济学奖。

资本资产定价模型的主要贡献在于解释了风险收益率的决定因素和度量方法，并且给出了一个简易的计算公式：

$$R = R_f + \beta \times (R_m - R_f)$$

式中，R 表示某项资产的必要收益率；β 表示该项资产的系统风险系数；R_f 表示无风险收益率，通常以短期国债的利率来近似代替；R_m 表示市场组合收益率，通常以股票价格指数收益率的平均值或所有股票的平均收益率来代替。$(R_m - R_f)$ 被称为市场风险溢酬，用来反映由于投资承担了市场平均风险所要求获得的补偿。

市场风险溢酬的大小取决于市场整体对风险的厌恶程度，如果对风险越是厌恶和回避，要求的补偿就越高，市场风险溢酬的数值就越大；反之，如果市场的抗风险能力强，则对风险的厌恶和回避就不是很强烈，要求的补偿就低，市场风险溢酬的数值就小。

例 2-19　假设 2009 年由 MULTEX 公布的美国微软公司的 β 系数为 1.34，短期国库券利率为 5%，S&P 股票价格指数的收益率为 12%，则美国微软公司该年股票的必要收益率为多少？

解答：该年股票的必要收益率为：

$$R=R_f+\beta\times(R_m-R_f)=5\%+1.34\times(12\%-5\%)=14.38\%$$

系统风险系数(β)的计算有多种方法，但实际计算过程相当复杂，一般不需要投资者自己计算，而是由一些投资服务机构定期计算并公布。作为整体的证券市场，β 系数为 1。如果某种资产的 β 系数等于 1，表明该资产的风险与整个证券市场的风险情况一样；如果某种资产的 β 系数大于 1，表明该资产的风险大于整个证券市场的风险；如果某种资产的 β 系数小于 1，则表明该资产的风险小于整个证券市场的风险。

资本资产定价模型主要是用于确定资产组合的必要收益率的。资产组合的 β 系数是由单个资产的 β 系数加权平均得到的，权数为各种资产在资产组合中所占的比重。公式如下：

$$\beta_p=\sum_{i=1}^{n}\beta_i p_i$$

式中，β_p 为资产组合的 β 系数；β_i 为第 i 种资产的 β 系数；p_i 为资产组合中第 i 种资产占总资产的比重；n 为资产组合中资产的数量。

例 2-20　启航公司持有由甲、乙、丙三种股票构成的证券组合，它们的 β 系数分别为 1.8、1.2 和 0.8，它们在证券组合中所占的比重分别为 50%、20% 和 30%，股票的市场收益率为 15%，无风险报酬率为 5%，试确定证券组合的必要收益率。

解答：(1)确定证券组合的 β 系数：

$$\beta_p=\sum_{i=1}^{n}\beta_i p_i=1.8\times 50\%+1.2\times 20\%+0.8\times 30\%=1.38$$

(2)计算证券组合的必要收益率：

$$R=R_f+\beta\times(R_m-R_f)=5\%+1.38\times(15\%-5\%)=18.8\%$$

五、风险控制对策

1. 规避风险

当资产风险所造成的损失不能由该资产可能获得的收益予以抵消时，应当放弃该资产，以规避风险。

2. 减少风险

减少风险主要有两方面意思：一是控制风险因素，减少风险的发生；二是控制风险发生的频率和降低风险损害程度。减少风险的常用方法有：进行准确的预测；对决策进行多方案优选和替代；及时与政府部门沟通以获取政策信息；在发展新产品前，充分进行市场调研；采用多领域、多项目、多品种的经营理念或投资方式以分散风险。

3. 转移风险

对可能给企业带来灾难性损失的资产,企业应以一定的代价,采用某种方式转移风险。如向保险公司投保,采取合资、联营、联合开发等措施实现风险共担。

4. 接受风险

接受风险包括风险自担和风险自保两种。风险自担,是指风险损失发生时,直接将损失摊入成本或者费用;风险自保,是指企业预留一笔风险金或者随着生产经营的进行,有计划地计提资产减值准备等。

六、风险偏好

根据人们的效用函数的不同,可以按照其对风险的偏好分为风险回避者、风险追求者和风险中立者。

1. 风险回避者

风险回避者在承担风险时,会因承担风险而要求额外收益,额外收益要求的多少不仅与所承担的风险的大小有关,还取决于他们的风险偏好。当预期收益率相同时,风险回避者都会偏好于具有低风险的资产;而对于同样风险的资产,他们则钟情于具有高预期收益的资产。但当面临以下这样两种资产时,他们的选择就要取决于他们对待风险的不同态度:一项资产具有较高的预期收益率同时也具有较高的风险,而另一项资产虽然预期收益率低,但风险水平也低。对风险回避的愿望越强烈,要求的风险收益就越高。

一般的投资者和企业管理者都是风险回避者,因此财务管理的理论框架和实务都是针对风险回避者的。

2. 风险追求者

与风险回避者相反的是,风险追求者主动追求风险,喜欢收益率的波动胜于喜欢收益的稳定。他们选择资产的原则是:当预期收益相同时,选择风险大的资产,因为这会给他们带来更大的效用。

3. 风险中立者

风险中立者选择资产的唯一标准是预期收益的大小,而不管风险状况怎么样,这是因为所有预期收益相同的资产都将给他们带来相同的效用。

复习思考题

1. 何为资金的时间价值?其实质是什么?
2. 即付年金与普通年金的关系是什么?
3. 单利和复利有何不同?终值和现值有何不同?
4. 名义利率与实际利率存在怎样的换算关系?
5. 期望值的实质是什么?衡量风险大小的指标是什么?
6. 对风险应该采取哪些控制措施?

练习题

1. 张先生拟购房,开发商提出两种方案,一是5年后付120万元,另一方案是从现在起每年年末付20万,连续付5年。若目前的银行存款利率是7%,应如何付款?

2. 张先生拟存入一笔资金以备3年后使用。假定银行3年期存款年利率为5%，张某3年后需用的资金总额为34 500元，则在单利计息情况下，目前需存入的资金应为多少？

3. 启航公司拟建立一项基金，每年年初投入100 000元。若银行利率为10%，5年后该项基金本利和将为多少？

4. 张博士是国内某领域的知名专家，某日接到一家上市公司的邀请函，邀请他作为公司的技术顾问，指导开发新产品。邀请函的具体条件如下：①每个月来公司指导工作1天；②每年聘金10万元；③提供公司所在地A市住房一套，价值80万元；④在公司至少工作5年。张博士对以上工作待遇很感兴趣，对公司开发的新产品也很有研究，决定应聘。但他不想接受住房，因为每月工作一天，只需要住公司招待所就可以了，这样住房没有专人照顾，因此他向公司提出，能否将住房改为住房补贴。

公司研究了张博士的请求，决定可以在今后5年里每年年初给张博士支付20万元房贴。收到公司的通知后，张博士又犹豫起来，因为如果向公司要住房，可以将其出售，扣除售价5%的契税和手续费，他可以获得76万元，而若接受房贴，则每年年初可获得20万元。假设每年存款利率5%，则张博士应该如何选择？

如果张博士本身是一个企业的业主，其资金的投资回报率为12%，则他应如何选择呢？

在投资回报率为12%的条件下，每年20万的住房补贴现值应为多少？

5. 启航公司拟购置一处房产，房主提出三种付款方案：

(1)从现在起，每年年初支付20万，连续支付10次，共200万元；

(2)从第5年开始，每年年末支付25万元，连续支付10次，共250万元；

(3)从第5年开始，每年年初支付24万元，连续支付10次，共240万元。

假设该公司的资金成本率(即最低报酬率)为10%，你认为该公司应选择哪个方案？

6. 启航公司持有A、B、C三种股票构成的证券组合，它们的β系数分别为2.1、1.1和0.6，它们在证券组合中所占的比重分别为30%、50%和20%，股票的市场收益率为12%，无风险报酬率为5%，试确定证券组合的必要收益率。

第三章　筹资管理(Ⅰ)——筹资方式

［学习目的］ 本章主要介绍企业筹集资金的各种方式。通过本章的学习，要求学生掌握企业筹集资金的基本方法，了解各种筹资方式的优缺点。

第一节　企业筹资概述

筹资是企业资本运作的起点，资本运用的前提。企业筹集资金，就是企业根据其生产经营、对外投资和调整资本结构的需要，通过筹资渠道，运用筹资方式，在资金市场上经济有效地筹措和集中资金。

一、筹资动机

企业筹资的基本目的是为了自身的维持与发展。企业具体的筹资活动通常受特定动机的驱使，是多种多样的。在财务实践中，这些筹资动机归纳起来主要有三种类型，即扩张动机、偿债动机和混合动机。

1. 扩张筹资动机

扩张筹资动机是指企业因扩大生产经营规模而造成追加对外投资的需要所产生的筹资动机。例如，企业开发生产适销对路的新产品；扩大生产规模，增加本企业产品的市场供应量；引进新技术、新设备；开拓有发展前途的对外投资领域；追加有利的对外投资规模等等。通常，具有良好的发展前景、处于成长时期的企业都会产生这些投资动机，也都需要筹集一定数量的资金。

扩张筹资动机所产生的直接结果是企业资产总额和筹资总额的增加及企业经营规模的扩大。

2. 偿债筹资动机

偿债筹资动机是指企业为了偿还债务而引起的筹资动机。偿债筹资动机具体有两种：一是调整性偿债筹资，即企业虽有足够的能力偿还到期的债务，但为了调整原有的资本结构，仍然筹集新资金，以使现有的资本结构更加合理；二是恶化性偿债筹资，即企业现有的支付能力不足以偿还到期的债务，而被迫筹资还债。

偿债筹资动机所产生的直接结果是筹资后并没有扩大企业的资产总额和筹资总额，而是改变了企业的资本结构(有时可能资本结构也不变)。

3. 混合筹资动机

混合筹资动机是指同时具有扩张、偿债两种动机的筹资动机。这种筹资动机既能扩大企业规模，又能调整企业的资本结构。

除上述三种筹资动机外，随着经营观念的不断变化，企业具体的筹资动机也会出现一些相应的变化，诸如：通过筹资为企业起到广告效应；通过筹资为企业起到抵税效应；甚至还会出现通过筹资来欺诈投资者等。

二、筹资类型

1. 按照资金的来源渠道不同，分为权益筹资和负债筹资

企业通过发行股票、吸收直接投资和内部积累等方式筹集的资金属于企业的自有资金。企业通过发行债券、向银行借款和融资租赁等方式筹集的资金属于企业的负债资金。企业通过自有资金的方式筹集的资金，财务风险小，但资本成本相对较高；企业通过负债方式筹集的资金，有固定的还本付息的日期，一般风险较高，但资本成本相对较低。

2. 按照是否通过金融机构，分为直接筹资和间接筹资

直接筹资是指资金供求双方通过一定的金融工具直接形成债权债务关系或所有权关系的筹资形式。直接筹资的工具主要有股票和债券等。直接筹资的优点在于资金供求双方联系紧密，有利于资金快速合理配置和提高使用效率。直接筹资也有其局限性，主要表现在：

(1)资金供求双方在数量、期限、利率等方面限制比间接筹资多；

(2)直接筹资的便利程度和融资工具的流动性均受金融市场发达程度的制约。

间接筹资是指资金供求双方通过金融中介机构间接实现资金融通的筹资形式。典型的间接融资是向银行借款。与直接筹资相比，间接筹资的优点在于灵活便利。间接筹资的局限性主要有：

(1)割断了资金供求双方的直接联系，减少了投资者对资金使用的关注和对筹资者的压力；

(2)金融机构要从经营服务中获取收益，从而增加了筹资者的成本。

3. 按照资金使用期限的长短，分为短期资金和长期资金

短期资金是指企业使用期限在 1 年以内的资金。企业由于在生产经营过程中资金周转调度等原因，往往需要一定数量的短期资金。企业的短期资金一般包括短期借款、应付账款和应付票据等项目，通常采用银行借款和商业信用等筹资方式取得或形成。

长期资金是指企业使用期限在 1 年以上的资金。企业长期资金通常包括各种股权资金、长期借款、应付债券等。企业要长期生存和发展，需要经常保持一定规模的长期资金。企业需要长期资金的原因主要有构建固定资产、取得无形资产、开展长期投资等。

三、筹资原则

企业筹集资金的基本要求，是要研究影响筹资的多种因素，讲求资金筹集的综合经济效益。具体要求如下：

1. 合理确定资金需要量，努力提高筹资效果

不论通过什么渠道、采取什么方式筹集资金，都应该预先确定资金的需要量。既要确定流动资金的需要量，又要确定固定资金的需要量。筹集资金固然要广开财路，但必须要有一个合理的界限。要使资金的筹集量与需要量相适应，防止筹资不足而影响生产经营或者筹资过度而降低筹资效益。

2. 周密研究投资方向，努力提高投资效果

投资是决定应否筹资和筹资多少的重要因素之一。投资收益与筹资成本相权衡，决定着要不要筹资，而投资规模则决定着筹资的数量。因此，必须确定有利的资金投向，才能作出筹资决策，避免不顾投资效果的盲目筹资。

3. 适时取得所筹资金，保证资金投放需要

筹集资金要按照资金投放使用的时间来合理安排，使筹资与用资在时间上相衔接，避免因取得资金滞后而贻误了投资的有利时机，也要防止因取得资金过早而造成投放前的闲置。

4. 认真选择筹资来源，力求降低筹资成本

企业筹集资金可以采用的渠道和方式多种多样，不同筹资渠道和方式的筹资难易程度、资本成本和财务风险各不一样。因此，要综合考察各种筹资渠道和筹资方式，研究各种资金来源的构成，求得最优的筹资组合，以便降低组合的筹资成本。

5. 合理安排资金结构，保持适当偿债能力

企业的资金结构一般由权益资金和债务资金构成。企业负债所占的比率大小要与权益资金多少和偿债能力高低相适应。要合理安排资金结构，既要防止负担过多，导致财务风险过大、偿债能力不足，又要有效地利用负债经营，借以提高权益资金的收益水平。

6. 遵守国家有关法规，维护各方合法权益

企业的筹资活动，影响着社会资金的流向和流量，涉及有关方面的经济权益。企业筹集资金必须接受国家宏观指导与调控，遵守国家有关法律法规，实行公开、公平、公正的原则，履行约定的责任，维护有关各方的合法权益。

四、筹资渠道

筹资渠道是指筹集资金的来源和通道，体现着所筹集资金的来源和性质。认识筹资渠道的种类及每种筹资渠道的特点，有利于企业充分开拓和正确利用筹资渠道。当前，企业的资金来源渠道，主要有以下几项：

1. 国家财政资金

国家对企业的投资历来是我国全民所有制企业的主要资金来源。现时国有企业的资金来源大部分还是国家以各种方式所进行的投资。国家财政资金具有广阔的来源和稳固的基础，而国民经济命脉也应当由国家掌握。所以国家投资是大中型企业的重要资金来源，在企业各种资金来源中占有重要的地位。但是，国家资金的供应方式可以多种多样，不一定都采取拨款的方式，更不宜实行无偿供应。

2. 银行信贷资金

银行对企业的贷款也是企业重要的资金来源。工商银行、农业银行、中国银行、建设银行等商业性银行以及国家开发银行、进出口信贷银行、中国农业发展银行等政策性银行，可分别向企业提供各种短期贷款和长期贷款。银行信贷资金有个人储蓄、单位存款等经常增长的来源，财力雄厚，贷款方式能灵活适应企业的各种需要，且有利于加强宏观控制，它是企业资金的主要供应渠道。

3. 非银行金融机构资金

各级政府主办的其他金融机构主要有信托投资公司、证券公司、融资租赁公司、保险公司、企业集团的财务公司等。非银行金融机构除了专门经营存款贷款业务、承担证券的推销

或包销工作以外，有一些机构系为了一定目的而筹集资金，但可将一部分并不立即使用的资金以各种方式向企业投资。非银行金融机构的资金力量比商业银行要小，目前尚只起辅助作用，但这些金融机构资金供应比较灵活方便，且可提供其他方面的服务，今后将有广阔的发展前途。

4. 其他企业单位资金

企业和某些事业单位在生产经营过程中，往往有部分暂时闲置的资金，可较长时期地腾出部分资金，如准备用于新兴产业的资金、已提取而未使用的折旧、未动用的企业公积金等，可在企业之间相互融通。随着横向经济联合的开展，企业同企业之间的资金联合和资金融通有了广泛发展，其他企业投入资金包括联营、入股、购买债券及各种商业信用，既有长期的稳定的联合，又有短期的临时的融通。其他企业单位投入资金往往同本企业的生产经营活动有密切联系，它有利于促进企业之间的经济联系，开拓本企业的经营业务。

5. 民间资金

本厂职工和城乡居民的投资，都属于个人资金渠道。本厂职工入股，可以更好地体现劳动者与生产资料的直接结合；向非本单位职工发行股票、债券，可以广泛地向社会集聚资金。这一资金渠道在动员闲置的消费资金方面将具有重要的作用。

6. 企业自留资金

它是指企业内部形成的资金，也称企业内部资金，主要包括提取的公积金和未分配利润等。这些资金的重要特征是，它们无须企业通过一定的方式去筹集，而是直接由企业内部自动形成或转移而来。

五、筹资方式

筹资方式是指企业筹集资金所采取的具体形式，体现着不同的经济关系(所有权关系或债权关系)。认识筹资方式的种类及每种筹资方式的特点，有利于企业选择适宜的筹资方式，有效地进行筹资组合。企业的筹资方式一般有以下几种：

1. 吸收直接投资

吸收直接投资是企业以协议等形式吸收国家、其他法人单位、个人单层直接投入资金，形成企业资本金的一种筹资方式。吸收投资是非股份制企业筹集权益资本的一种基本方式。

2. 发行股票

股票是股份有限公司为筹集权益资本而发行的有价证券，是持股人在公司投资股份数额的凭证，它代表持股人在公司拥有的所有权。发行股票是股份有限公司筹集权益资本的一种主要方式。

3. 企业内部积累

企业内部积累主要是从净利润中提留的盈余公积金和未分配利润等。这种方式手续简便易行，既有利于满足企业扩大生产经营规模的资金需要，又能减少企业的财务风险。

4. 借款

借款是指企业根据借款合同向银行或非银行金融机构借入的、按规定期限还本付息的款项。借款是企业筹集长、短期借入资金的主要方式。

5. 发行债券

债券是企业为筹集资金而发行的、约定在一定期限内向债权人还本付息的有价证券。

6. 租赁

租赁是出租人以收取租金为条件，在契约或合同规定的期限内，将资产租借给承租人使用的一种信用业务。租赁是企业筹资的一种特殊方式。

7. 商业信用

商业信用是指企业之间在商品交易中因延期付款或预收货款而形成的借贷关系，是企业之间的直接信用行为。

8. 其他筹资方式

随着金融市场的发展，出现了更多的筹资方式，如认股权证筹资、可转换债券筹资等，便于企业筹资，满足企业的需要。

第二节　资金需要量的预测

任何一个企业，为了保证生产经营的正常进行，必须具有一定数量的资金。这些资金一部分来源于企业内部留存收益，另一部分通过外部融资取得。无论是内部融资还是外部融资，企业都必须知道自己在什么时间需要多少资金，以便提前安排融资计划。只有这样，才能使筹集来的资金既能保证满足生产经营的需要，又不会有更多的闲置。常用的资金需要量预测方法有定性预测法、销售百分比法和线性回归法。

一、定性预测法

定性预测法主要是利用直观的材料，依靠个人的经验、主观分析和判断能力，对未来资金的需要量做出预测。其预测过程是：首先由熟悉财务情况和生产经营情况的专家，根据过去所积累的经验，进行分析判断，提出预测的初步意见，然后通过召开座谈会或发出各种表格等形式，对上述初步意见进行修正补充。经过一次或多次修正，得出预测最终结果。这种方法一般是在企业缺乏完备、准确的历史资料的情况下采用的，其预测时间短，费用比较低。但准确性受到预测者个人能力的影响，并且不能揭示资金需要量与有关因素之间的数量变动关系。

二、销售百分比法

销售百分比法是根据销售额与资产负债表和利润表有关项目之间的比例关系，预测各项目短期资金需要量的方法。例如，某企业每年销售 100 万元货物，需有 20 万元存货，即存货占销售额的百分比是 20%。若销售额增至 200 万元，那么该企业就需有 40 万元存货。由此可见，在某项目占销售额的比率既定的条件下，便可预测未来一定销售额下该项目的资金需要量。

销售百分比法的主要优点，是能为财务管理提供短期预计的财务报表，以适应外部筹资的需要，且易于使用。但若有关销售百分比的假定与实际不符，据以进行预测就会得出错误的结果。因此，在有关因素的关系发生变动的情况下，必须相应的调整原有的销售百分比。

运用销售百分比法，一般是借助于预计利润表和预计资产负债表。通过预计利润表预测企业留用利润这种内部资金来源的数额；通过预计资产负债表预测企业资金需要总额和外部筹资的增加额。

下面举例说明该方法的具体应用。

例 3-1　启航公司 2008 年相关数据如表 3-1，若 2009 年预计销售收入为 250 万元，留存比例 50%，企业所得税率为 25%。要求预测 2009 年该企业的筹资规模。

表 3-1　**启航公司 2008 年实际利润表**　(单位：万元)

项　目	金　额	占销售收入比例
销售收入	200	
减：销售成本	150	75%
销售费用	10	5%
销售利润	40	20%
减：管理费用	25	12.5%
财务费用	5	2.5%
税前利润	10	5%
减：所得税	2.5	
税后利润	7.5	

(1)编制预计利润表，计算该企业的内部筹资总额。

用 2009 年销售收入的预计数分别乘以 2008 年度各项目占销售收入的比重，得到 2009 年各项目的预计数。

预计利润表与实际利润表的内容、格式相同。通过编制预计利润表，可预测留用利润这种内部筹资的数额，也可为编制预计资产负债表预测外部筹资数额提供依据。参见表3-2。

表 3-2　**启航公司 2009 年预计利润表**　(单位：万元)

项　目	2008 年金额	占销售收入比例	2009 年预计额
销售收入	200		250
减：销售成本	150	75%	187.5
销售费用	10	5%	25
销售利润	40	20%	50
减：管理费用	25	12.5%	31.25
财务费用	5	2.5%	6.25
税前利润	10	5%	12.5
减：所得税	2.5	——	3.125
税后利润	7.5	——	9.375

2009 年预计留存收益：

9.375×50%=4.687 5 万元

这说明企业在 2008 年通过内部筹资可获得 4.687 5 万元现金。

(2)编制预计资产负债表，计算外部筹资规模。

运用销售百分比法选定与销售额有稳定比率关系的项目，这种项目称为敏感项目。敏感资产项目通常包括现金、应收账款、存货、固定资产净值等项目；敏感负债项目通常包括应付账款、应付费用等项目。这里也包括固定资产净值指标，是假定折旧产生的现金即用于更新资产，同时其资金占用额与销售额有较密切的联系。对外投资、短期借款、长期负债和实收资本通常与销售额多少没有直接的联系，不属于在短期内的敏感项目，留用利润也不宜列为敏感项目。但长期来说，所有项目都是敏感项目。

在计算销售百分比时，只计算敏感项目的百分比，非敏感项目不变。在编制预测资产负债表时，敏感项目按照比例计算，非敏感项目按照原有数字填写。参见表 3－3。

表 3－3　　**启航公司 2008 年实际资产负债表**　　(单位：万元)

项　目	金　额	销售百分比
资产：		
现金	2.5	1.25%
应收账款	25	12.5%
存货	40	20%
预付费用	2	——
固定资产净值	70	——
资产合计	139.5	
负债：		
应付票据	13	6.5%
应付账款	22.5	11.25%
长期负债	45	——
负债合计	80.5	
权益：		
实收资本	55	——
留存收益	4	——
权益合计	59	——

表 3－4　　**启航公司 2009 年预计资产负债表**　　(单位：万元)

项　目	2008 年金额	销售百分比	2009 年金额
资产：			
现金	2.5	1.25%	3.125
应收账款	25	12.5%	31.25
存货	40	20%	50
预付费用	2	——	2

（续表）

项　目	2008 年金额	销售百分比	2009 年金额
固定资产净值	70	——	70
资产合计	139.5		156.375
负债：			
应付票据	13	6.5%	16.25
应付账款	22.5	11.25%	28.125
长期负债	45	——	45
负债合计	80.5		89.375
权益：			
实收资本	55	——	55
留存收益	4	——	4
权益合计	59	——	59
总筹资额			8

（注：2009 年预计数敏感项目是用 2009 年的预计销售收入乘以销售百分比计算得到的，非敏感项目直接来自于上年数。）

表格中的总筹资额表示：为了实现 250 万元的销售，该公司还需要增加 8 万元的投资，而在第一步我们已经计算出内部筹资额为 4.687 5 万元，因此，企业还需要从外部获得的筹资额度为：

$$8-4.6875=3.3125 \text{ 万元}$$

三、线性回归法

线性回归分析法又称资金习性预测法，是假定资金需要量与营业业务量之间存在着线性关系，在建立数学模型后，根据有关历史资料，用回归直线方程确定参数来预测资金需要量的方法。其预测模型为：

$$y=a+bx$$

式中，y 为资金需要量；a 为不变资金；b 为单位业务量所需要的变动资金；x 为业务量。

不变资金是指在一定的营业规模内，不随业务量增减的资金，主要包括为维持营业而需要的最低数额的现金、原材料的保险储备、必要的成品或商品储备，以及固定资产占用的资金。变动资金是指随着业务量变动而按比例变动的资金，包括在最低储备以外的现金、存货、应收账款等所占用的资金。

利用历史资料通过该预测模型确定出 a、b 的数值以后，即可预测一定业务量 x 所需要的资金数量 y。下面举例加以说明。

例 3-2　启航公司 2004 年至 2008 年的产销量和资金需要数量如表 3-5 所示。假定 2009 年预计产销数量为 78 000 件。试预测 2009 年资金需要总量。

表 3-5　　启航公司 2004 年至 2008 年的产销量和资金需要数量

年　度	产销量(*x*)(万件)	资金需要量(*y*)(万元)
2004	6.0	500
2005	5.5	475
2006	5.0	450
2007	6.5	520
2008	7.0	550

预测过程如下：

(1)根据上表资料，计算出如表 3-6 所示的数据。

表 3-6　　根据启航公司产销量和资金需要数量计算的相关指标

年　度	产销量(*x*)(万件)	资金需要量(*y*)(万元)	xy	x^2
2004	6.0	500	3 000	36.00
2005	5.5	475	2 612.5	30.25
2006	5.0	450	2 250	25.00
2007	6.5	520	3 380	42.25
2008	7.0	550	3 850	49.00
$n=5$	$\sum x=30$	$\sum y=2\ 495$	$\sum xy=15\ 092.5$	$\sum x^2=182.50$

(2)将上表数据代入下列联立方程组：

$$\sum y=na+b\sum x$$

$$\sum xy=a\sum x+b\sum x^2$$

得

$2\ 495=5a+30b$

$15\ 092.5=30a+182.5b$

求得

$a=2\ 050\ 000$(元)

$b=49$(元)

(3)将 $a=2\ 050\ 000$，$b=49$ 代入 $y=a+bx$，得

$y=2\ 050\ 000+49x$

(4)将 2009 年预计产销量 78 000 件代入 $y=2\ 050\ 000+49x$，测得资金需要量为：

$2\ 050\ 000+49\times 78\ 000=5\ 872\ 000$(元)

运用线性回归法必须注意以下几个问题：

(1)对资金需要量与营业业务量之间线性关系的假定，应符合实际情况；

(2)确定 a、b 数值时，应利用预测年度前连续若干年的历史资料，一般要有三年以上的资料；

(3)应考虑价格等因素的变动情况。

第三节　股权资金的筹集

股权资金是指投资者投入企业的资本金及经营中所形成的积累,反映了所有者的权益。其出资人是企业的所有者,拥有对企业的所有权。企业则可以独立支配其所占有的财产,拥有出资者投资形成的全部法人财产权。企业股权资金的筹资方式主要有吸收直接投资、发行股票、企业内部积累等。

一、吸收直接投资

吸收直接投资(简称吸收投资)是指企业按照“共同投资、共同经营、共担风险、共享利润”的原则吸收国家、企业单位、个人、外商投入资金的一种筹资方式。吸收投资和发行股票都是向企业外部筹集资金的方式,发行股票以股票这种有价证券作为中介,而吸收直接投资则不以证券为中介。吸收直接投资是非股份制企业筹集自有资金的基本方式。

(一)吸收投资的种类

企业通过吸收投资方式筹集的资金主要有以下四种:

(1)吸收国家投资,主要是国家财政拨款,由此形成国家资本金;

(2)吸收企业、事业等法人单位的投资,由此形成法人资本金;

(3)吸收城乡居民和企业内部职工的投资,由此形成个人资本金;

(4)吸收外国投资者和我国港澳台地区投资者的投资,由此形成外商资本金。

(二)吸收投资中的出资形式

吸收投资小投资者主要采用以下形式向企业投资:

1. 现金投资

用货币资金对企业投资是直接投资中重要的出资形式。企业有了货币资金,可以购买各种生产资料,支付各种费用,有很大的灵活性。因此,企业要争取投资者尽可能采用现金方式出资。外国公司法或投资法对现金投资在资本总额中的份额一般都有规定。我国公司法规定,有限责任公司全体股东的货币出资金额不得低于有限责任公司注册资本的30%。

2. 实物投资

实物投资是指以房屋、建筑物、设备等固定资产和材料、燃料、商品等流动资产所进行的投资。实物投资应符合以下条件:

(1)适合企业生产、科研等的需要;

(2)技术性能良好;

(3)作价公平合理——投资实物的价格,可以由出资各方协商确定,也可以聘请专业资产评估机构评估决定。

3. 工业产权和非专利技术投资

工业产权通常是指商标权、专利权、商誉。工业产权、非专利技术加上土地使用权构成我国企业主要的无形资产。企业吸收的工业产权和非专利技术应符合以下条件:

(1)有助于企业研究和生产出新的高科技产品;

(2)有助于企业提高生产效率,改进产品质量;

(3)有助于企业降低生产消耗。

这里需要注意,吸收工业产权和非专利技术投资实际上是把有关技术转化为资本,使技术的价值固定化。而各种先进技术经过一个时期总是要陈旧老化的,其价值则不断贬低以至丧失。因此在吸收此项投资时,要进行周密的可行性研究,分析其先进性、效益性和技术更新的速度,并合理作价,以免吸收以后在短期内就发生明显的贬值。

4. 土地使用权投资

土地使用权是按有关法规和合同的规定使用土地的权利。企业吸收土地使用权投资应符合以下条件:

(1)企业科研、生产、销售活动所需要的;

(2)交通、地理条件比较适宜;

(3)作价公平合理。

(三)吸收投资的程序

企业吸收其他单位的直接投资,一般要遵循如下的程序:

1. 确定吸收投资所需的资金数量

企业新建或扩大经营时采取吸收直接投资方式,应先确定资金的需要量,以利于正确筹集所需资金。

2. 联系投资单位,商定投资数额和出资方式

企业能向哪些单位吸收投资,这要由企业和有关投资者进行双向选择。投资者根据市场需要和经济效益高低对企业进行选择,需要资金的企业则需争取数量足够、条件相宜的投资者。为此要做好信息交流工作,企业既要广泛了解有关投资者的财力和意向,又要主动介绍自身的经营状况和盈利能力。

投资单价确定以后,企业与投资方便可进行具体协商,确定出资数额和出资方式。从使用的灵活性来考虑,企业应尽可能吸收现金投资,如果投资方确有先进且适合需要的固定资产和无形资产,亦可采取非现金投资方式。

3. 签署筹资决定或协议

企业吸收直接投资,不论是为了新建还是为了增资,都应当由有关方面签署决定或协议等书面文件。对于国有企业,应由国家授权投资机构等签署创建成增资拨款决定;对于合资企业,应由合资各方共同签订合资或增资协议。

4. 取得所筹集的资金

签署拨款决定或出资协议后,应按规定计划取得资金。如果采取现金投资方式,通常还要编制拨款计划,确定拨款期限、每期数额及划拨方式,有时投资者还要规定拨款的用途,如把拨款区分为固定资产投资拨款、流动资金拨款、专项拨款等。如为实物、工业产权、非专利技术以及土地使用权投资,则还有一个重要的问题就是核实财产,评估作价。由于财产数量是否准确,特别是价格有无高估低估情况关系到投资各方的经济利益,因此,必须认真处理,必要时可聘请资产评估机构来评定,然后办理产权的转移手续,取得资产。

(四)吸收直接投资的优缺点

1. 吸收直接投资的主要优点

(1)吸收直接投资所筹的资金属于企业的自有资金,与借入资金相比较,它能提高企业

的资信和借款能力；

(2)吸收直接投资不仅可以筹取现金，而且能够直接获得所需的先进设备和技术，与仅筹取现金的筹资方式相比，它能尽快形成生产经营能力；

(3)吸收直接投资的财务风险较低。

2. 吸收直接投资的主要缺点

(1)吸收直接投资通常资金成本较高；

(2)吸收直接投资由于没有证券为媒介，产权关系有时不够清晰，也不便于产权的交易。

二、发行股票

股票是股份公司为筹集自有资金而发行的有价证券，是持股人拥有公司股份的入股凭证，它证明持股人在股份公司中拥有所有权。股票持有者为公司的股东，股东按照企业组织章程，参加或监督企业的经营管理，分享红利，并依法承担以购股额为限的企业经营亏损的责任。通过发行股票建立的股份公司，是西方企业的典型形态。早在1 600年就产生了世界上第一家股份有限公司——英国东印度公司。发行股票使得大量社会游资得到集中和运用，并把一部分消费资金转化为生产资金。它是企业筹集长期资金的一种重要途径。

(一)股票的种类

公司发行的股票种类很多，可按不同标准进行分类。

1. 股票按股东权利和义务的不同，分为普通股和优先股

普通股是公司发行的具有管理权但股利不固定的股票。普通股符合一般股权的基本标准，是公司资本结构中的基本部分。普通股在权利义务方面的特点是：

(1)普通股股东对公司有经营管理权，在股东大会上有表决权，可以选举董事会，从而实现对公司的经营管理。

(2)普通股股利分配在优先股分红之后进行，股利多少取决于公司的经营情况。

(3)公司解散、破产时，普通股股东的剩余财产要求权位于公司各种债权人和优先股股东之后。

(4)在公司增发新股时，普通股股东有认股优先权，可以优先购买新发行的股票。

优先股较普通股有某些优先权利的同时，也有一定限制。其优先权利表现在：

(1)优先获得股利。优先股股利的分发通常在普通股之前，其股利率是固定的。

(2)优先分配剩余财产。当公司解散、破产时，优先股的剩余财产要求权位于债权人之后，但位于普通股之前。优先股股东在股东大会上无表决权，在参与公司经营管理上受到一定限制，仅对涉及优先股权利的问题有表决权。优先股属于主权资金，优先股股东的权利与普通股股东有相似之处，两者股利都是在税后利润中支付，而不能像债券利息那样征税前列支，同时优先股又具有债券的某些特征。本书中所称的股票凡未指明优先股票者，均为普通股票。

2. 股票按票面有无记名，分为记名股票和无记名股票

记名股票在票面上载有股东姓名，并将股东姓名记入公司股东名册。对记名股票要附发股权手册，股东只有同时具备股票和股权手册才能领取股利。记名股票的转让、继承要办理过户手续。

无记名股票在票面上不记载股东姓名。凡是持有无记名股票的人就成为公司的股东。

无记名股票的转让、继承无需办理过户手续，只要买卖双方办理交割手续，就可完成股权的转移。

3. 股票按票面是否标明金额，分为面值股票和无面值股票

面值股票根据每股金额在票面上标明每张股票的金额数量。这种股票可以确定每一股份在企业资金总额中所占的份额。如某企业发行股票票面价值为100万元，每股票面价值为100元，则每股对企业财产就拥有万分之一的所有权。另外，股票的面值还表明股东在股份有限责任公司中对每股股票所负责任的最高限额。

无面值股票不标明每张股票的面值，而仅将企业资金分为若干股份，在股票上载明股数。无面值股票的价值随公司财产的增减而变动，而股东对公司享有的权利和承担义务的大小，直接依股票表明的比例而定。

4. 股票按发行对象和上市地点，分为A股、B股、H股、N股和S股

A种股票即人民币普通股票。它由我国境内的公司发行，供境内机构、组织和个人以人民币认购和交易，不向外国和我国港、澳、台地区的投资者出售。

B种股票即人民币特种股票。它以人民币标明面值，以外币认购和进行交易，在境内(上海、深圳)证券交易所上市交易。它的投资人限于：外国和我国港、澳、台地区的机构、组织和个人，定居在国外的中国公民，中国证监会规定的其他投资人。

H股是注册地在内地、上市地在香港的外资股，取香港的英文Hong Kong字首。在港上市外资股就标为H股。依此类推，在纽约和新加坡上市的外资股股票，就分别称为N股和S股。

(二)股票的发行条件和发行程序

1. 股票的发行条件

各国对股票的发行程序都有严格的法律规定，未经法定程序发行的股票无效。按照我国《公司法》和《证券法》的有关规定，股份有限公司发行股票，应符合以下规定和条件：

(1)每股金额相等。同次发行的股票，每股的发行条件和价格应当相同。

(2)股票发行价格可以按照票面金额，也可以超过票面金额，但是不得低于票面金额。

(3)股票应当载明公司名称、公司登记日期、股票种类、票面金额及代表的股份数、股票编号等主要事项。

(4)向发起人、国家授权投资的机构、法人发行的股票，应当为记名股票；对社会公众发行的股票，可以为记名股票，也可以为无记名股票。

(5)公司公开发行新股，必须具备下列条件：

①具备健全且运行良好的组织结构；②具有持续盈利能力，财务状态良好；③最近3年财务会计文件无虚假记载，无其他重大违法行为；④证券监督管理机构规定的其他条件。

2. 股票的发行程序

股票的发行程序包括公司设立发行股票以及增发股票的程序，增发程序大体与设立发行股票相同。公司设立发行股票的基本程序如下：

(1)发起人议定公司注册资本，并认缴股款。股份有限公司的设立可以采取发起设立或者募集设立两种方式。发起设立方式为由发起人认购公司应发行的全部股份而设立公司；募集设立为由发起人认购公司应发行股份的一部分(不少于股份总数的35%)，其余股份向社会公开募集而设立公司。发起人可以用现金出资，也可以用实物、工业产权、非专利技术、

土地位用权作价出资。

发起设立方式下,发起人交付全部出资后,应当选举董事会和监事会。由董事会办理申请设立登记事项。在募集设立方式下,发起人支付其应认购的股份后,可向社会公开募集。

(2)提出发行股票的申请。发起人向社会公开募集股份时,必须向国务院证券管理部门递交募股申请报告。办理申请时,应报送批准公司设立的文件、公司章程、经营估算书、发起人认股情况和验资证明、招股说明书等等文件、证券管理部门审查募股申请报告后,认为符合《公司法》规定条件的,予以批准;否则不予批准。对已作出的批准如事后发现有不符合《公司法》情况的,将予以撤销。尚未募集股份的,停止募集;已经募集的,认股人有权按照所缴股款并加算银行间期存款利息,要求发起人偿还和补偿。

(3)公告招股说明书,制作认股书,签订承销协议。在获准公开募股以前,不得以任何方式泄露招股的具体情况。公募股申请报告批准之后,发起人应在规定期限内公告招股说明书,并制作认股书。招股说明书应附有发起人制定的公司章程,载明发起人认购的股份数。每股的票面金额和发行价格,无记名股票的发行总数,认股人的权利和义务等等事项。认股书除载明招股说明书的内容以外,由认股人填写所认股数、金额、住所,并签名、盖章。

公司发行股票,应委托证券公司或有权承销证券业务的其他金融机构承销,并签订承销协议。

(4)招认股份,缴纳股款。发行股票的公司或其代理机构一般用广告或书面通知方式招股。认购者认股时,需在公司制作的认股证上填认购股数、金额,认购者住址,并签名、盖章。认购者一旦填写了认股书,就要承担按认股书中的约定缴纳股款的义务。认股人应在规定期限内向代收股款的银行缴纳股款,同时交付认股书。代收股款的银行要向缴纳股款的认股人出具由公司签名盖章的股款缴纳收据,并负责向有关部门出具收缴股款的证明。股款缴足后,发行公司应委托法定的机构进行验资,出具验资证明。

(5)召开创立大会,选举董事会、监事会,办理公司设立登记,交割股票发行股份的股款募足后,发起人应在规定期限内(法定为30天内)主持召开创立大会。创立大会由认股人组成,应在有代表股份总数半数以上认股人出席的情况下方可举行。创立大会通过公司章程,选举董事会和监事会成员,并有权对公司的设立费用进行审核,对发起人用于抵作股款的财产的作价进行审核。

经创立大会选举产生的董事会,应在创立大会结束后30天内,办理公司设立的登记事项。股份有限公司登记成立后,即向股东正式交付股票。但公司登记成立前不得向股东交割股票。

(三)股票的发行方式与推销方式

股票的发行方法和推销方式对于及时筹集和募足资本有着重要的意义。发行公司应根据具体情况,选择适宜的股票发行方式与推销方式。

1. 股票的发行方式

股票发行方式,指公司通过何种途径发行股票。总的来讲,股票的发行方式可以分为两类:

(1)公开间接发行,是指通过中介机构,公开向社会公众发行股票。这种发行方式的发行范围广、发行对象多,易于足额募集资本;股票的公开发行还有助于提高发行公司的知名度和扩大其影响力。但其手续繁杂,且发行成本高。我国股份有限公司采用募集设立方式向社会发行新股时必须由证券经营机构承销的做法，就属于股票的公开间接发行。

(2)不公开直接发行，是指不公开对外发行股票，只向少数特定的对象直接发行，因而不需经中介机构承销。这种发行方式弹性较大，发行成本低，但发行范围小，股票变现性差。我国股份有限公司采用发起设立方式和以不向社会公开募集的方式发行新股的做法，就属于股票的不公开直接发行。

2. 股票的推销方式

股票的发行是否成功，最终取决于能否将股票全部推销出去。股份公司公开向社会发行股票，其推销方式不外乎有两种选择，即自销和委托承销。

(1)自销。它是指股份有限公司自行直接将股票出售给投资者，而不经过证券经营机构承销。这种销售方式可以节省发行费用，直接控制发行过程，实现发行意图，但往往筹资时间长，发行风险完全由发行公司承担。一般适用于发行数额不多，发行风险较小，知名度较高且有实力的大公司的股票发行。

(2)承销。承销是指发行公司将股票销售业务委托给证券承销机构代理。这种销售方式是发行股票所普遍采用的。在我国，股份有限公司向社会公开发行股票，必须与依法设立的证券经营机构签订承销协议，由证券经营机构承销。承销包括包销和代销两种具体形式。

包销是指根据承销协议商定的价格，证券经营机构一次性全部购进发行公司公开募集的股份，然后以较高的价格出售给社会上的认购者。这种方式便于发行公司及时筹足资金，免于承担发行风险；但股票以较低的价格销售给承销商，发行成本较高。

代销是指由证券经营机构替发行公司代售股票，并收取一定的代销佣金。在规定的期限内，如果证券经营机构未能将全部股票出售，代理方没有认购剩余股票的义务。

(四)股票上市

股票上市，指股份有限公司公开发行的股票经批准在证券交易所挂牌交易。

1. 股票上市的有利影响

(1)有助于改善财务状况。公司公开发行股票可以筹集自有资金，能迅速改善财务状况。同时，公司一旦上市，就可以有更多的机会从证券市场上筹集资金。

(2)利用股票收购其他公司。一些公司常用出让股票而不是付现金的方式对其他企业进行收购。因为上市的股票具有良好的流通性，持股人可以很容易将股票出手而得到资金。

(3)利用股票市场客观评价企业。对于已经上市的公司来说，每时每日的股市行情，都是对企业客观的市场估价。

(4)提高公司知名度，吸引更多顾客。股票上市公司为社会所知，并被认为经营优良，这会给公司带来良好的声誉，从而吸引更多的顾客，扩大公司的销售。

2. 股票上市的不利影响

(1)使公司失去隐私权。国家证券管理机构要求上市公司将关键的经营情况向社会公众公开。

(2)限制经理人员操作的自由度。公司上市后，所有重要决策都需要经董事会讨论通过，有些对企业至关重要的决策则须全体股东投票决定。股东们通常会以公司盈利、分红、股价等来判断经理人员的业绩，这些压力往往使得经理人员注重短期效益而忽略长期效益。

(3)公开上市需要很高的费用。这些费用包括：资产评估费用、注册会计师费、登记费等。上市还需要一些为证券交易所、股东等提供资料的费用，以及聘请注册会计师等费用。

(五)发行股票筹资的优缺点

1. 发行股票筹资的优点

发行普通股票是公司筹集资金的一种基本方式,其优点主要有:

(1)能提高公司的信誉。发行股票筹集的是主权资金。普通股本和留存收益构成公司借入一切债务的基础。有了较多的主权资金,就可为债权人提供较大的损失保障。因而,发行股票筹资既可以提高公司的信用程度,又可为使用更多的债务资金提供有力的支持。

(2)没有固定的到期日,不用偿还。发行股票筹集的资金是永久性资金,在公司持续经营期间可长期使用,能充分保证公司生产经营的资金需求。

(3)没有固定的利息负担。公司有盈余,并且认为适合分配股利,就可以分给股东;公司盈余少,或虽有盈余但资金短缺或者有有利的投资机会,就可以少支付或不支付股利。

(4)筹资风险小。由于普通股票没有固定的到期日,不存在不能还本付息的风险。

2. 股票筹资的缺点

发行股票筹资的缺点主要是:

(1)资金成本较高。一般来说,股票筹资的成本要大于债务资金,股票投资者要求有较高的报酬。而且股利要从税后利润中支付,而债务资金的利息可在税前扣除。另外,普通股的发行费用也较高。

(2)容易分散控制权。当企业发行新股时,出售新股票,引进新股东,会导致公司控制权的分散。

三、企业内部积累

企业内部积累主要是指企业税后利润进行分配所形成的公积金。企业的税后利润并不全部分配给投资者,而应按规定的最低比例提取法定盈余公积金,有条件的还可提取任意盈余公积金。此项公积金可用以购建固定资产、进行固定资产更新改造、增加流动资产储备、采取新的生产技术措施和试制新产品、进行科学研究和产品开发等。因此,税后利润的合理分配也关系到企业筹资问题。

企业利润的分配一般是在年终或会计期末进行结算的。因此,在利润未被分配以前,随着企业经营发展而不断实现的利润,可作为公司资金的一项补充来源。企业年末未分配的利润也具有此种功能。企业平时和年末未分发的利润,使用期最长不超过半年,使用时应加以注意。

此外,企业计提折旧从销售收入中转化来的新增的货币资金,并不增加企业的资金总量,但都能增加企业可以周转使用的营运资金,因而也可视为一种资金来源和筹资方式。

应当指出,企业内部积累是补充企业生产经营资金的一项重要来源。利用这种筹资方式不必向外部单位办理各种手续,简便易行,而且不必直接支付筹资用资的费用,经济合理。因此,企业应当努力改善经营管理,认真开展增收节支,增加利润,扩大积累,以求自我发展。

第四节 债权资金的筹集

债权资金是指企业向银行、其他金融机构、其他企业单位等吸收的资金。债权资金的出资人是企业的债权人，对企业拥有债权，有权要求企业按期还本付息。企业债权筹资的方式主要有银行借款、发行债券、融资租赁、商业信用等。

一、银行借款

银行借款是指企业根据借款合同向银行（以及其他金融机构，下同）借入的需要还本付息的款项。银行机构遍布全国城乡，吸收企业、事业单位，机关，团体和城乡个人的大量存款，资金充裕，与企业联系密切。因此，利用银行的长期或短期借款是企业筹集资金的一种重要方式。

（一）银行借款的种类

1. 银行贷款按提供贷款的机构，可分为政策性银行贷款和其他金融机构贷款

政策性银行贷款是指执行国家政策性贷款业务的银行向企业发放的贷款，通常为长期贷款。如国家开发银行为满足企业承建国家重点建设项目的资金需要而提供的贷款；进出口信贷银行为大型设备的进出口提供的买方信贷或卖方信贷。

商业性银行贷款是指由各商业银行向工商企业提供的贷款，主要是为满足企业生产经营的资金需要，包括短期贷款和长期贷款。其中长期贷款一般具有以下特征：

(1)期限长于一年；

(2)企业与银行之间要签订借款合同，含有对借款企业的具体限制条件；

(3)有规定的借款利率，可以固定，也可随基准利率的变动而变动；

(4)一般采用分期偿还方式，每期偿还金额相等，也有实行到期一次偿还方式的。

其他金融机构贷款，如从信托投资公司取得实物或货币形式的信托投资贷款，从财务公司取得的各种中长期贷款，从保险公司取得的贷款等。其他金融机构的贷款一般较商业银行贷款的期限要长，要求的利率较高，对借款企业的信用要求和担保的选择比较严格。

2. 银行贷款按有无担保，可分为信用贷款和担保贷款

信用贷款是指以借款人的信誉或保证人的信用为依据而获得的贷款，企业取得这种贷款，无须以财产做抵押。对于这种贷款，由于风险较高，银行通常要收取较高的利息，往往还附加一定的限制条件。

担保贷款包括保证贷款、质押贷款和抵押贷款。保证贷款是指按《担保法》规定的保证方式，以第三人承诺在借款人不能偿还债款时，按约定承担一定保证责任或连带责任而取得的贷款。质押贷款是指按《担保法》规定的质押方式，以借款人或第三人的动产或权利作为质押物而取得的贷款。抵押贷款是指按《担保法》规定的抵押方式，以借款人或第三人的财产作为抵押物而取得的贷款。作为贷款担保的抵押品，可以是不动产、机器设备等实物资产，也可以是股票、债券等有价证券，它们必须是能够变现的资产。如果贷款到期，借款企业不能或不愿偿还贷款时，银行可取消企业对抵押品的赎回权，并有权处理抵押品。抵押贷款有利于降低银行贷款的风险，提高贷款的安全性。

票据贴现也是一种抵押贷款，它是商业票据的持有人把未到期的商业票据转让给银行，贴付一定利息以取得银行资金的一种借贷行为。银行通过贴现把款项贷给销货单位，到期向购货单位收款，银行向销货单位所付的金额低于票面金额，其差额即为贴现息。

3. 银行贷款按贷款的用途，可分为基本建设贷款、专项借款和流动资金借款。

基本建设贷款是指企业因为从事新建、改建、扩建等基本建设项目需要资金时而向银行申请借入的款项。

专项借款是指企业因为专门用途而向银行借入的款项，包括更新改造贷款、大修理贷款、科研开发贷款、出口专项贷款、引进技术转让费周转金贷款等。

流动资金借款是指企业为满足流动资金的需求而向银行申请借入的款项，包括流动基金借款、生产周转借款、临时借款、结算借款和卖方信贷。

(二)办理借款的程序

1. 贷款申请

借款人需要贷款，应当向主办银行或者其他银行的经办机构直接申请。借款人应当填写包括借款金额、借款用途、偿还能力及还款方式等主要内容的《借款申请书》。

2. 银行进行审批

银行针对企业的借款申请，按照有关政策和贷款条件。对借款企业进行审查，依据审批权限，核准企业申请的借款金额和用款计划。银行审查的内容包括：企业的财务状况、企业的信用情况、企业的盈利稳定性、企业的发展前景以及借款投资项目的可行性等。

3. 签订借款合同和协议书

借款合同(又称借款契约)和协议书是规定借款单位和银行双方的权利、义务和经济责任的法律文件。

借款合同分担保借款合同、抵押借款合同、信用借款合同等形式，主要包括以下内容：借款单位、借款用途、借款金额、借款日期、还款日期等。

为进一步明确借贷双方及担保、公证单位的权利、义务，往往在借款合同之外再签订借款协议书(亦担保借款、抵押借款、信用借款分别签订)。借款协议书通常一式三份至四份，借贷双方各持正本一份，担保单位一份，公证单位一份。协议书的内容主要包括：分期借款和还款计划；利息计算方式；借款延期的手续；借款方的抵押品情况；担保人的责任；借贷双方违约时的处理办法等。

4. 贷款发放

贷款人要按借款合同规定按期发放贷款。贷款人不按合同约定按期发放贷款的，应偿付违约金，借款人不按合同约定还款的，应偿付违约金。

5. 贷后检查

贷款发放后，贷款人应当对借款人执行借款合同情况及借款人的经营情况进行追踪调查和检查。

6. 企业偿还借款

企业应按借款合同规定付息还本。企业偿还借款的方式通常有三种：

(1)到期一次偿还。在这种方式下，还款集中，借款企业需于贷款到期日前做好准备，以保证全部清偿到期贷款。

(2)分期偿还等额的本金，即在到期日之前定期偿还相同的金额，至贷款到期日还清全部本金。

(3)分期偿还,每批金额不等,便于企业灵活安排。

贷款到期经银行催收,如果借款企业不予偿付,银行可按合同规定,从借款企业的存款户中扣还贷款本息及加收的利息。

借款企业如因暂时财务困难,需延期偿还贷款时,应向银行提交延期还贷计划,经银行审查核实,续签合同。

(三)借款信用条件和实际利率

向银行借款往往需要附带一些信用条件。主要的有:

(1)信贷额度。信贷额度亦即贷款限额,是借款企业与银行在协议中规定的借款可得到的最高限额。通常在信贷额度内,企业可以随时按需要支用借款;如企业超过规定限额继续向银行借款,银行则可停止办理。此外,如果企业信誉恶化,即使银行曾经同意按信贷限额提供贷款,企业也可能得不到借款。这时,银行不承担法律责任。

(2)周转信贷协定。周转信贷协定是银行具有法律义务地承诺提供不超过某一最高限额的贷款协定。在协定的有效期内,只要企业借款总额未超过最高限额,银行必须满足企业任何时候提出的借款要求。企业享用周转协定,通常要对贷款限额的未使用部分付给银行一笔承诺费用。承诺费用一般按未使用的信用额度的一定比率(如2%)计算。

(3)补偿性余额。补偿性余额是银行要求借款企业在银行中保持按贷款限额或实际借用额的一定百分比(通常为10%~20%)计算的最低存款余额。补偿性余额有助于银行降低贷款风险。补偿其可能遭受的风险;但对借款企业来说,补偿性余额则提高了借款的实际利率,加重了企业负担。

(4)按贴现法计息。银行借款利息的支付方式一般为利随本清法,又称收款法,即在借款到期时向银行支付利息的方法。但有时银行则规定采用贴现法,即银行向企业发放贷款时,先从本金中扣除利息,而到期时借款企业再偿还全部本金的一种计息方法。采用这种方法,企业可利用的贷款额只有本金扣除利息后的差额部分,因此其实际利率高于名义利率。

除了上述信用条件外,银行往往还要规定一些限制条款,如企业定期向银行报告财务报告、保持适当的资产流动性、禁止应收账款的转让等等。如企业违背作出的承诺,银行可要求企业立即偿还全部贷款。

由于不同的借款具有不同的信用条件,企业实际承担的利率(实际利率)与名义上的借款利率(名义利率)就可能并不一致。银行借款的筹资成本应是企业实际支付的利息,其相对数则应是实际利率。计算公式如下:

实际利率=借款人实际支付的利息/借款人所得的借款

(四)借款筹资的优缺点

1. 银行借款筹资的优点

(1)筹资成本低。利用银行借款筹资,其利息可在税前支付,这可减少企业实际负担的利息费用,因此比股票筹资的成本要低;就目前我国情况来看,利用银行借款所支付的利息要比发行债券支付的利息低,并且也不需支付大量的发行费用。

(2)筹资速度快。银行借款筹集资金,不像发行股票、债券那样经过印刷、申报、审批、推销等过程需要花费较长时间,它只需与银行等贷款机构达成协议即可。其程序相对简单,花费时间较短,企业可以迅速获得所需资金。

(3)借款弹性强。在借款之前,企业可根据当时的资金需求与银行等贷款机构直接商定贷款的时间、数量和条件。在借款期间,若企业的财务状况发生某些变化,也可与银行等金融机构进行协商,修改借款数量、时间和条件,或提前偿还利息。借款到期后,如有正当理由,还可申请延期归还。

2. 银行借款的缺点

(1)财务风险较大。企业举借银行借款,必须定期还本付息,在经营不利的情况下,可能产生不能偿付的风险,甚至导致破产。

(2)限制条件较多。企业与银行签订的借款合同中,一般都有一些限制条款,如不准改变借款用途、限制企业借入其他长期资金等,这些条款可能会妨碍企业的筹资、投资活动。

(3)筹资数额有限。银行一般不愿借出巨额的长期借款,因此不能向股票、债券等那样一次筹集大笔资金。

二、发行公司债券

债券是债务人为筹集资金而发行的、约定在一定期限内还本付息的一种有价证券。从性质上讲,债券与借款一样是企业的债务,发行债券一般不影响企业的控制权,发行企业无论盈利与否必须到期还本付息。债券的发行人是债务人,投资于债券的人是债权人。

(一)债券的种类

企业发行的债券种类很多,可按不同标准进行分类。

1. 债券按有无抵押品担保,分为抵押债券和信用债券

抵押债券是以发行债券企业的稳定财产为担保品,如果债券到期不能偿还,持券人可以行使其抵押权,拍卖抵押品作为补偿。抵押债券按其抵押品的不同,分为不动产抵押债券、动产抵押债券和证券抵押债券。其中证券抵押债券是债券发行人以所持有的有价证券作为抵押品而发行的债券。这种债券通常由需要资金但不愿出售手中持有的证券的企业发行。例如,母公司为了保证对其子公司的控制,可将持有的子公司的股票作为抵押品发行债券。

信用债券又称无抵押担保债券,是仅凭企业自身的信用发行的、没有抵押品作抵押或担保人作担保的债券。在公司清算时,信用债券的持有人因无特定的资产做担保品,只能作为一般债权人参与剩余财产的分配。为了保护债权人的利益,发行信用债券往往要有一些限制条件,如企业债券不能随意增加发行,未清偿债券之前股东分红不能过高,要指定受托人进行监督等,此外还有一种重要的"反抵押条款",即规定企业不得将其财产抵押给其他债权人。通常只有历史长久、信誉良好的企业,才能发行这种信用债券。

2. 债券按偿还期限不同,分为短期债券和长期债券

短期债券是指偿还期限在1年以内的债券,通常分为3个月、6个月、9个月三种。长期债券是指偿还期限超过1年的债券,在实务中往往又进一步根据期限长短区分为中期债券和长期债券。

3. 债券按是否记名,分为记名债券和无记名债券

记名债券是在债券上记有持券人姓名的企业债券,同时企业要把债权人的姓名登记在债券名册上。偿还本金或支付利息时,企业根据债券名册付款,债券转让要办理过户手续。

无记名债券则在债券上不记载债券持有人姓名,还本付息时仅以债券为凭,企业见票即还本或付息。企业发行无记名债券不必登记债权人的姓名,只需在债券存根中载明债券总

额、发行日期、债券编号及其他有关事项即可。

4. 按能否在一定时期后转换为普通股股票，分为可转换债券和不可转换债券

若公司债券能转换为本公司股票，为可转换债券，反之为不可转换债券。一般来讲，前种债券的利率要低于后种债券。

5. 按债券利率分类，分为固定利率债券和浮动利率债券

将利率明确记载于债券上，按这一固定利率向债券持有人支付利息的债权，为固定利率债券；债券上明确利率、发放利息时利率水平按某一标准（如政府债券利率、银行存款利率）的变化而同方向调整的债券，为浮动利率债券。

（二）债券发行的条件

我国《证券法》规定，公开发行公司债券必须满足以下六个方面的条件：

(1)股份有限公司的净资产不低于人民币 3 000 万元，有限责任公司的净资产不低于人民币 6 000 万元；

(2)累计债券余额不超过公司净资产额的 40%（累计债券余额是指已发行尚未到期的债券金额）；

(3)最近 3 年平均可分配利润足以支付公司债券 1 年的利息；

(4)筹集的资金投向符合国家产业政策；

(5)债券的利率不超过国务院限定的利率水平；

(6)国务院规定的其他条件。

公开发行公司债券筹集的资金，必须用于核准的用途，不得用于弥补亏损和非生产性支出。

上市公司发行可转换为股票的公司债券，除应当符合上述规定的条件外，还应当符合《证券法》关于公开发行股票的条件，并报国务院证券监督管理机构核准。

（三）债券发行价格的确定

债券发行价格的高低，取决于以下四项因素：

(1)债券票面价值，即债券面值。债券售价的高低，从根本上取决于面值大小，但面值是企业将来归还的数额，而售价是企业现在收到的数额。如果不考虑利息因素，从资金时间价值来考虑，企业应按低于面值的售价出售，即按面值进行贴现收取债券价款。

(2)债券利率。债券利息是企业在债券发行期内付给债券购买者的，债券利率越高，其售价也越高。

(3)市场利率。市场利率是衡量债券利率高低的参照指标，与债券售价成反比例的关系。

(4)债券期限。债券发行的起止日期越长，其风险越大，售价越低。

企业债券通常是按债券的面值出售的，称为等价发行，但是在实践中往往要按低于或高于债券面值的价格出售，即折价发行或溢价发行。这是因为债券利率是参照市场利率制定的，市场利率经常变动，而债券利率一经确定就不能变更。在从决定债券发行，到债券开印，一直到债券发售的这段时间里，如果市场利率较前有变化，就要依靠调整发行价格（折价或溢价）来调节债券购销双方的利益。

从资金时间价值来考虑，债券的发行价格由两部分组成：

(1)债券到期还本面额的现值；

(2)债券各期利息的年金现值。计算公式如下：

$$债券发行价格=\frac{债券面值}{(1+市场利率)^n}+\sum_{t=1}^{n}\frac{债券面值\times债券利率}{(1+市场利率)^t}$$

式中，n 为债券期限；t 为付息期数；市场利率是指债券发售时的利率；债券利率是指债券的票面利率(通常为年利率)。

例 3-3　启航公司发行面值为 1 000 元，票面利率为 10%，期限为 10 年，每年年末付息的债券。在公司决定发行债券时，认为 10%的利率是合理的。如果到债券正式发行时，市场上的利率发生变化，那么就要调整债券的发行价格。现按以下三种情况分别讨论：

(1)资金市场上的利率保持不变，启航公司的债券利率为 10%仍然合理，则可采用平价发行。

$$债券发行价格=\frac{1\ 000}{(1+10\%)^{10}}+\sum_{t=1}^{n}\frac{1\ 000\times10\%}{(1+10\%)^{10}}=\frac{1\ 000}{2.593\ 7}+100\times6.144\ 6\approx1\ 000(元)$$

(2)资金市场上的利率有较大幅度的上升，达到 12%时，则应折价发行。

$$债券发行价格=\frac{1\ 000}{(1+12\%)^{10}}+\sum_{t=1}^{n}\frac{1\ 000\times10\%}{(1+12\%)^{10}}=322+100\times5.650\ 2\approx887(元)$$

也就是说，只有按照 887 元的价格出售，投资者才会购买此债券，并获得 12%的报酬。

(3)资金市场上的利率有较大幅度的下降，达到 8%时，则应采用溢价发行。

$$债券发行价格=\frac{1\ 000}{(1+8\%)^{10}}+\sum_{t=1}^{n}\frac{1\ 000\times10\%}{(1+8\%)^{10}}=463.2+100\times6.710\ 1\approx1\ 134.21(元)$$

也就是说，只有按照 1 134.21 元的价格出售，科华公司债券的实际利率才是 8%，投资者以 1 134.21 元的价格投资于该债券，可获得的报酬为 8%。

(四)债券评级

公司公开发行债券通常需要由债券评信机构评定等级。债券的信用等级对于发行公司和购买人都有重要影响。

评级机构最著名的两家是美国标准·普尔公司和穆迪投资服务公司，由于它们占有详尽的资料，采用先进科学的分析技术，又有丰富的实践经验和大量专门人才，因此它们所做出的信用评级具有很高的权威性。参见表 3-7。

表 3-7　标准普尔债券信用等级表

级别	评　定
AAA	最高评级。偿还债务能力极强
AA	偿还债务能力很强，与最高评级差别很小
A	偿还债务能力较强，但相对于较高评级的债务/发债人，其偿债能力较易受外在环境及经济状况变动的不利因素的影响
BBB	目前有足够偿债能力，但若在恶劣的经济条件或外在环境下其偿债能力可能较脆弱
BB	相对于其他投机级评级，违约的可能性最低。但持续的重大不稳定情况或恶劣的商业、金融条件可能令发债人没有足够能力偿还债务

（续表）

级别	评　定
B	违约可能性较“BB”级高，发债人目前仍有能力偿还债务，但恶劣的商业、金融或经济情况可能削弱发债人偿还债务的能力和意愿
CCC	目前有可能违约，发债人须依赖良好的商业、金融或经济条件才有能力偿还债务。如果商业、金融、经济条件恶化，发债人可能会违约
CC	目前违约的可能性较高。由于其财务状况，目前正在受监察。在受监察期内，监管机构有权审定某一债务较其他债务有优先偿付权
SD/D	当债务到期而发债人未能按期偿还债务时，纵使宽限期未满，标准普尔亦会给予“D”评级，除非标准普尔相信债款可于宽限期内清还。此外，如正在申请破产或已作出类似行动以致债务的偿付受阻时，标准普尔亦会给予“D”评级。当发债人有选择地对某些或某类债务违约时，标准普尔会给予“SD”评级（选择性违约）
NP	发债人未获得评级

我国的债券评级工作正在开展，但尚无统一的债券等级标准和系统评级制度。根据中国人民银行的有关规定，凡是向社会公开发行的企业债券，需要由经中国人民银行认可的资信评级机构进行评信。这些机构对发行债券企业的企业素质、财务质量、项目状况、项目前景和偿债能力进行评分，以此评定信用级别。

（五）发行债券筹资的优缺点

1. 债券筹资的优点

发行企业债券是企业筹集借入资金的重要方式。优点主要有：

（1）资金成本较低。债券的利息通常比股票的股利要低，而且债券的利息按规定是在税前支付，发行公司可享受减税利益，故企业实际负担的债券成本明显低于股票成本。

（2）具有财务杠杆作用。债券成本率固定，不论企业盈利多少，债券持有人只收取固定的利息，而更多的利润可用于分配给股东，增加其财富，或留归企业用以扩大经营。

（3）可保障控制权。债券持有人无权参与公司的管理决策，企业发行债券不会像增发新股票那样可能分散股东对公司的控制权。

2. 债券筹资的缺点

（1）财务风险高。债券有固定的到期日，并需定期支付利息。利用债券筹资要承担还本、付息的义务。在企业经营不景气时，向债券持有人还本、付息，无异于釜底抽薪，会给企业带来更大困难，甚至导致企业破产。

（2）限制条件多。发展债券的契约书中往往规定一些限制条款。这种限制比优先股及长期借款要严得多，这可能会影响企业的正常发展和以后的筹资能力。

（3）筹资额有限。利用债券筹资在数额上有一定限度，当公司的负债超过一定程度后，债券筹资的成本会迅速上升，有时甚至难以发行出去。

三、融资租赁

融资租赁于本世纪50年代在美国开始实行，60年代传到西欧、日本。之后，在各国迅速发展。出租物品包括飞机、船舶、车辆、电子计算机、机电设备乃至工厂成套设备。日本大、中型计算机和微型机分别有86%和90%以上用租赁方式获得。美国和原联邦德国所使用的计算机约80%～90%是通过租赁方式获得的。在我国,1 981 年 4 月成立了第一家租赁公司,随后又成立了一批租赁公司,融资租赁发展较快,将逐渐成为企业筹集资金的一种重要方式。

(一)融资租赁和经营租赁

租赁是出租人以收取租金为条件,在契约或合同规定的期限内,将资产租让给承租人使用的一种交易行为。租赁活动由来已久,现代租赁则成为解决企业资金来源的一种筹资方式。企业资产的租赁按其性质有经营租赁和融资租赁两种,他们的区别见表 3-8。

表 3-8　经营租赁与融资租赁区别对照表

项　目	经营租赁	融资租赁
租赁程序	承租人可随时向出租人提出租赁资产要求	由承租人向出租人提出正式申请,由出租人融通资金引进承租人所需设备,然后再租给承租人使用
租赁期限	租赁期短,不涉及长期而固定的义务	租期一般为租赁资产寿命的一半以上
合同约束	租赁合同灵活,在合理限制条件范围内,可以解除租赁契约	租赁合同稳定。在租期内,承租人必须连续支付租金,非经双方同意,中途不得退租
租赁期满的资产处置	租赁期满后,租赁资产一般要归还给出租人	租赁期满后,租赁资产的处置有三种方法可供选择:将设备作价转让给承租人;由出租人收回;延长租期续租
租赁资产的维修保养	租赁期内,出租人提供设备保养、维修、保险等服务	租赁期内,出租人一般不提供维修和保养设备方面的服务

经营租赁是由租赁公司向承租单位在短期内提供设备,并提供维修、保养、人员培训等的一种服务性业务,又称服务性租赁。承租单位支付的租赁费,除租金外还包括维修、保养等费用,经营租赁所付的租赁费可在成本中列支。经营租赁的主要目的,是解决企业短期的、临时的资产需求问题,但从企业不必先付款购买设备即可享有设备使用权来看,也有短期筹资的作用。

融资租赁是由租赁公司按承租单位要求出资购买设备,在较长的契约或合同期内提供给承租单位使用的信用业务。它是以融通资金为主要目的的租赁。一般借贷的对象是资金,而融资租赁的对象是实物,融资租赁是融资与融物相结合的、带有商品销售性质的借贷活动,是企业筹集资金的一种新方式。

融资租赁的主要特点是:

(1)出租的设备由承租企业提出要求购买或者由承租企业直接从制造商或销售商那里选定;

(2)租赁期较长,接近于资产的有效使用期,在租赁期间双方无权取消合同;

(3)由承租企业负责设备的维修、保养和保险,承租企业无权拆卸改装;

(4)租赁期满，按事先约定的方法处理设备，包括退还租赁公司，继续租赁，企业留购，即以很少的“名义货价”(相当于设备残值的市场售价)买下设备。通常采用企业留购办法，这样，租赁公司也可以免除处理设备的麻烦。

(二)融资租赁的形式

融资租赁可细分为如下三种形式：

(1)售后租回。根据协议，企业将某资产卖给出租人，再将其租回使用。从事售后租回的出租人为租赁公司等金融机构。

(2)直接租赁。直接租赁是指承租人直接向出租人租入所需要的资产，并付出租金。直接租赁的出租人主要是制造厂商、租赁公司。

(3)杠杆租赁。杠杆租赁要涉及承租人、出租人和资金出借者三方当事人。从承租人的角度来看，这种租赁与其他租赁形式并无区别，但对出租人却不同，出租人只出购买资产所需的部分资金(如30%)，作为自己的投资；另外以该资产作为担保向资金出借者借入其余资金(如70%)。

(三)融资租赁的基本程序

融资租赁的程序比较复杂，其主要过程如下：

(1)选择租赁公司，提出委托申请。当企业决定采用融资租赁方式以获取某项设备时，需要了解各个租赁公司的经营范围、经营能力、资信情况，了解有关租赁公司的融资条件和租赁费率等，分析比较，选定一家作为出租单位。然后，企业便可填写租赁申请书，申请办理融资租赁。租赁申请书要详细说明需要租赁设备的类型、品种、规格、型号、性能等。企业还要向租赁公司提供资产负债表、损益表等财务资料，以供租赁公司估算其融资的风险程度。如果需要从国外进口设备，还应提交进口设备的文件。

(2)选择租赁设备，探询设备价格。可以有几种作法：由企业委托租赁公司选择设备、商定价格；由企业先同设备供应厂商谈判、询价、签署购买合同，然后将合同转给租赁公司，由租赁公司付款，即所谓的“转让”；经租赁公司指定，由企业代其订购设备，代其付款，并由租赁公司偿付贷款，即所谓的“代理人付款”；由租赁公司和承租企业协商合作洽购设备。

(3)签订购货协议。由承租企业和租赁公司中的一方或双方，与选定的设备供应厂商进行购买设备的技术谈判和商务谈判，在此基础上与设备供应厂商签订购货协议。

(4)签订租赁合同。即由承租企业与租赁公司签订租赁设备的合同。如需要进口设备，还应办理设备进口手续。租赁合同是租赁业务的重要文件，具有法律效力。融资租赁合同的内容可分为一般条款和特殊条款两部分。

一般条款主要包括：合同的性质、当事人身份、合同签订的日期等；解释合同中所使用的重要名词；设备的名称、规格型号、数量、技术性能、交货地点及使用地点等，这些内容亦可附表详列；租赁设备交货、验收和税务、使用责任；租赁期限及起租日期；租金的构成、支付方式和货币名称。

特殊条款主要规定：购货协议与租赁合同的关系；租赁设备的产权归属；租期中不得退租；对出租人和对承租人的保障；承租人违约及对出租人的补偿；设备的使用和保管、维修、保障责任；保险；租赁保证金和担保；租赁期满对设备的处理等。

(5)交货验收。设备供应厂商将设备发运到指定地点，承租企业要办理验收手续。验收合格后签发交货及验收证书交给租赁公司，作为其支付贷款的依据。

(6)结算贷款。设备供应厂商托收货款,租赁公司承付货款。

(7)投保。由承租企业向保险公司办理保险事宜。

(8)交付租金。承租企业按租赁合同规定,分期交纳租金,这也就是承租企业对所筹资金的分期还款。

(9)合同期满处理设备。承租企业根据合同约定,对设备续税、退租或留购。

(四)融资租赁租金的计算

1. 决定租金的因素

融资租赁每期租金的多少,取决于下列几项因素:设备原价;预计设备残值;利息;租赁手续费;租赁期限。

2. 租金的支付方式

租金的支付方式也影响每期租金的多少。一般而言租金支付次数越多,每次的支付额越小。支付租金的方式通常有如下几种:①按支付间隔期长短,分为年付、半年付、季付和月付;②按在期初或期末支付,分为先付和后付;③按每次是否等额支付,分为等额支付和不等额支付。实务中,承租企业与租赁公司商定的租金支付方式,大多为后付等额年金。

3. 确定租金的方法

租金的计算方法很多,我国融资租赁实务中,大多采用平均分摊法和等额年金法。

(1)平均分摊法。平均分摊法是先以商定的利息率和手续费率计算出租赁期间的利息和手续费,然后连同设备成本按支付次数平均计算。这种方法没有充分考虑资金时间价值因素。每次应付租金的计算公式可列示如下:

$$R=\frac{(C-S)+I+F}{N}$$

式中,R 为每次支付的租金;C 为租赁设备购置成本;S 为租赁设备预计残值;I 为租赁期间利息;F 为租赁期间手续费;N 为租期。

(2)等额年金法。等额年金法是运用年金现值的计算原理计算每期应付租金的方法。在这种方法下,通常要根据利率和手续费率确定一个租费率,作为贴现率。

①后付租金的计算。后付年金的计算方法已于第二章说明,其计算公式为:

$$P=A\times(P/A,i,n)$$

经推导,可求得后付租金方式下每年年末支付租金数额的计算公式为:

$$A=\frac{P}{(P/A,i,n)}$$

式中,A 为年金,即每年支付的租金;P 为年金现值,即等额租金现值;$(P/A,i,n)$ 为年金现值系数;n 为支付租金期数;i 为贴现率,即租费率。

②先付租金的计算。根据先付年金现值的公式

$$P=A\times(p/A,I,n-1)+A=A\times[(P/A,i,n-1)+1]$$

得出先付等额租金的计算公式为:

$$A=\frac{P}{(P/A,i,n-1)+1}$$

融资租赁不同于经营租赁,其租赁价不能计入成本,通常要先列为“长期应付款”,然后

分期支付。企业融资租入的固定资产应同企业自有资产一样计提折旧。

（五）租赁筹资的优缺点

1. 租赁筹资的优点

(1)能迅速获得所需资产。融资租赁集“融资”与“融物”于一身，一般要比先筹措现金再购置设备来得更快，可使企业尽快形成生产经营能力。

(2)租赁筹资限制较少。企业运用股票、债券、长期借款等筹资方式，都受到相当多的资格条件的限制，相比之下，租赁筹资的限制条件很少。

(3)税收负担轻。租金可在所得税前扣除，具有抵免所得税的效用。

(4)租赁可提供一种新资金来源。有些企业由于种种原因，如负债比率过高、借款信贷额度已经全部用完、贷款协议限制企业进一步举债等，而不能向外界筹集大量资金。在此情况下，采用租赁方式可使企业在资金不足而又急需设备时，不付出大量资金就能得到所需的设备。这种“借鸡生蛋，卖蛋还钱”的办法有较高的经济效益。

2. 租赁筹资的缺点

租赁筹资的主要缺点是资金成本高。其租金通常比举借银行借款或发行债券所负担的利息高得多，而且租金总额通常要高于设备价值的30%；承租企业在财务困难时期，支付固定的租金也将构成一项沉重的负担。另外，采用租赁筹资方式如不能享有设备残值，也将视为承租企业的一种机会损失。

四、商业信用

商业信用是指商品交易中以延期付款或预收货款方式进行购销活动而形成的借贷关系，是企业之间的直接信用行为。商业信用是由商品交换中货与钱在空间上和时间上的分离而产生的，其主要形式不外两种：先取货后付钱，先收钱后交货。商业信用产生于银行信用之前，而银行信用出现以后，商业信用依然存在。随着市场经济的发展，我国商业信用正日益广泛推行，成为企业筹集短期资金的一种方式。商业信用有商品交易媒介的作用，但如管理不善，也会产生消极的后果，应当加强监督，积极引导，防止失控。

企业之间商业信用的形式多种多样，主要有以下几种：

1. 应付账款

应付账款即赊购商品，是一种典型的商业信用形式。甲企业向乙企业购买商品，延期在收到货物后一定时期内付款，在这段时期内，等于甲企业向乙企业借了款。这种方式可以弥补企业暂时的资金短缺，对于出售单位来说也易于推销商品。应付账款不同于应付票据，它采用“欠账”方式，买方不提供正式借据，完全依靠企业之间的信用来维系。一旦买方资金紧张，就会造成长期拖欠，甚至形成连环拖欠（即连环债）。所以采用这种方式，卖方要掌握买方的财务信誉情况。

为了促使购买单位按期付款、提前付款，销售单位往往规定一定的信用条件。如规定“2/10，*n*/30”，意即购买单位如在10天内付款，可以减免货款2%；全部货款必须在30天内付清。换句话说，购买单位如要延期20天付款，需要多支付2%的货款。

应付账款这种信用方式，按其是否支付代价，分为免费信用、有代价信用和展期信用三种。

(1)免费信用，是指企业无需支付任何代价而取得的信用，一般包括法定付款期限和销售者允许的折扣期限。前者如银行结算办法规定允许有3天的付款期限，即付款人可从收到付款通知的3天内享受免费信用；后者为一定信用条件的折扣期(上例为10天)内购买者可享受免费信用。这两种免费信用都是有时期限制的，目前我国“欠账”方式的应付账款则是没有时间限制的免费信用，所以容易引发拖欠行为。

(2)有代价信用，是指企业需要支付一定代价而取得的信用。如在有折扣销售的方式下，企业购买者如欲取得商业信用，则需放弃折扣，而所放弃的折扣就是取得此种信用的代价。如上例，购买者要在取得20天延期付款的情况下，支付2%的货款。对于此种有代价信用，企业应认真分析其资金成本的高低，以便决定取舍。

放弃现金折扣的商业信用的资金成本可按下列公式计算：

$$\text{商业信用资金成本率}=\frac{CD}{1-CD}\times\frac{360}{N}\times 100\%$$

式中，CD 为现金折扣的百分比；N 为放弃现金折扣延期付款天数。

(3)展期信用，是指企业在销售者提供的信用期限届满后以拖延付款的方式强制取得的信用。展期信用虽不付出代价，但不同于一般免费信用，它是明显的违反结算制度的行为，且会影响企业信誉，是不可取的。

2. 商业汇票

商业汇票是指单位之间根据购销合同进行延期付款的商品交易时，开具的反映债权债务关系的票据，是现行的一种商业票据。商业汇票可由销货企业签发，也可由购货企业签发，到期由销货企业要求付款。商业汇票必须经过承兑，即由有关方在汇票上签章，表示承认到期付款。根据承兑人不同，商业汇票分为商业承兑汇票和银行承兑汇票两种。商业承兑汇票，是指由销货单位或购货单位开出，由购货单位承兑的汇票。银行承兑汇票，是指由销货单位或购货单位开出，由购货单价请求其开户银行承兑的汇票，这两种承兑汇票在同城、异地均可使用。

汇票承兑期限由交易双方商定，一般为1～6个月，最长不超过9个月。遇有特殊情况可以适当延长。如属分期付款，应一次签发若干不同期限的汇票。汇票经承兑后，承兑人即付款人有到期无条件交付票款的责任。

商业汇票是一种期票，是反映应付账款或应收账款的书面凭证，在财务上作为应付票据或应收票据处理。对于购买单位来说，它也是一种短期筹资的方式。采用商业汇票可以起到约期结算、防止拖欠的作用，由于汇票到期要通过银行转账结算，这种商业信用便纳入银行信用的轨道。

商业汇票作为一种商业票据，可分为无息票据和有息票据两种。如是无息票据，则属于免费信用；如开出的是有息票据，则所承担的票据利息就是应付票据的筹资成本。

3. 票据贴现

票据贴现，是指持票人把未到期的商业票据转让给银行，贴付一定的利息以取得银行资金的一种借贷行为。它是商业信用发展的产物，实为一种银行信用。银行在贴现商业票据时，所付金额要低于票面金额，其差额为贴现息。贴现息与票面额的比率，为贴现率。银行通过贴现把款项贷给购货单位，到期向购货单位收款，所以要收利息。贴现率由银行参照流动资金贷款利率规定。计算公式如下：

$$贴现息＝汇票金额×贴现天数×(月贴现率÷30天)$$

$$应付贴现票款＝汇票金额－贴现息$$

4. 预收货款

预收货款，是指企业按照合同规定向购货单位预收的完全或部分货款。预收货款是销货方按照合同或协议规定，在发出商品之前向购货方预先收取部分或全部货款的信用行为。即卖方向买方先借一笔款项，然后用商品归还，对卖方来说，也是一种短期融资方式。预收货款通常是买方在购买紧缺商品时乐意采用的一种方式，以便取得对货物的要求权。而卖方对于生产周期长、售价高的商品，经常要向买方预收货款，以缓和公司资金占用过多的矛盾。

经常性预收货款和大额预收货款，是国家外汇管理局、税务部门审核的重点，防止进口不付汇或其他外汇资金流入。预收货款方式销售货物，应在货物发出的当天及时开票，并在当期申报纳税，以免涉嫌偷税。

总之，商业信用融资合法、方便，融资成本低、限制条件少。它属于一种自然性融资，不用做非常正规的安排，也无需另外办理正式筹资手续，是中小企业融资的一种有效的融资方式，值得运用。

复习思考题

1. 企业筹资的动机通常有哪几种？

2. 发行股票筹资的优点和缺点有哪些？

3. 债券筹资的优点和缺点有哪些？

练习题

1. 启航公司采用融资租赁的方式于2005年1月1日融资租入一台设备，设备价款为60 000元，租期为10年，到期后设备归企业所有，租赁双方商定采用的折现率为20%，计算并回答下列问题：

(1)租赁双方商定采用的折现率为20%，计算每年年末等额支付的租金额；

(2)租赁双方商定采用的折现率为18%，计算每年年初等额支付的租金额；

2. 启航公司2008年的财务数据如下：

项　目	金额(万元)
流动资产	4 000
长期资产	8 000
流动负债	400
长期负债	6 000
当年销售收入	4 000
净利润	200
分配股利	60
留存收益	140

假设企业的流动资产和流动负债均随销售收入的变化同比例变化。

要求：

(1)2009 年预计销售收入达到 5 000 万元，销售净利率和收益留存比率维持在 2008 年的水平，计算需要补充多少外部资金？

(2)如果留存收益比率为 100%，销售净利率提高到 6%，目标销售收入为 4 800 万元，计算需要补充多少外部资金？

3. 启航公司拟发行 8 年期债券进行筹资，债券票面金额为 1 200 元，票面利率为 10%，当时市场利率为 10%，计算以下两种情况下该公司债券发行价格应为多少才是合适的。

(1)单利计息，到期一次还本付息；

(2)每年付息一次，到期一次还本。

第四章　筹资管理(Ⅱ)——资本结构

［学习目的］ 本章主要介绍企业资本结构理论。通过本章的学习，要求学生掌握企业资本成本的计算，掌握企业资本结构理论，并掌握如何确定企业的最佳资本结构。

第一节　资本成本

资金成本是衡量筹资、投资经济效益的标准。企业筹得的资金付诸使用以后，只有当投资项目的投资收益率(资金利润率)高于资金成本率时，所筹集和使用的资金才能取得较好的经济效益。

一、资金成本的含义和作用

(一)资金成本的含义

企业从各种来源筹集的资金不能无偿使用，而要付出代价。资金成本就是企业取得和使用资金而支付的各种费用，又称资本成本。资金成本包括用资费用和筹资费用两部分内容。

(1)用资费用，是指企业在生产经营、投资过程中因使用资金而付出的费用。例如，向股东支付的股利、向债权人支付的利息等。这是资金成本的主要内容。长期资金的用资费用因使用资金数量的多少和时期的长短而变动。

(2)筹资费用，是指企业在筹措资金过程中为获取资金而付出的花费。例如，向银行支付的借款手续费，因发行股票、债券而支付的发行费用等。筹资费用与用资费用不同，它通常是在筹措资金时一次支付的，在用资过程中不再发生。因此，可视作筹资数量的一项扣除。

资金成本可以用绝对数表示，也可以用相对数来表示，通常用相对数表示。后者为用资费用与筹得的资金之间的比率。其计算公式表示如下：

$$K=\frac{D}{P-f}\text{或}K=\frac{D}{P(1-F)}$$

式中，K 为资金成本率；D 为用资费用；P 为筹资数额；f 为筹资费用；F 为筹资费用率，即筹资费用与筹资数额的比率。

上列公式中，分母“$P-f$”至少有三层含义：①筹资费用属一次性费用，不同于经常性的用资费用，因而不能用$(D+f)/P$ 来代替 $D/(P-f)$；②筹资费用是在筹资时支付的，可视作筹资数量的扣除额，“$P-f$”为筹资净额；③用公式 $D/(P-f)$而不用 D/P，表明资金成本同利息率或股利率在含义和数量上都有差别。

(二)资金成本的性质

资金成本是一个重要的经济范畴。资金成本是在商品经济条件下,由于资金所有权和资金使用权分离而形成的一种财务概念。

资金成本是资金使用者向资金所有者和中介人支付的占用费和筹资费。在商品经济条件下,企业作为资金使用者系通过各种方式从资金所有者那里筹集资金的。资金作为一种特殊的商品也有其使用价值,即能保证生产经营活动顺利进行,又能与其他生产要素相结合而使自己增值。企业筹集资金以后,暂时地取得了这些资金的使用价值,就要为资金所有者暂时丧失其使用价值而付出代价,因而要承担资金成本。所以,资金成本概念是商品经济条件下资金所有权和使用权分离的必然结果。

资金成本既具有一般产品成本的基本属性,又有不同于一般产品成本的某些特性。产品成本是资金耗费,又是补偿价值。资金成本也是企业的耗费,企业是要为此付出代价、支出费用的,而这种代价最终也要作为企业收益的扣除额来得到补偿。但是资金成本又不同于账面成本,资金成本率只是一个估计的预测值,而不是精确的计算值。因为据以测定资金成本的各项因素都不是按过去实现的数字确定的,而是根据现在和未来的情况确定的,今后可能发生变动。其中一部分计入产品成本,一部分则仅作为利润的分配额而不直接表现为生产性耗费。

资金成本同资金时间价值既有联系,又有区别。资本成本的基础是资金的时间价值,但两者在数量上是不一致的。资金成本(如利率)既包括资金时间价值,又包括投资风险价值。资金时间价值,除用以确定资金成本以外,还广泛用于其他方面。

(三)资金成本的作用

资金成本可以在多方面加以应用,但主要用于筹资决策和投资决策。

1. 资金成本是比较筹资方式、选择筹资方案的依据

资金成本有个别资金成本、综合资金成本、边际资金成本等形式,它们在不同情况下具有各自的作用。

(1)个别资金成本是比较各种筹资方式优劣的一个尺度。企业筹集长期资金一般有多种方式可供选择,如长期借款、发行债券、发行股票等。这些长期筹资方式的个别成本是不一样的。资金成本的高低可作为比较各种筹资方式优缺点的一个依据。当然,资金成本并不是选择筹资方式的唯一依据。

(2)综合资金成本是企业进行资金结构决策的基本依据。企业的全部长期资金通常是采用多种方式筹资组合构成的。这种长期筹资组合往往有多个方案可供选择。综合资金成本的高低就是比较各个筹资组合方案,作出资金结构决策的基本依据。

(3)边际资金成本是比较选择追加筹资方案的重要依据。企业为了扩大生产经营规模,增加经营所需资产或增加对外投资,往往需要追加筹集资金。在这种情况下,边际资金成本是比较选择各个追加筹资方案的重要依据。

2. 资金成本是评价投资项目可行性的主要经济标准

西方有的教材把资金成本定义为“一个投资项目必须挣得的最低收益率,以证明分配给这个项目的资金是合理的”。任何投资项目,如果它的预期的投资收益率超过资金成本率,则将有利可图,这项方案在经济上就是可行的;如果它的预期的投资收益率不能达到资金成

本率，则企业盈利用以支付资金成本以后将发生亏空，这项方案就应舍弃不用。因此，资金成本是企业用以确定投资项目可否采用的取舍率。

3. 资金成本是评价企业经营成果的最低尺度

资金成本作为一种投资报酬是企业最低限度的投资收益率。企业任何一项投资不论所需资余是怎样筹集的，必须实现这一最低的投资收益率，以补偿企业使用资金需要偿付的资金成本。因此，在实际生产经营活动中，资金成本率的高低就成为衡量企业投资收益率的最低标准。凡是实际投资收益率低于这个水平的，则应认为经营不利，这就向企业经营者发出信号，必须立即改善经营管理。

二、个别资金成本

个别资金成本是指各种长期资金的成本。企业的长期资金一般有长期借款、债券、优先股、普通股、留用利润等，其中前两者可统称为债务资金或简称债务，后三者可统称为权益资金或简称权益。个别资金成本相应的有长期借款成本、债券成本、优先股成本、普通股成本、留用利润成本等，前两者统称债务成本，后三者统称权益成本。

（一）债务成本

债务成本主要有长期借款成本和债券成本。按照国际惯例和各国所得税法的规定，债务的利息一般允许在企业所得税前支付，因此，企业实际负担的利息为：利息×（1－所得税率）。

1. 长期借款成本

企业长期借款的成本可按下列式中公式计算：

$$K_t=\frac{I_t(1-T)}{L(1-F_t)}=\frac{R_t(1-T)}{1-F_t}$$

式中，K_t为长期借款成本；I_t为长期借款年利息；T为企业所得税税率；L为长期借款筹资额，即借款本金；F_t为长期借款筹资费用率；R_t为长期借款年利率。

由于银行借款的手续费较低，有时候往往可以忽略不计，在这种情况下，银行借款的成本计算可简化为$K_t=R_t(1-T)$。

2. 债券成本

债券成本中的利息亦在所得税前列支，但发行债券的筹资费用一般较高，应予全面考虑。债券的筹资费用即债券发行费用，包括申请发行债券的手续费、债券注册费、印刷费、上市费以及推销费用等。

债券的发行价格有等价、溢价、折价三种。债券利息按面额（即本金）和票面利率确定，但债券的筹资额应按发行价格计算。债券成本的计算公式为：

$$K_b=\frac{I_b(1-T)}{B(1-F_b)}$$

式中，K_b为债券成本；I_b为债券年利息；T为企业所得税税率；B为债券筹资额，按发行价格确定；F_b为债券筹资费用率。

在实际中，由于债券利率水平通常高于长期借款，同时债券发行费用较多，因此，债券成本一般高于长期借款成本。

(二)权益成本

权益成本主要有吸收直接投资的成本、优先股成本、普通股成本、留用利润成本等。各种权益资金的红利是以所得税后净利支付的,不会减少企业应缴的所得税。

1. 优先股成本

公司发行优先股筹资而支付发行费用,优先股股利通常是固定的。优先股筹资额应按优先股的发行价格确定。优先股成本可按下列公式计算:

$$K_p=\frac{D_p}{P_p(1-F_p)}$$

式中,K_p为优先股成本;D_p为优先股年股利;P_p为优先股筹资额;F_p为优先股筹资费用率。

由于优先股股利在税后支付,而债券利息在税前支付,当公司破产清算时,优先股持有人的求偿权在债券持有人之后,故其风险大于债券。因此,优先股成本明显高于债券成本。

2. 普通股成本

普通股成本的确定方法,与优先股成本基本相同。但是,普通股的股利一般不是固定的,因此普通股成本的计算要复杂些。在这里介绍两种计算方法。

第一种是股利固定增长模型。如果每年以固定比率 G 增长,第一年股利为 D_c,则第二年为 $D_c(1+G)$,第三年为 $D_c(1+G)^2$,…,第 n 年为 $D_c(1+G)^n$。因此,普通股成本的计算公式经推导可简化为:

$$K_c=\frac{D_c}{P_c(1-F_c)}+G$$

式中,K_c为普通股成本;D_c为普通股年股利;P_c为普通股筹资额;F_c为普通股筹资费用率;G为普通股股利年增长率。

第二种是资本资产定价模型。依据资本资产定价模型,普通股资本成本的计算公式为:

$$K_c=R_f+\beta(R_m-R_f)$$

式中,R_f 为无风险报酬率;β 为股票的其他系数;R_m 为股票市场的平均必要报酬率;(R_m-R_f)为市场平均风险溢酬。

3. 留用利润成本

公司的留用利润是由公司税后净利形成的,它属于普通股股东。从表面上看,公司使用留用利润似乎不花费什么成本。实际上,股东将其留用于公司而不作为股利取出投资于别处,总是希望能得到与普通股等价的报酬。因此,留用利润也有成本,不过是一种机会成本。留用利润成本的确定方法与普通股成本基本相同,只是不考虑筹资费用。其计算公式为:

$$K_r=\frac{D_c}{P_c}+G$$

式中,K_r表示留用利润成本,其他符号含义同前。其中 D_c为按照普通股股利分配计算出来的留用利润部分的股利额,P_c就是留用利润额度。

以上我们分析了股份公司权益成本的确定。关于非股份公司的企业,其权益资金主要是吸收的直接投资和留用利润,它们的成本确定方法,具有明显的特点。主要是:(1)吸收投资的协议或合同有的约定有固定的分利比率,这类似于公司优先股,但不同于普通股;(2)吸收投资及留用利润不能在证券市场上交易，无法形成公平的交易价格；(3)在未约定固定分利比率的情况下，吸收投资要求的报酬难以预计。在这种情况下，吸收投资以及留用利润的成本的确定方法，还是有待研究的问题。我国有的财务学者认为，在一定条件下，吸收投资成本以及留用利润成本，可按优先股成本的计算方法和行业平均的分利比率予以确定。

这里需要说明，实践中资金成本的计算则要复杂得多。因为资金来源不仅限于上述几种，每一种资金来源的资金，其成本的计算方法又可能多种多样，对未来时期的用资费用(如利息等)的计算，还应考虑资金时间价值因素，要把未来支出的终值换算成现值。这些都需要在实践中进一步加以研究。

三、综合资金成本

综合资金成本是指企业全部长期资金的总成本，通常是以各种资金占全部资金的比重为权数，对个别资金成本进行加权平均确定的，故亦称加权平均资金成本。综合资金成本是由个别资金成本和加权平均权数两个因素决定的，其计算公式如下：

$$K_w = \sum_{i=1}^{n} K_i W_i$$

式中，K_w为综合资金成本，即加权平均资金成本；K_i为第 i 种个别资金成本；W_i为第 i 种个别资金占全部资金的比重，即权数。

在已确定个别资金成本的情况下，取得企业各种资金占全部资金的比重后即可计算企业的综合资金成本。

例 4-1　启航公司拟筹资 2500 万元。其中，发行债券 500 万元，筹资费率为 2%，债券年利率为 10%，所得税率为 25%；优先股 500 万元，年股息率 7%，筹资费率为 3%；普通股 1 000万元，筹资费率为 4%，第一年预期股利率为 10%，以后各年增长 4%；其余为留用利润。试计算该筹资方案的综合资本成本。

解答：(1)计算各种资本占全部资本的比重：

债券比重＝500÷2500＝20%

优先股比重＝500÷2500＝20%

普通股比重＝1 000÷2500＝40%

留用利润比重＝500÷2500＝20%

(2)各种资金的个别资金成本：

债券资金成本＝10%×(1－25%)÷(1－2%)＝7.6%

优先股资金成本＝7%÷(1－3%)＝7.22%

普通股资金成本＝[10%÷(1－4%)]＋4%＝14.42%

留用利润资金成本＝10%＋4%＝14%

(3)计算加权平均资本成本：

K ＝7.6%×20%＋7.22%×20%＋14.42%×40%＋14%×20%

＝11.528%

上述加权平均资金成本计算中的权数是按账面价值确定的。使用账面价值权数易于从资产负债表上取得这种资料；但若债券和股票的市场价值已脱离账面价值许多，则以市场价值确定为宜。

第二节　资本结构理论

资本结构是指企业各种长期资金来源的构成和比例关系，是企业筹资的一个核心问题。通常情况下，企业都采取债务筹资和权益筹资的组合，由此形成的资本结构一般称为“杠杆资本结构”。关于资本结构决策问题，一直存在争论。通常把对资本结构的研究分为早期资本结构理论和现代资本结构理论两个阶段。

一、早期资本结构理论

美国经济学家戴维·杜兰德在1952年的研究成果是早期资本结构理论研究的正式开端之一。他的研究报告分为三种有关资本结构的见解，即净收入理论、净营运收入理论和传统理论。这三种理论的不同之处在于对投资者如何确定企业负债价值和股权价值的假设条件不同。

1. 净收入理论

净收入理论认为，负债可以降低企业的资本成本，负债程度越高，企业的价值越大。这是因为债务利息和权益资本成本均不受财务杠杆影响，无论负债程度多高，企业的债务资本成本和权益资本成本都不会变化。因此，只要债务成本低于权益成本，那么负债越多，企业的加权平均资本成本就越低，企业价值就越大。当负债比率为100%时，企业加权平均资本成本最低，企业价值将达到最大值。

2. 净营运收入理论

净营运收入理论认为，不论财务杠杆如何变化，企业加权平均资本成本都是固定的，因而企业的总价值也是固定不变的。但由于加大了权益的风险，也会使权益成本上升，于是加权平均资本成本不会因为负债比率的提高而降低，而是维持不变。企业的总价值也就固定不变，即公司价值与资本结构无关。按照这种理论推论，不存在最佳资本结构，筹资决策也就无关紧要。可见，净营运收入理论和净收入理论是完全相反的两种理论。

3. 传统理论

传统理论是一种介于净收入理论和净营运收入理论之间的理论。传统理论认为，企业利用财务杠杆尽管会导致权益成本的上升，但在一定程度内却不会完全抵消利用成本率低的债务所获得的好处，因此会使加权平均资本成本下降，企业总价值上升。但是，超过一定程度地利用财务杠杆，权益成本的上升就不再能为债务的低成本所抵消，加权平均资本成本便会上升。以后，债务成本也会上升，它和权益成本的上升共同作用，使加权平均资本成本上升加快。加权平均资本成本从下降变为上升的转折点，是加权平均资本成本的最低点，这时的负债比率就是企业的最佳资本结构。

二、现代资本结构理论

现代资本结构理论是以MM理论为标志的。美国两位教授莫迪格莱尼(Modigliani)和米勒(Miller)在1958年发表了极具有影响力的论文《资本成本、公司财务和投资理论》，对企业的价值与资本结构的关系进行了严密的分析。他们的研究工作使公司财务管理成为一门真正的科学。他们的成果为以后的研究奠定了基础,并因此获得了诺贝尔经济学奖。由于莫迪格莱尼和米勒经常被提到,所以一般合称他们为MM。

(一)无税收的MM理论

无税收的MM理论又称资本结构无关论,资本结构无关论的假设条件是:没有公司所得税和个人所得税,资本市场上没有交易成本,信用风险相同的公司和个人可以在资本市场上以同样的利率借到资金,没有破产成本和代理成本,等等。无税收的MM理论认为增加公司债务并不能提高公司价值。MM给出了两个命题。

命题Ⅰ:公司的价值是将其净经营收益($T=0$时的$EBIT$)按与公司风险程度相一致的固定比率进行资本化来确定,即在没有公司所得税的情况下,杠杆公司的价值与无杠杆公司的价值相等。用公式表示为:

$$V_L=V_U=\frac{EBIT}{r_{WACC}}=\frac{EBIT}{r_0}$$

式中,V_L为杠杆公司的价值;V_U为无杠杆公司的价值;r_{WACC}为公司加权平均资本成本;r_0为无杠杆公司权益资本成本。

该命题成立的理论依据是套利理论,即两个公司除了资本结构和市场价值以外,其他情况均相同,则投资者就会卖出高估公司的股票,买进低估公司的股票,这个过程将一直持续到两个公司市场价值完全相同为止。

命题Ⅱ:杠杆公司的权益资本成本r_V等于同一风险等级的无杠杆公司的权益资本成本加上风险溢价,风险溢价的大小取决于无杠杆公司权益资本成本、负债资本成本以及负债与权益的比例,因为:

$$r_{WACC}=\frac{B}{S+B}\times r_B+\frac{B}{S+B}\times r_V$$

式中,B为债务的价值;S为权益的价值;R_b为债务资本成本;r_V为杠杆公司权益资本成本;$S+B$为公司总价值。

根据命题Ⅰ的推论,在没有公司税收的经济世界里,r_{WACC}必定等于r_0。

所以,命题Ⅱ可用公式表示为:

$$r_V=r_0+\frac{B}{S}(r_0-r_B)$$

命题Ⅱ成立的前提条件是:随着负债比率的上升,虽然债务资本成本低于权益资本成本,但是企业的加权平均资本成本并不降低。原因是债务较低的成本优势,会因其风险的增加使权益成本增加,从而被抵消。MM认为企业的价值和其加权平均资本成本不会因其资本结构的改变而改变。

(二)有税收的MM理论

MM最初的研究成果发表于1958年,假设公司所得税税率(T)为零。1963年,他们发表了第二篇文章《公司所得税与资本成本:修正模型》,考虑了公司所得税的情况。他们得出这样的结论:由于债务的利息可以抵税,使得更多的收益流到投资者手中,因此公司的价值会随着公司负债比例的提高而增加。有税收的MM两个命题如下:

命题Ⅰ:杠杆公司价值等于无杠杆公司价值加上税盾现值。税盾现值就是纳税节省的价值(又称税盾效应),即公司税率与债务额的乘积。

$$V_L=\frac{EBIT\times(1-T)}{r_0}+\frac{Br_BT}{r_B}=V_U+BT$$

税法规定债务的利息可以在税前扣除,减少了企业应纳税所得额,从而减少了上缴的所得税,具体金额为 Br_BT(税盾)。假设企业具有永久性的债务,并且税盾具有与债务利息相同的风险,通过将债务利率 r_B 作为贴现率在税后进行贴现,就可以计算税盾现值 BT。该命题表明,杠杆公司的价值大于无杠杆公司的价值,且负债比例越高,税盾现值越大。当负债达到 100%时,公司价值达到最大。

命题Ⅱ:杠杆公司的权益资本成本等于同一风险等级的无杠杆公司权益资本成本加上风险溢价,风险溢价的大小取决于无杠杆公司权益资本成本和债务资本成本的差异、负债的比例以及公司所得税税率的高低。用公式表示为:

$$r_V=r_0+\frac{B}{S}\times(r_0-r_B)\times(1-T)$$

命题Ⅱ表明,杠杆公司的权益资本成本会随着负债比例的提高而上升,但由于$(1-T)$小于 1,因此其上升的速度低于无所得税时的上升速度。如果将两个命题结合起来,可以得到,杠杆公司的加权平均资本成本会随着负债比例的提高而下降。加权平均资本成本的计算公式为:

$$r_{WACC}=\frac{B}{V_L}\times r_B\times(1-T)+\frac{S}{V_L}\times r_V$$

式中,V_L为杠杆公司价值$(B+S)$。

(三)权衡理论

有税收的 MM 理论认为通过负债经营可以提高公司的价值,但这是建立在没有财务危机成本和代理成本假设基础之上的。在 MM 理论基础上,财务学家又考虑了财务危机成本和代理成本,进一步发展了资本结构理论。同时,考虑公司所得税、财务危机成本和代理成本的资本结构理论被称为权衡理论。

从实践看,没有一个企业仅考虑利息抵税而不考虑可能由于增加负债带来的财务危机成本。许多企业总要经历财务危机的困扰,其中一些企业因此而破产,破产只是财务危机的最终结果。企业一旦出现财务危机,相应的成本就会产生,具体分为直接成本和间接成本两种。直接成本是指企业为了处理财务危机而产生的各种费用以及财务危机给企业造成的资产贬值。间接成本是指企业因发生财务危机而在经营管理方面遇到的各种困难和损失,如顾客放弃购买企业的产品等。

当公司拥有债务时,在股东和债权人之间就产生了利益冲突。一旦公司出现财务困境,利益冲突将进一步扩大。为此,债权人将从各方面对股东的行为进行限制,如限制股利的发放数额、限制企业出售或购买资产、限制进一步举债,等等。这些限制在保护债权人利益的同时也降低了企业的经营效率,并将债权人的监督约束成本(代理成本)以更高的债务成本形式转嫁到股东头上,降低了企业价值。

以上分析说明,负债经营不但会因为税盾效应增加公司的价值,而且也会因为其财务危

机成本和代理成本增加而减少公司的价值。综合考虑上述成本之后,杠杆公司价值可表示为:

$$V_L = V_U + TB - (\text{财务危机成本现值} + \text{代理成本现值})$$

上述分析表明,理论上企业应该存在一个最佳资本结构。但由于财务危机成本和代理成本很难准确地估计,所以最佳资本结构并不能靠单纯计算和纯理论分析的方法得到,而需要管理人员在考虑了影响资本结构的若干因素的基础上来进行判断和选择。

第三节　最佳资本结构决策

不同的资金结构会给企业带来不同的后果。企业最优的资金结构应该是怎样的呢?评价企业资金结构最佳状态的标准应该是股权收益最大化或是资金成本最小化。股权收益最大化,也就是所有者权益最大化,股权收益可以普通股每股利润表示,也可以自有资金利润率表示;资金成本最小化就是综合资金成本最低,或者是在追加筹资条件下边际资金成本最低。筹资决策的目标,就是要确定最佳的资金结构,以求得股权权益最大化(即普通股每股收益最多或自有资金利润率最高),或资金成本最小化。

一、杠杆原理

(一)经营杠杆

经营杠杆是指在企业生产经营中由于存在固定成本而使利润变动率大于产销量变动率的规律。根据成本性态,在一定产销量范围内,产销量的增加一般不会影响固定成本总额,但会使单位产品固定成本降低,从而提高单位产品利润,并使利润增长率大于产销量增长率;反之,产销量减少,会使单位产品固定成本升高,从而降低单位产品利润,并使利润下降率大于产销量的下降率。所以,产品只有在没有固定成本的条件下,才能使利润变动率与产销量变动率同步增减。但这种情况在现实中是不存在的。这样,由于存在固定成本而使利润变动率大于产销量变动率的规律,在企业财务管理中就常根据计划期产销量变动率来预测计划期的经营利润。为了对经营杠杆进行量化,企业财务管理中把利润变动率相当于产销量(或销售收入)变动率的倍数称之为“经营杠杆系数”、“经营杠杆率”。其计算公式为:

$$DOL = \frac{\Delta EBIT / EBIT}{\Delta Q / Q}$$

式中,DOL 为经营杠杆系数;$EBIT$ 为变动前息税前利润;$\Delta EBIT/EBIT$ 为息税前利润变动率;Q 为变动前销售量;$\Delta Q/\dot{Q}$ 为销售量变动率。

(二)财务杠杆

财务杠杆作用是指那些仅支付固定性资金成本的筹资方式(如债券、优先股、租赁等)对增加所有者(普通股持有者)收益的作用。

财务杠杆作用是怎样产生的呢?这是因为在企业资金总额中有一部分仅支付固定性资金成本(如债券利息、优先股股利、租赁费等)的资金来源。当息税前利润增大时,在一般情况下,每一元利润所负担的固定性资金成本就相对减少,而使每一普通股分得到的利润有所

增加。有关项目之间的关系,如下式所示:

息税前利润－固定性资金成本－所得税＝所有者收益

所有者收益－普通股数量＝普通股每股利润

从上式可以看出,由于固定性资金成本不随息税前利润的增减而变动,因此普通股每股利润的变动率总是大于息税前利润的变动率。即当息税前利润增长时,普通股每股利润有更大的增长率,当息税前利润下降时,普通股每股利润有更大的降低率。我们把这种作用称为财务杠杆作用。普通股每股利润的变动率对于息税前利润的变动率的比率,能够反映这种财务杠杆作用的大小程度,称为财务杠杆系数。其计算公式如下:

$$DFL=\frac{\Delta EPS/EPS}{\Delta EBIT/EBIT}$$

式中,DFL 为财务杠杆系数;EPS 为普通股每股利润;$\Delta EPS/EPS$ 为普通股每股利润变动率;$\Delta EBIT/EBIT$ 为息税前利润变动率。

现举例说明资金结构对财务杠杆作用的影响。

例 4－2　启航公司 2008 年 A、B 两方案资金结构资料如表 4－1 所示。所得税税率为 25%,资金结构对财务杠杆作用的影响计算如下:

表 4－1　**A、B 两方案资金结构资料**

项　目	A 方案	B 方案
①普通股股数(10 元)	40 万股	20 万股
②债券金额(利率 8%)		200 万元
③资金总额	400 万元	400 万元
④息税前利润	60 万元	60 万元
⑤债券利息②×8%		16 万元
⑥所得税(④－⑤)×25%	15 万元	11 万元
⑦净利润④－⑤－⑥	45 万元	33 万元
⑧每股普通股利润⑦/①	1.125 元	1.65 元

若第二年该公司息税前利润增长 20%,则有关数据资料如表 4－2 所示。

表 4－2　**A、B 的方案第二年有关数据资料**

项　目	A 方案	B 方案
①息税前利润增长率	20%	20%
②增长后息税前利润	72 万元	72 万元
③债券利息(8%)		16 万元
④所得税(25%)	18 万元	14 万元

（续表）

项　目	A 方案	B 方案
⑤净利润	54 万元	42 万元
⑥每股普通股利润	1.35 元	2.1 元
⑦每股普通股利润增长额	0.225 元	0.45 元
⑧普通股利润增长率	20％	27.3％
财务杠杆系数⑧/①	1.000	1.365

A、B 两方案的资金总额相等，息税前利润相等，第二年息税前利润增长率也相等，不同的只是资金结构：A 方案的全部资金为普通股（债务股权比率为 0），而 B 方案资金总额中有 50％的债券（债务股权比率为 1）。于是，A 方案普通股利润增长率等于息税前利润增长率，财务杠杆系数为 1；而 B 方案普通股利润增长率在财务杠杆作用下则大于息税前利润增长率，财务杠杆系数为 1.365，所有者因举债而获得更多的收益。当然，如果息税前利润下降，如前所述，则财务杠杆的作用将导致 B 方案普通股利润以更大的幅度下降。

由于财务杠杆的作用，普通股每股利润能随经营收益的增长而增长，在一定的条件下甚至可以成倍地增长。

根据上述可以看出，财务杠杆系数是由企业资金结构决定的，即支付固定性资金成本的债券资金越多，财务杠杆系数越大；同时财务杠杆系数又反映着财务风险，即财务杠杆系数越大，财务风险也越大，由于财务杠杆的作用，当 *EBIT* 增长时，普通股利润的增长比息税前利润的增长更快，同时，当 *EBIT* 下降时也比息税前利润的下降更快。

因此，在进行资金结构决策时，应充分考虑财务杠杆的作用。当企业息税前利润水平较高时，则要多利用负债筹资，以提高普通股每股利润；而当企业息税前利润水平较低时，则应控制负债筹资，以免普通股每股利润下降。

（三）复合杠杆

将财务杠杆和经营杠杆联合在一起，结果就是我们所说的复合杠杆（或总杠杆）。将财务杠杆和经营杠杆联系起来的效果是，销售量的任何变动都将经两步放大为每股收益的更大变动。每股收益对销售量变动的总的变化程度被称为复合杠杆系数。其计算公式为：

$$DTL = DOL \cdot DFL$$

一般来说，公司的复合杠杆系数越大，每股收益随销售量增长而扩张的能力就越强，但风险也随之越大。公司的风险越大，债权人和投资者要求的贷款利率和预期的投资报酬率就越高。

二、最优资本结构的确定

（一）每股利润分析法

资金结构决策的方法有许多种，常见的有每股利润分析法和资金成本比较法。

每股利润分析法是利用每股利润无差别点来进行资本结构决策的方法。

每股利润无差别点是指两种筹资方式下普通股每股利润相等时的息税前利润点，即息税前利润平衡点,国内有人称之为筹资无差别点。根据每股利润无差别点,可以分析判断在什么情况下运用债务筹资来安排和调整资本结构。现举例说明这种分析方法的运用。

例 4-3 启航公司现有资金 400 万元,其中自有资金普通股和借入资金债券各为 200 万元,普通股每股 10 元,债券利息率为 8%。现拟追加筹资 200 万元,有增发普通股和发行债券两种方案可供选择。所得税率为 25%,试计算每股利润无差别点。

每股利润无差别点的计算公式如下:

$$\frac{(EBIT-I_1)(1-T)-D_{p1}}{N_1}=\frac{(EBIT-I_2)(1-T)-D_{p2}}{N_2}=EPS$$

式中,$EBIT$ 为息税前利润平衡点,即每股利润无差别点;I_1、I_2 为两种增资方式下的年利息;D_{p1}、D_{p2} 为两种筹资方式下的年优先股股利;N_1、N_2 为两种筹资方式下普通股股份数。

将例子中的资料代入上式,则增发普通股和发行债券两种增资方式下的无差别点计算公式为:

$$\frac{(EBIT-16)(1-25\%)}{40}=\frac{(EBIT-32)(1-25\%)}{20}$$

可计算出无差别点的 $EBIT=48$ 万元。即当息税前利润为 48 万元时,增发普通股和增加债券后的每股利润相等,如表 4-3 所示。

表 4-3 增长普通股和增加债券后的每股利润

项　目	增发普通股	增加债券
息税前利润	48	48
减:利息	16	32
税前利润	32	16
减:所得税(25%)	8	4
减:优先股	0	0
普通股可分配利润	24	12
普通股股份数(万股)	40	20
每股利润(元)	0.6	0.6

$EBIT$ 为 48 万元的意义在于:在息税前利润大于 48 万元时,增加债券筹资比增发普通股有利;当息税前利润小于 48 万元时,则不再增加债务。当然,企业增加债券筹资也不是没有止境的,当债务增加到一定程度之后,企业的信誉会下降,债务利率会上升,而且企业还本付息的风险很大,企业再增加债务就不利了。若该公司下一年的 $EBIT$ 预计为 60 万元,则该公司在筹资时应该选择债务类筹资;若该公司下一年的 $EBIT$ 预计为 25 万元,则该公司应该选择股票类筹资。

(二)资金成本比较法

资金成本比较法是计算不同资金结构(或筹资方案)的加权平均资金成本,并以此为标准相互比较进行资金结构决策的方法。企业的资金结构决策,可分为初始资金结构决策和追加资金结构决策两种情况。

1. 初始资金结构决策

企业对拟定的筹资总额，可以用多种筹资方式来筹集，同时每种筹资方式的筹资数额亦可有不同安排，由此形成若干个资金结构（或筹资方案）可供选择。现举例说明。

例 4－4　启航公司初创时有如下三个筹资方案可供抉择，有关资料经测算列入表4－4中。

表 4－4　三个可供抉择筹资方案的资料

筹资方式	筹资方案Ⅰ		筹资方案Ⅱ		筹资方案Ⅲ	
	筹资额	资金成本（%）	筹资额	资金成本（%）	筹资额	资金成本（%）
长期借款	40	6	50	6.5	80	7.0
债券	100	7	150	8.0	120	7.5
优先股	60	12	100	12.0	50	12.0
普通股	300	15	200	15.0	250	15.0
合计	500	——	500	——	500	——

下面分别测算三个筹资方案的加权平均资金成本，并比较其高低，从而确定最佳筹资方案亦即最佳资金结构。

方案Ⅰ：

(1)各种筹资占筹资总额的比重：

长期借款 40÷500＝0.08

债券 100÷500＝0.2

优先股 60÷500＝0.12

普通股 300÷500＝0.6

(2)加权平均成本：

0.08×6%＋0.2×7%＋0.2×12%＋0.6×15%＝12.36%

方案Ⅱ：

(1)各种筹资占筹资总额的比重：

长期借款 50÷500＝0.1

债券 150÷500＝0.3

优先股 100÷500＝0.2

普通股 200÷500＝0.4

(2)加权平均成本：

0.1×6.5%＋0.3×8%＋0.2×12%＋0.4×15%＝11.45%

方案Ⅲ：

(1)各种筹资占筹资总额的比重：

长期借款 80÷500＝0.16

债券 120÷500＝0.24

优先股 50÷500＝0.1

普通股 250÷500＝0.5

(2)加权平均成本：

0.16×7%＋0.24×7.5%＋0.1×12%＋0.5×15%＝11.62%

以上三个筹资方案的加权平均资金成本相比较，方案Ⅱ的最低，在其他有关因素大体相同的条件下，方案Ⅱ是最好的筹资方案，其形成的资金结构可确定为该企业的最佳资金结构。企业可按此方案筹集资金，以实现其资本结构的最优化。

2. 追加资金结构决策

企业在持续的生产经营过程中，由于扩大业务或对外投资的需要，有时需要追加筹资。因追加筹资以及筹资环境的变化，企业原有的资金结构就会发生变化，从而原定的最佳资金结构也未必仍是最优的。因此，企业应在资金结构不断变化中寻求最佳结构，保持资金结构的最优化。

一般而言，按照最佳资金结构的要求，选择追加筹资方案可有两种方法：一种方法是直接测算比较各备选追加筹资方案的边际资金成本，从中选择最优筹资方案；另一种方法是将备选追加筹资方案与原有最优资金结构汇总，测算各追加筹资条件下汇总资金结构的综合资金成本，比较确定最优追加筹资方案。下面举例说明。

例 4－5　启航公司现有两个追加筹资方案可供选择，有关资料整理后如表 4－5 所示。追加筹资方案的边际资金成本也要按加权平均法计算，根据下表所列资料，两个追加筹资方案的边际资本成本计算如下：

表 4－5　　**追加筹资 A、B 方案的相关资料**

筹资方式	追加筹资方案 A		追加筹资方案 B	
	筹资额	资金成本(%)	筹资额	资金成本(%)
长期借款	50	7.0	60	7.5
优先股	20	13.0	20	13.0
普通股	30	16.0	20	16.0
合计	100	——	100	——

方案 A：

50÷100×7%＋20÷100×13%＋30÷100×16%＝10.9%

方案 B：

60÷100×7.5%＋20÷100×13%＋20÷100×16%＝10.3%

将两个追加筹资方案相比，方案 B 的边际资金成本低于方案 A，因此，追加筹资方案 B 优于方案 A。该企业原有的资金结构为：长期借款 50 万元，债券 150 万元，优先股 100 万元，普通股(含留用利润)200 万元，资本总额 500 万元。现将其与追加筹资 A、B 方案汇总列示如表 4－6。

表 4-6　　　　**追加筹资 A、B 方案汇总表**

筹资方式	原资金结构		追加筹资方案 A		追加筹资方案 B		追加筹资后资金结构	
	资金额	资金成本(%)	筹资额	资金成本(%)	筹资额	资金成本(%)	方案 A	方案 B
长期借款	50	6.5	50	7.0	60	7.5	100	110
债券	150	8	——	——	——	——	150	150
优先股	100	12	20	13.0	20	13.0	120	120
普通股	200	15	30	16.0	20	16.0	230	220
合计	500	11.45	100	——	100	——	600	600

下面我们用选择最优追加筹资方案的第二种方法，对第一种方法的选择结果作一个验证。

(1)若采用方案 A 追加筹资后的综合资金成本计算为：

$$\frac{50+50}{600}\times\frac{50\times6.5\%+50\times7\%}{100}+\frac{150}{600}\times8\%+\frac{100}{600}\times12\%+\frac{20}{600}\times13\%+\frac{20+30}{600}\times16\%$$

$=11.69\%$

(2)若采用方案 B 追加筹资后的综合资金成本计算为：

$$\frac{50+60}{600}\times\frac{50\times6.5\%+60\times7.5\%}{110}+\frac{150}{600}\times8\%+\frac{100}{600}\times12\%+\frac{20}{600}\times13\%+\frac{200+20}{600}\times$$

$16\%=11.59\%$

以上计算中，根据同股同利原则，原有普通股应按新普通股的资金成本计算其加权平均数。这里假定股票的成本与报酬等价。

比较两个方案追加筹资后两个新资金结构下的综合资金成本，结果是方案 B 追加筹资后的综合资金成本低于方案 A 追加筹资后的综合资金成本，因此，追加筹资方案 B 优于方案 A。

由此可见，该企业追加筹资后，虽然改变了资金结构，但经过科学的测算，作出正确的筹资决策，企业仍可保持其资金结构的最优化。

复习思考题

1. 试述资金成本的含义及其作用。
2. 请阐述现代资本结构理论的基本内容。
3. 请说明最优资本结构决策的基本方法。

练习题

1. 启航公司原有资本 1 000 万元，其中债务资本 400 万元(每年负担利息 30 万元)，普通股资本 600 万元(发行普通股 12 万股，每股面值 50 元)，企业所得税税率为 25%。由于

扩大业务,需追加筹资 300 万元,其筹资方式有两个:

(1)全部发行普通股:增发 6 万股,每股面值 50 元;

(2)全部按面值发行债券:债券利率为 10%。

要求:

(1)计算普通股筹资与债券筹资每股利润无差别点的息税前利润;

(2)假设扩大业务后的息税前利润为 300 万元,确定公司应当采用哪种筹资方式?

2. 已知启航公司当前资金结构如下:

筹资方式	金额(万元)
长期债券(年利率 8%)	1 000
普通股(4 500 万股)	4 500
留存收益	2 000
合计	7 500

因生产发展需要,公司年初准备增加资金 2 500 万元,现有两个筹资方案可供选择:甲方案为增加发行 1 000 万股普通股,每股市价 2.5 元;乙方案为按面值发行每年年末付息、票面利率为 10%的公司债券 2 500 万元。假定股票与债券的发行费用均可忽略不计;适用的企业所得税税率为 25%。

要求:

(1)计算两种筹资方案下每股利润无差别点的息税前利润;

(2)计算处于每股利润无差别点时乙方案的财务杠杆系数;

(3)如果公司预计息税前利润为 1 200 万元,指出该公司应采用的筹资方案;

(4)如果公司预计息税前利润为 1 600 万元,指出该公司应采用的筹资方案。

3. 启航公司发行股票 2 000 万股,每股票面价值 1 元,基年股利率为 15%,预计股利每年增长 2%,股票筹资率为 4%,企业发行债券 1 000 万元,年利息率为 15%,筹资费率为 2%,所得税率为 25%。

要求:

(1)计算股票筹资成本率和债券筹资成本率;

(2)计算企业综合资金成本率。

第五章　营运资产管理

[学习目的] 本章主要介绍流动资产管理的基本原理和方法。通过本章教学，要求学生在掌握现金、应收账款、存货的功能和成本的基础上，重点掌握最佳现金余额的确定、应收账款政策的制定和经济订货批量的确定等方法。

第一节　营运资产概述

一、营运资金的概念

营运资金又称“循环资金”，是指一个企业维持日常经营所需的资金。营运资金有广义和狭义之分，广义的营运资金又称毛营运资金，是指一个企业流动资产的总额；狭义的营运资金又称净营运资金，是指流动资产减流动负债后的余额。营运资金的管理既包括流动资产的管理，也包括流动负债的管理。

1. 流动资产

流动资产是指可以在一年以内或超过一年的一个营业周期内变现或运用的资产，流动资产具有占用时间短、周转快、易变现等特点，企业拥有较多的流动资产，可在一定程度上降低财务风险。流动资产按不同的标准可进行不同的分类，其中最主要的分类方式有：

(1)按实物形态，可把流动资产分为现金、短期投资、应收及预付款项和存货；

(2)按在生产经营过程中的作用，可把流动资产划分为生产领域中的流动资产和流通领域中的流动资产。

2. 流动负债

流动负债是指需要在一年或者超过一年的一个营业周期内偿还的债务。流动负债又称短期融资，具有成本低、偿还期短的特点，必须认真进行管理。流动负债按不同的标准可作不同的分类，其最常见的分类方式有：

(1)以应付金额是否确定为标准，可把流动负债分成应付金额确定的流动负债和应付金额不确定的流动负债。应付金额确定的流动负债是指那些根据合同或法律规定，到期必须偿付，并有确定金额的流动负债。应付金额不确定的流动负债是指那些要根据企业生产经营状况，到一定时期才能确定的流动负债或应付金额需要估计的流动负债。

(2)以流动负债的形成情况为标准，可以分成自然性流动负债和人为性流动负债。自然性流动负债是指不需要正式安排，由于结算程序的原因自然形成的那部分流动负债。人为性流动负债是指由财务人员根据企业对短期资金的需求情况，通过人为安排所形成的流动负债。

二、营运资金的特点

为了有效地管理企业的营运资金，必须研究营运资金的特点，以便有针对性地进行管理。营运资金的特点体现在流动资产和流动负债上，主要表现在：

1. 周转速度快，变现能力强

营运资金周转一次所需要的时间短，通常为一年或超过一年的一个营业周期，对企业影响时间比较短。因此，营运资金一般可以通过商业信用、短期银行贷款等方式解决。营运资金一般具有较强的变现能力，流动资金中的现金具有百分之百的变现能力，其他流动资产，如短期投资、应收票据、应收账款等的变现能力也比较强。

2. 占用资金数量具有波动性

营运资金的数量是不断变动的，当企业产销两旺时，流动资产会不断增加，流动负债也会相应增加；而当企业产销量不断减少时，流动资产和流动负债也会相应减少。

3. 实物形态具有多变性

营运资金在循环过程中，各种不同形态的流动资产在空间上并存，在时间上继起。一般按现金、在产品、应收账款、现金的顺序循环转换。由此可见，要使营运资金周转顺利进行，必须在各项营运资金上合理分配资金数额。

4. 获利能力相对较弱

流动资产一般认为是企业生产经营过程中的垫支性资产，并不直接创造价值，获利能力相对较弱。但同时营运资产是价值创造中不可或缺的要素，可以看做是企业正常经营活动的润滑剂。

三、营运资金的管理原则

企业的营运资金在全部资金中占有相当大的比重，而且周转期短，形态易变，所以是企业财务管理工作的一项重要内容。实证研究也表明，财务经理的大量时间都用于营运资金的管理。企业进行营运资金管理，必须遵循以下原则：

1. 认真分析生产经营状况，合理确定营运资金的需要数量

企业营运资金的需要数量与企业生产经营活动有直接关系，当企业产销两旺时，流动资产会不断增加，流动负债也会相应增加；而当企业产销量不断减少时，流动资产和流动负债也会相应减少。

2. 在保证生产经营需要的前提下，节约使用资金

在营运资金管理中，必须正确处理保证生产经营需要和合理节约使用资金二者之间的关系。要在保证生产经营需要的前提下，遵守勤俭节约的原则，挖掘资金潜力，精打细算地使用资金。

3. 加速营运资金周转，提高资金的利用效果

营运资金周转是指企业的营运资金从现金投入生产经营开始，到最终转化为现金的过程。在其他因素不变的情况下，加速营运资金的周转，也就相应的提高了资金的利用效果。因此，企业要千方百计地加速存货、应收账款等流动资产的周转，以便用有限的资金，取得最优的经济效益。

4. 合理安排流动资产与流动负债的比例关系，保证企业有足够的短期偿债能力

流动资产、流动负债以及二者之间的关系能较好地反映企业的短期偿债能力。流动负债是在短期内需要偿还的债务,而流动资产则是在短期内可以转化为现金的资产。因此,如果一个企业的流动资产比较多,流动负债比较少,说明企业的短期偿债能力较强;反之,则说明短期偿债能力较弱。但如果企业的流动资产太多,流动负债太少,也并不是正常现象,这可能是由流动资产闲置、流动负债利用不足所致。根据惯例,当流动资产是流动负债的一倍时是比较合理的。

第二节 现金管理

这里所指现金包括企业的库存现金、银行存款和其他货币资金。

一、公司持有现金的动机

公司持有一定数量的现金,主要基于下列动机:

1. 支付动机

是指公司为了满足生产经营活动中的各种支付需要而保持的现金。这是企业持有现金的主要动机。公司在生产经营过程中,购买材料、支付工资、缴纳税金、到期债务、派发现金股利等都必须用现金支付。由于企业每天的现金收入与支出在时间和数量上,通常存在一定程度的差异,因此,企业持有一定数量的现金余额以应付频繁支出是十分必要的。

2. 预防动机

是指企业为应付意外事件而必须保持一定数量的现金的需要。如企业承揽一项工程项目需预付一定数额的保证金。

3. 投机动机

是指企业持有一定量现金以备满足某种投机行为的现金需要。如股票价格突然下跌,购入价格有利的有价证券。

4. 其他动机

企业除了以上三项原因持有现金外,也会基于满足将来某一特定要求或者为在银行维持补偿性余额等其他原因而持有现金。

总之,公司在确定企业现金余额时,一般应综合考虑以上各方面的持有动机。

二、现金管理的目的

现金管理的目的是在保证企业生产经营所需现金的同时,节约使用资金,并从暂时闲置的现金中获得最多的利息收入。现金管理应力求做到既保证企业交易所需资金,降低风险,又不使企业有过多的闲置现金,以增加收益。

三、最佳现金持有量的确定

基于公司持有现金动机的需要,必须保持一定数量的现金余额。对如何确定公司最佳现金持有量,经济学家们提出了许多模式,常见的模式主要有现金周转期模式、存货模式、成本分析模式、因素分析模式和随机模式。

(一)现金周转期模式

现金周转期模式是从现金周转的角度出发,根据现金的周转速度确定最佳现金持有量。

现金周转期是指从现金投入生产经营开始,到最终转化为现金的过程。这个过程经历三个周转期:

(1)存货周转期。指将原材料转化成产成品并出售所需要的时间。

(2)应收账款周转期。指将应收账款转换为现金所需的时间,即从产品销售到收回现金的期间。

(3)应付账款周转期。从收到尚未付款的材料开始到现金支出之间所用的时间。

现金周转期的计算公式:

现金周转期=存货周转期+应收账款周转期-应付账款周转期

最佳现金持有量=(公司年现金需求总额/360)×现金周转期

例5-1 启航公司预计计划年度存货周转期为120天,应收账款周转期为80天,应付账款周转期为70天,预计全年需要现金1 400万元,求最佳现金持有量是多少?

现金周转期=120+80-70=130(天)

最佳现金持有量=(1 400/360)×130≈505.56(万元)

该方法能够成立,基于以下几点假设:①假设现金流出的时间发生在应付款支付的时间。事实上,原材料的购买发生在生产与销售过程中,因此,以上假设的结果是过高估计最低现金持有量。②假设现金流入等于现金流出,即不存在利润。③假设公司的购买——生产——销售过程在一年中持续稳定地进行。④假设公司的现金需求不存在不确定因素,这种不确定因素将影响公司现金的最低持有量。如果上述假设条件不存在,则求得的最佳现金余额将发生偏差。

(二)存货模式

确定现金最佳余额的存货模式来源于存货的经济批量模型。

存货模式的目的是求出使总成本最小的值。现金余额总成本包括两个方面:

(1)现金持有成本。即持有现金所放弃的报酬,是持有现金的机会成本,这种成本通常为有价证券的利息率,它与现金余额成正比例的变化。

(2)现金转换成本。即现金与有价证券转移的固定成本,如经纪人费用、捐税及其他管理成本,这种成本只与交易的次数有关,而与持有现金的金额无关。

如果现金余额大,则持有现金的机会成本高,但转换成本可减少。如果现金余额小,则持有现金的机会成本低,但转换成本要上升。两种成本合计最低条件下的现金余额即为最佳现金余额。

假设:TC 为相关总成本;b 为现金与有价证券的转换成本;T 为特定时间内的现金需求总额;N 为理想的现金转换数量(最佳现金余额);i 为短期有价证券利息率。

则:

$$TC=\frac{N}{2}i+\frac{T}{N}b$$

最佳现金余额

$$\hat{N}=\sqrt{\frac{2Tb}{i}}$$

存货模式可以精确地测算出最佳现金余额和变现次数，表述了现金管理中基本的成本结构，它对加强企业的现金管理有一定作用。但是这种模式以货币支出均匀发生、现金持有成本和转换成本易于预测为前提条件。因此，只有在上述因素比较确定的情况下才能使用此种方法。

(三)成本分析模式

该模式是根据现金的有关成本，分析预测其总成本最低时现金持有量的一种方法。

1. 公司持有现金的成本

公司持有现金的成本一般包括三种成本，即：持有成本、转换成本和短缺成本。

(1)现金的持有成本。是指公司因保留一定现金余额而增加的管理费用及丧失的再投资收益。实际上，现金持有成本包括持有现金的机会成本和管理成本两部分。机会成本是公司把一定的资金投放在现金资产上所付出的代价，这个代价实际上就是放弃有更高报酬率的投资机会成本。现金管理成本是对企业置存的现金资产进行管理而支付的代价，包括建立、执行、监督、考核现金管理内部控制制度的成本、编制执行现金预算的成本以及相应的安全装置购买、维护成本等。

(2)现金的转换成本。是指企业用现金购入有价证券以及转让有价证券换取现金时付出的交易费用，即现金同有价证券之间相互转换的成本。如委托买卖佣金、委托手续费、证券过户费、实物交割手续费等。

(3)短缺成本。是指企业由于缺乏必要的现金资产，而无法应付各种必要的开支或抓住宝贵的投资机会而造成的损失。现金的短缺成本随现金持有量的增加而下降，随现金持有量的减少而上升，即与现金持有量负相关。

2. 运用成本分析模式确定最佳现金持有量应考虑的成本

运用成本分析模式确定最佳现金持有量，只考虑因持有一定量的现金而产生的持有成本及短缺成本，而不予考虑转换成本。

3. 确定最佳现金持有量的图示(参见图5-1)

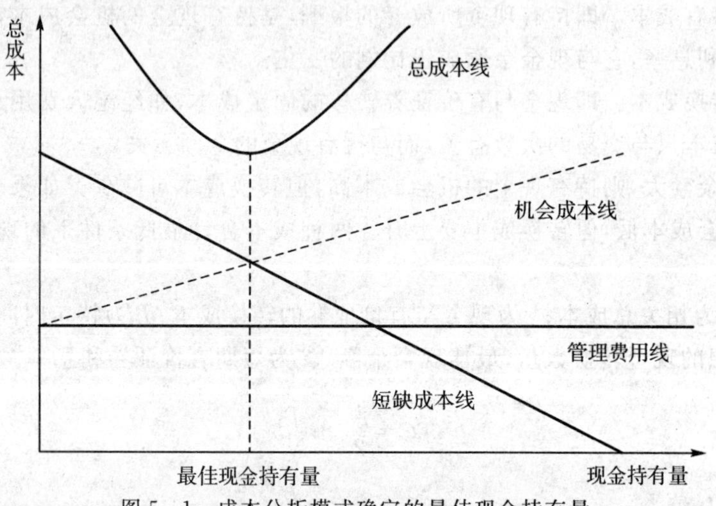

图5-1　成本分析模式确定的最佳现金持有量

可以看出,由于各项成本同现金持有量的变动关系不同,使得总成本线呈抛物线型,抛物线的最低点,即为成本最低点,该点所对应的现金持有量便是最佳现金持有量,此时总成本最低。

4. 运用成本分析模式确定最佳现金持有量的步骤

第一步,根据不同现金持有量测算并确定有关成本数值;

第二步,按照不同现金持有量及有关成本资料编制最佳现金持有量测算表;

第三步,在测算表中找出总成本最低的现金持有量,即最佳现金持有量。

例 5-2　启航公司有四种现金持有方案,各方案有关成本资料如表 5-1 所示:

表 5-1　某公司现金持有方案

项目＼方案	甲	乙	丙	丁
现金持有量	20 000	30 000	40 000	50 000
管理成本	3 000	3 000	3 000	3 000
机会成本率	8%	8%	8%	8%
短缺成本	9 000	7 000	5 000	0

要求:计算该公司的最佳现金持有量。

根据表 5-1 编制启航公司最佳现金持有量测算表。

表 5-2　启航公司最佳现金持有量测算表

	机会成本	管理费用	短缺成本	总成本
甲	20 000×8%=1 600	3 000	6 000	10 600
乙	30 000×8%=2 400	3 000	3 000	8 400
丙	40 000×8%=3 200	3 000	2 500	8 700
丁	50 000×8%=4 000	3 000	0	7 000

通过表 5-2 分析比较各方案的总成本可知,乙方案的总成本最低,因此,企业持有 30 000万元的现金时,各方面的总代价最低,30 000 万元为现金最佳持有量。

(四)因素分析模式

因素分析模式是根据上年现金占用额和有关因素的变动情况,来确定最佳现金余额的一种方法。其计算公式如下:

最佳现金余额=(上年的现金平均占用额－不合理占用额)×(1±预计销售收入变化的百分比)

例 5-3　某公司 2008 年度平均占用现金为 4 000 万元,经分析,其中有 100 万元的不合理占用额，2009 年销售收入预计较 2008 年增长 8%。则 2009 年最佳现金持有量为多少？

该公司 2009 年最佳现金持有量为：

$$(4\,000-100)\times(1+8\%)=4\,212\text{(万元)}$$

因素分析模式考虑了影响现金持有量高低的基本因素，计算比较简单。但是这种模式假设现金需求量与营业量呈同比例增长，在现实中有时情况并非完全如此。因此财务人员在采用此模式时应多加注意。

(五)随机模式

1. 适用范围

随机模式是在现金需求量难以预知的情况下进行现金持有量控制的方法。

2. 基本原理

企业根据历史经验和现实需要，测算出一个现金持有量的控制范围，即制定出现金持有量的上限和下限，将现金量控制在上下限之内。参见图 5-2。

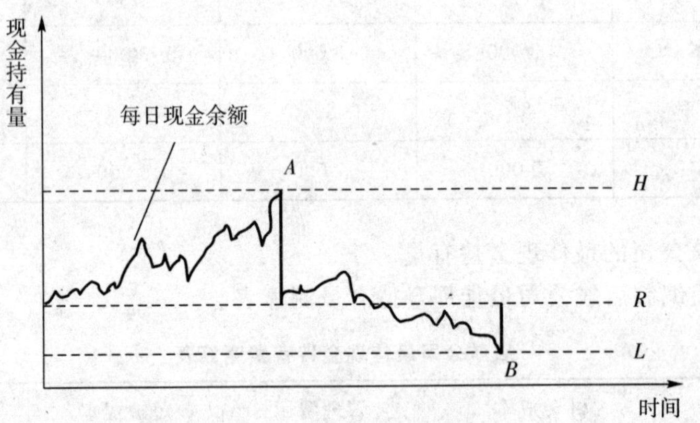

图 5-2　随机模式现金持有量控制表

若现金量在控制的上下限之内，便不必进行现金与有价证券的转换，只保持它们各自的现有存量即可；当现金量达到上限或下限时，通过现金与有价证券的转换，使现金量回到返回线。

3. 计算公式

现金返回线(R)的计算公式：

$$R=\sqrt[3]{\frac{3b\delta^2}{4i}}+L$$

现金存量的上限(H)的计算公式：$H=3R-2L$

式中，b 为每次有价证券的固定转换成本；i 为有价证券的利息率；δ 为预期每日现金余额变化的标准差(可根据历史资料测算)。

4. 下限 L 的确定

下限 L 的确定要受到企业每日的最低现金需要、管理人员的风险承受倾向等因素的影响。

例 5-4　假定启航公司有价证券的年利率为 9%，每次固定转换成本为 50 元，公司认为任何时候其银行活期存款及现金余额均不能低于 1 000 元，又根据以往经验测算出现金余额波动的标准差为 800 元。最优现金返回线 R、现金控制上限 H 的计算为：

有价证券日利率＝9%÷360＝0.025%

$$R=3\sqrt{\frac{3b\sigma^2}{4i}}+L=3\sqrt{\frac{3\times 50\times 800^2}{4\times 0.025\%}}+1\,000=5\,579$$

$$H=3R-2L=3\times 5\,579-2\times 1\,000=14\,737(\text{元})$$

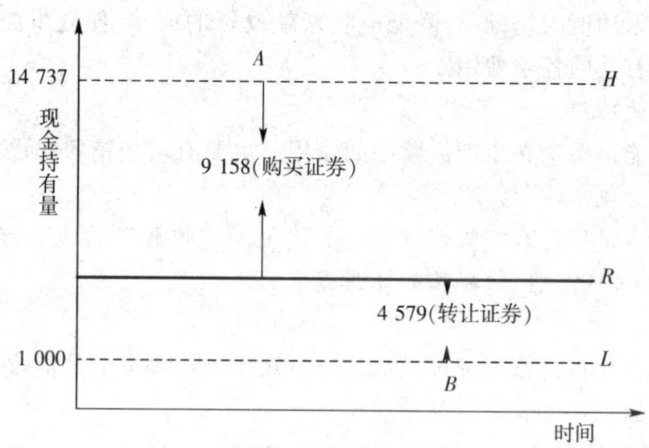

图 5-3　启航公司最佳现金持有量示意图

四、现金收支的日常管理

公司提高现金收支日常管理效率的方法主要有三种。

1. 加速现金回收

在分析公司收款、发票寄送、支票邮寄、业务处理、款项到账等流程的前提下，采用银行存款箱制度和集中银行制等现金回收方法，尽可能缩短收款浮账时间。银行存款箱制度又叫锁箱制度，是指企业在销售量大、客户集中的地区设置专门的邮政信箱，并通知客户在清偿货款时，直接将支票寄到此种信箱内。同时委托当地的开户银行每日开启信箱，以便及时取出支票，存入该企业当地银行账户内。集中银行制则是指企业通过建立多个收款中心来加速现金流转的方法。所谓收账浮账时间是指收账被支票邮寄流程、业务处理流程和款项到账流程所占用的收账时间的总称。

2. 严格控制现金的支出

在不影响公司商业信誉的前提下，尽可能地推迟应付款项的支付期，充分利用供货方所提供的信用优惠，积极采用集中应付账款、利用现金浮游量等手段。所谓现金浮游量是指企业从银行存款账户上开出的支票总额超过其银行存款账户的余额。

3. 力争现金流入与现金流出同步

公司要合理安排供货和其他现金支出，有效地组织销售和其他现金流入，使现金流入与现金流出的波动基本一致。

第三节　应收账款管理

一、应收账款的功能与成本

企业提供商业信用，采取赊销、分期付款等销售方式，可以扩大销售，增加利润。但应收账款的增加，也会造成资金成本、坏账损失等费用的增加。应收账款管理的基本目标，就是在充分发挥应收账款功能的基础上，降低应收账款投资的成本，使提供商业信用、扩大销售所增加的收益大于有关的各项费用。

（一）应收账款的功能

应收账款的功能是指它在生产经营中的作用。主要有增加销售、减少存货两方面。

（二）应收账款的成本

应收账款的成本是指持有应收账款付出的代价。应收账款的成本有：应收账款的机会成本、应收账款的管理成本、应收账款的坏账成本。

1. 机会成本

应收账款的机会成本是指因资金投放在应收账款上而丧失的其他收入。应收账款的机会成本取决于两个因素：

（1）维持赊销业务所需资金（即应收账款投资额）；

（2）资金成本率（一般可按有价证券利息率计算）。

应收账款机会成本＝维持赊销业务所需资金×资金成本率

赊销额越大，应收账款机会成本越高。

维持赊销业务所需资金的计算步骤：

（1）计算应收账款平均余额：

应收账款平均余额＝（年赊销额÷360）×平均收账天数

＝平均每日赊销额×平均收账天数

平均收账天数也就是应收账款周转天数。

（2）计算维持赊销业务所需资金：

维持赊销业务所需资金＝应收账款平均余额×变动成本率

2. 管理成本

应收账款的管理成本是指对应收账款进行日常管理而耗费的开支，主要包括对客户的资信调查费用、收账费用等。对客户的资信调查费用与赊销额没有直接关系。管理成本中主要考虑收账费用，赊销额越大，应收账款越多，收账费用越高。

3. 坏账成本

坏账成本是指应收账款无法收回而给企业带来的损失。赊销额越大，应收账款越多，坏账成本越高。

二、应收账款政策的制定

应收账款政策又称信用政策，是企业财务政策的一个重要组成部分。企业要管好用好应收账款，必须事先制定合理的信用政策。这主要包括信用标准、信用条件和收账政策三部分。

（一）信用标准

信用标准是客户获得企业商业信用应具备的最低条件，通常以预期的坏账损失率表示。信用标准的高低影响到信用成本和产品的销售，过高过低都不合适。信用标准定得过高，有利于降低信用成本，但不利于扩大销售；信用标准定得过低，有利于扩大销售，但会增加信用成本。信用标准的制定，是风险、收益、成本的对称性关系的客观反映。

（二）信用条件

信用条件是指企业要求顾客支付赊销款项的条件，包括信用期限、现金折扣和折扣期限。

1. 信用期限

信用期限是企业允许客户从购货到付款的最长期限。延长信用期，能扩大销售，增加毛利或增加边际贡献。与此同时，由于平均收账期延长，应收账款投资增加，机会成本、坏账损失以及收账费用也会增加。当延长信用期增加的边际收入（即增加的毛利或增加的边际贡献）大于增加的边际成本（即增加的信用成本）时，应当延长信用期。缩短信用期会减少销售、减少毛利或减少边际贡献。同时，由于平均收账期缩短，应收账款投资减少，机会成本、坏账损失以及收账费用减少。当缩短信用期减少的边际收入（即减少的毛利或减少的边际贡献）小于减少的边际成本（即减少的信用成本）时，应当缩短信用期。

2. 现金折扣和折扣期限

现金折扣是指为鼓励顾客尽早付清货款而提供的一种价格优惠。现金折扣是企业财务管理中的重要因素，对于销售企业，现金折扣有两方面的积极意义：缩短收款时间，减少坏账损失。副作用是减少现金流量。因此，销售企业都试图将折扣率确定在平衡正面作用和负面作用的水平之上。一般来说，购货企业会尽可能享受现金折扣，但仍取决于利息成本。如折扣条件为“1/10，n/30”，表示赊销期限为30天，若客户10天内付款，享受1%的折扣。假如B公司决定放弃现金折扣，意味着B公司因为多使用20天货款，放弃了1%的折扣，相当于承担年息为18.18%（0.01/0.99×360/20）的利息成本。如果B公司能取得低于18.18%的资金，这一现金折扣无疑是有利的，公司应该享用。

企业在确定现金折扣期限以及给予多大幅度的折扣时，需要将信用期限及加速收款所得到的收益与付出现金折扣成本结合起来考察。

（三）收账政策

收账政策是指信用条件被违反时，企业采取的收账策略。企业如果采用较积极的收账政策，可能会减少应收账款投资，减少坏账损失，但要增加收账成本。如果采用较消极的收账政策，则可能会增加应收账款投资，增加坏账损失，但会减少收账费用。一般而言，收账费用支出越多，坏账损失越少，但这两者并不一定存在线性关系。通常情况是：开始花费一些收账费用，应收账款和坏账损失有小部分降低；收账费用增加，应收账款和坏账损失明显减少；收账费用达到某一限度以后，应收账款和坏账损失的减少就不再明显了，这个限度称为饱和点。在制定信用政策时,应权衡增加收账费用与减少应收账款机会成本和坏账损失之间的得失。

(四)综合信用政策

前面分析的是单项的信用政策,要制定最优的信用政策,应把信用标准、信用条件、收账政策结合起来,考虑信用标准、信用条件、收账政策的综合变化对销售额、应收账款机会成本、坏账成本和收账成本的影响。这里决策的原则仍是赊销的总收益应大于因赊销带来的总成本。综合决策的计算相当复杂,计算中的几个变量都是预计的,有相当大的不确定性。因此,信用政策的制定并不能仅靠数量分析,在很大程度上要由管理的经验来判断决定。

三、应收账款的日常控制

信用政策建立以后,企业要做好应收账款的日常控制工作,进行信用调查和信用评价,以确定是否同意顾客赊欠货款,当顾客违反信用条件时,还要做好账款催收工作。

(一)企业的信用调查

对顾客的信用进行评价是应收账款日常管理的重要内容。只有正确地评价顾客的信用状况,才能合理地执行企业的信用政策。要想合理地评价顾客的信用,必须对顾客信用进行调查,搜集有关的信息资料。信用调查有两类:直接调查与间接调查。

(二)企业的信用评估

搜集好信用资料后,要对这些资料进行分析,并对顾客信用状况进行评估。信用评估的方法很多,5C 评估法和信用评分法是比较常见的方法。

1. 5C 评估法

5C 评估法是指重点分析影响信用的五个方面的一种方法。这五个方面是:品质、能力、资本、抵押品和情况。

(1)品质(Character)。品质是指顾客的信誉,即顾客履约或赖账的可能性。企业需要了解顾客过去的付款记录,看其是否有按期如数付款的一贯做法以及与其他供货企业关系是否良好。品质通常被视为评价顾客信用的首要因素。

(2)资本(Capital)。主要是衡量企业的自有资本和债务的关系,即财务杠杆。高杠杆意味着比低杠杆有更高的破产概率。

(3)能力(Capacity)。主要是企业的还款能力,包括企业的盈利能力、盈利产生的现金流对债务的偿还。

(4)抵押品(Collateral)。主要是在授信中所采取的担保、抵押等措施。如果这些措施得力,偿债的风险就会减少,损失就会减少。

(5)情况(Conditions)。主要指可能影响顾客付款能力的经济环境。经济环境对于受经济周期影响较大的企业的偿债能力影响是很大的。

2. 信用评分法

信用评分法是先对一系列财务比率和信用情况指标进行评分,然后进行加权平均,得出顾客综合的信用分数,并以此进行信用评估的一种方法。

(三)收账的日常管理

收账是企业应收账款管理的一项重要工作。收账管理应包括如下两部分内容:

1. 确定合理的收账程序

催收账款的程序一般是：信函通知；电话催收；派员面谈；法律行动。

2. 确定合理的讨债方法

顾客拖欠货款的原因可能比较多，但可概括为两类：无力偿付和故意拖欠。因此，需要根据具体情况，确定合理的处理方法，以达到收回账款的目的。

第四节 存货管理

存货是公司保证销售或者生产耗用而储备的各种物质，它包括在产品、半成品、原材料、燃料、低值易耗品、包装物等。

一、存货的功能与成本

进行存货管理的主要目的，是要控制存货水平，在充分发挥存货功能的基础上，降低存货成本。

(一)存货的功能

企业持有存货的主要功能是：防止停工待料；适应市场变化；降低进货成本；维持均衡生产。

(二)存货的成本

存货成本主要包括以下内容：

1. 存货的取得成本

存货的取得成本，又称存货的进货成本，由购置成本和进货费用两部分组成。购置成本或称进价成本，是指存货本身的价值，只与购买总量和单价有关，是数量与单价的乘积，可视为固定成本，属于决策无关成本。因此所建立的存货模型对其不加考虑。进货费用又称订货成本，是公司为组织进货而开支的费用，主要有办公费、差旅费、邮资、电话电报费、运输费、检验费、入库搬运费等支出。

2. 存货的储存成本

是企业为持有存货而发生的费用。包括存货占用资本的资金成本、存货的保险费、存货的财产税、建筑物与设备的折旧费与财产税、仓库职工工资与福利费、仓库的日常办公费与运转费、存货残损霉变损失等。储存成本按照与储存数额的关系可分为固定性储存成本和变动性储存成本。

3. 存货的短缺成本

是指公司存货不足，无法满足生产和销售需求时发生的费用和损失。包括：材料供应中断所造成的生产进度中断损失、紧急采购代用材料而发生的额外购入成本；成品供应中断导致延迟交货所承担的罚款、因此而发生的顾客信誉损失以及其他一切费用；公司因存货不足而丧失销售机会的损失等。

二、存货控制的基本方法

确定最佳的存货水平，并对之实施有效的控制，是存货管理的关键。存货控制的基本方法主要有经济批量控制法和 ABC 控制法等。

(一)经济批量控制法

经济批量控制可通过建立经济批量模型来实现。

1. 经济批量的概念

经济批量是经济进货批量的简称，是能使一定时期存货的总成本达到最低点的进货数量。

2. 决定存货经济批量的成本因素

主要有前述存货成本中的变动性进货费用(简称进货费用)、变动性储存成本(简称储存成本)以及允许缺货时的存货短缺成本。

3. 经济进货批量模型的假设前提

(1)公司一定时期的存货总量能准确地预测；

(2)存货耗用量或者销售量比较均衡；

(3)存货价格稳定，且不存在数量折扣，进货日期完全由公司自行决定；

(4)当公司仓库存货量降为零时，下一批存货都能立即一次到位；

(5)仓库条件及所需要现金不受限制；

(6)不允许出现缺货情形；

(7)所需存货市场供应充足，不会因买不到所需存货而影响其他方面。

4. 存货成本项目与进货批量的变动关系

不同的存货成本项目与进货批量呈现着不同的变动关系。增加进货批量、减少进货次数，虽然有利于降低进货费用与存货短缺成本，但同时会引起储存成本的提高；而减少进货批量、增加进货次数，在引起储存成本降低的同时，会导致进货费用与存货短缺成本的提高。由此可见，企业组织进货过程中要解决的主要问题，则是如何协调各项成本之间的关系，使存货总成本保持最低水平。如前述假设前提，公司不存在存货的短缺成本。因此，与存货订购批量、批次直接相关的就只有进货费用和储存成本了。如图 5-4 所示，储存成本随订货规模的上升而提高，而订货成本(即进货费用)则相反，存货总成本在储存成本线与订货成本线相交的那一点 Q^* 达到了最小。可见，订货成本(即进货费用)与储存成本总和最低水平下的进货批量，就是经济进货批量。

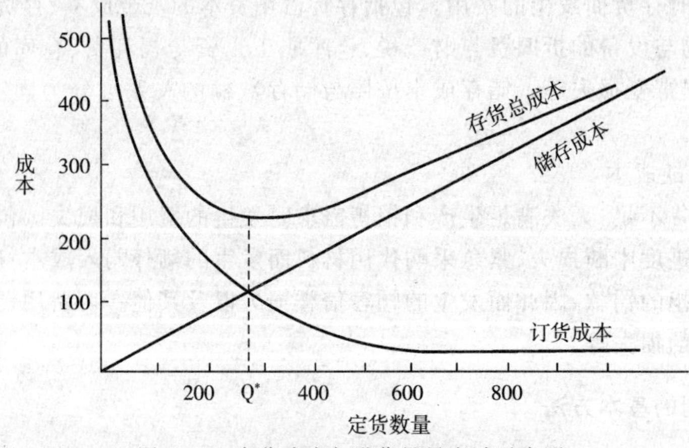

图 5-4 存货成本与进货批量变动示意图

5. 经济进货批量模型

在存货总成本中，固定成本是不可以改变的，在决策时一般不予考虑，仅考虑变动的成本，这样，根据上述存货成本项目与进货批量的变动关系可得到：

存货总成本＝变动订货成本＋变动储存成本＝订货成本＋储存成本

＝单位订货成本(一定时期存货需求总量/一次订货量)＋一定时期单位存货的储存成本(一次订货量/2)

就是：$TC=F\times(A/Q)+C\times(Q/2)$

其中，TC 为存货总成本；F 为平均每次进货费用(即单位订货成本)；A 为一定时期存货需求总量；Q 为一次订货量(一次进货批量)；A/Q 为订货次数；$F(A/Q)$为变动订货成本(即订货成本)；C 为一定时期单位存货的(变动性)储存成本；$Q/2$ 为一定时期存货平均持有量；而 $C(Q/2)$为变动储存成本(即储存成本)。

对上述公式求导。因为一阶导数为零的点是方程的极值点，所以就能求出经济定货量 Q^*：

$$Q^*=\sqrt{\frac{2AF}{C}}$$

经济进货批量下的总成本：$TC=\sqrt{2AFC}$

年度最佳进货批次：$N=A/Q^*=\sqrt{\frac{AC}{2F}}$

例 5-5　启航公司预计年耗用 A 材料 6000 千克，单位采购成本为 15 元，单位储存成本 9 元，平均每次进货费用为 30 元，假设该材料不会缺货，试计算：(1)A 材料的经济进货批量；(2)经济进货批量下的总成本；(3)经济进货批量的平均占用资金；(4)年度最佳进货成本。

根据题意可知：$A=6000$ 千克，$P=15$ 元，$C=9$ 元，$F=30$ 元

(1)A 材料的经济进货批量：

由公式：
$$Q^*=\sqrt{\frac{2AF}{C}}$$

得

$$Q^*=\sqrt{\frac{2\times30\times6\,000}{9}}$$

$$=200(\text{千克})$$

(2)经济进货批量下的总成本：$TC=\sqrt{2\times6\,000\times30\times9}=1\,800$(元)

(3)经济进货批量的平均占用资金：$W=Q^*\times P/2=200\times15/2=1\,500$(元)

(4)年度最佳进货批次：$N=A/Q^*=6\,000/200=30$(次)

上述计算表明，当进货批量为200千克时，进货费用与储存成本总额最低。

需要指出的是，上述介绍的经济进货批量模型是建立在严格的假设前提之上的，这些假设有些与现实并不相符，如实际工作中，通常存在数量优惠即价格折扣以及允许一定程度的缺货等情形，公司理财人员必须同时结合价格折扣及缺货成本等不同的情况具体分析，灵活运用经济进货批量模型。

(二)ABC控制法

ABC控制法是意大利经济学家巴雷特于19世纪首创的，经不断发展和完善，现已广泛用于存货管理、成本管理和生产管理。对于一个大型企业来说，常有成千上万种存货项目，在这些项目中，有的价格昂贵，有的不值几文；有的数量庞大，有的寥寥无几。如果不分主次，面面俱到，对每一种存货都进行周密的规划，严格的控制，就抓不住重点，不能有效地控制主要存货资金。ABC控制法正是针对这一问题而提出来的重点管理方法。

1. ABC分类管理、控制存货的含义

所谓ABC控制法，也叫ABC分类管理法，就是按照一定的标准，将企业的存货划分为A、B、C三类，分别实行分品种重点管理、分类别一般控制和按总额灵活掌握的存货管理、控制的方法。

2. ABC分类管理的目的

ABC分类管理的目的在于使企业分清主次，突出重点，以提高存货资金管理的整体效果。

3. 存货ABC分类的标准

分类标准主要有两个：一是金额标准；二是品种数量标准。前一个标准是最基本的，而第二个标准仅作参考。

4. 存货按ABC分类的基本特点

属于A类存货，金额巨大，但品种数量较少，一般来说，其品种数占全部存货总品种数的10%左右，而价值最高可达70%左右；属于C类的存货是品种繁多，但金额却很小的项目，通常，这类存货的品种数占70%，而价值却只占10%左右；而B类存货则介于二者之间，品种数与价值都在20%左右。三类存货在品种数与价值量上的特点，可以从图5-5中看出。

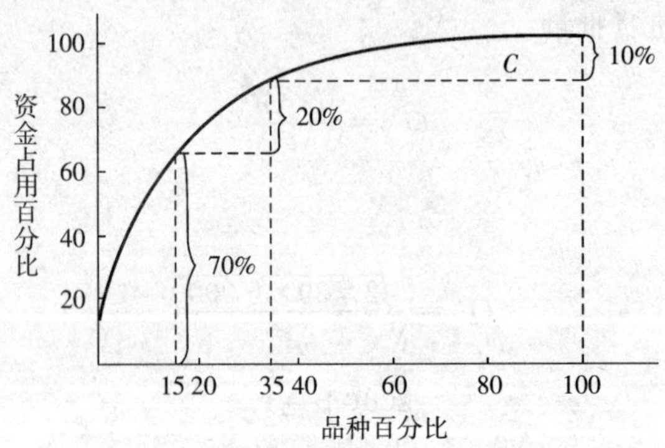

图5-5　三类存货的品种数与价值量

5. 存货按ABC分类的管理方法

A类存货占用企业绝大多数的资金，只要能够控制好该存货，一般不会出现什么大问题。但由于A类存货品种数量少，企业完全有能力按品种进行管理。因此，A类存货应按品种重点管理和控制，实行最为严格的内部控制制度（比如说定期盘点的间隔期最短），逐项计算各种存货的经济订货量与再订货点，并经常检查有关计划和管理措施的执行情况，以便及时纠正各种偏差；对B类存货，由于金额相对较小，而品种数量远多于A类存货，因此，不必像A类存货那样严格管理，可通过分类别的方式进行管理和控制；至于C类存货管理可采用较为简化的方法，只需要把握一个总金额，所以，对C类存货只要进行一般控制和管理即可。

三、JIT存货管理

JIT(Just In Time)直译为“正好准时”，所表达的含义是“只在需要的时候，按需要的量，生产所需的产品”。最早由美国人提出，后被传播到日本，由日本的丰田公司在20世纪70年代后期成功应用而成为举世闻名的先进管理体系。它的基本思想是以顾客（市场）为中心，根据市场需求来组织生产。JIT是一种倒拉式管理，即逆着生产工序，由顾客需求开始，经订单——产成品——组件——配件——零件和原材料，最后到供应商。整个生产是动态的，逐个向前逼进的，上道工序提供的正好是下道工序所需要的，且时间和数量上正好。核心是追求一种无库存或使库存最小的生产系统。它通过成本控制、改进送货环节和提高产品质量三个途径来实现增加盈利和提高公司在市场竞争中地位的战略目标。事实证明，JIT存货管理模式的成功实施，能够改进产品质量，提高生产力，缩短生产周期，大大降低存货水平，缩短设备调整时间，降低生产成本，提高生产率。而JIT这种管理技术和管理理念已被诸如沃尔玛、英特尔公司、通用汽车公司、福特、摩托罗拉以及惠普等国际知名大公司所采用。

复习思考题

1. 试述企业持有现金的动机。

2. 简述应收账款的功能和成本。

3. 简述存货的功能和成本。

4. 试述如何制定应收账款政策。

练习题

1. 启航公司预计全年需用现金2 000万元，预计的存货周转期为90天，应收账款和应付账款周转期均为60天。要求计算该企业的最佳现金持有量。

2. 启航公司预测的年度赊销收入净额为2 400万元，应收账款周转期为30天，变动成本率为75%，资金成本为8%。试计算该企业应收账款的机会成本。

3. 启航公司年销售收入净额为100万元，其中60%的客户在10天内付款，另外40%的客户在购货后平均75天内付款。

要求：

(1)试计算该公司的平均收账期；

(2)计算该公司应收账款平均占用额。

4. 环瑞企业生产甲产品的固定成本为80 000元,变动成本率为60%。该企业有两种信用标准可供选择。若采用A标准,则其坏账损失率为5%,销售收入为400 000元,平均收账期为30天,可能的收账费用为3 000元;若采用B标准,则其坏账损失率为10%,销售收入为600 000元,平均收账期为45天,可能的收账费用为1 000元。企业的综合资金成本为10%。试对信用标准进行选择。

5. 启航公司生产甲产品,固定成本总额为100 000元,变动成本率为75%。当该企业不对客户提供现金折扣时,该产品的年销售收入为2 000 000元,应收账款的平均回收期为60天,坏账损失率为2%。现考虑是否给客户提供信用条件"2/10,n/30"。估计采用这一新的信用条件后,销售将增加15%,有60%的客户将在折扣期内付款,另外40%的客户的平均收现期为40天,坏账损失率降为1%。该企业的生产能力有剩余,其资金成本为10%。试确定该企业是否应采用新的信用条件。

6. 启航公司计划年度甲材料耗用总量为7 200千克,每次订货成本为800元,该材料的单价为30元/千克,单位储存成本为2元。

要求:

(1)计算该材料的经济采购批量;

(2)若供货方提供商业折扣,当一次采购量超过3 600公斤时,该材料的单价为28元/公斤,则应一次采购多少较经济?

7. 启航公司预测2005年度销售收入净额为4 500万元,现销与赊销比例为1∶4,应收账款平均收账天数为60天,变动成本率为50%,企业的资金成本率为10%,一年按360天计算。

要求:(1)计算2005年度赊销额;

(2)计算2005年度应收账款的平均余额;

(3)计算2005年度维持赊销业务所需要的资金额;

(4)计算2005年度应收账款的机会成本;

(5)若2005年应收账款需控制在400万元,在其他因素不变的情况下,应收账款平均收账天数应调整为多少天?

第六章　项目投资管理

[学习目的]　本章主要介绍项目投资概述，重点探讨项目投资的决策依据、决策方法和决策实例。通过本章的学习，应了解项目投资的特点及程序；理解项目现金流量的构成与估算；掌握项目投资评价方法的运用及各自的优缺点；掌握项目投资的决策方法和思路。

第一节　项目投资概述

投资管理是财务管理的一项重要内容，这里的投资主要是指以企业特定的投资项目为对象进行的生产性资本投资。投资管理是通过投资预算的分析与编制对投资项目进行评价和决策，也称为投资决策。

一、项目投资的概念

项目是指在特定条件下，具有特定目标的一次性工作任务。实施任何项目都需要个人或组织投入资金及其他资源。没有不需要投资的项目，而资金要实现增值也必须通过具体项目的实施来落实，所以，从这个意义上说，项目与投资之间存在着密切的关系，所有项目都可以归结为投资项目。对于项目投资问题的研究，主要是从实现企业生产和发展的目标出发，研究如何将筹集来的资金投资于有关的项目，确保资金的增值。

因此，项目投资是直接与实现企业价值最大化的财务目标联系在一起的，它是指对企业内部生产经营所需要的各种资产进行的一种长期投资行为，其目的是保证企业生产经营过程的连续性和生产经营规模的扩大。

对一般企业来讲，项目投资主要可以分为以新增生产能力为目的的新建项目投资和以恢复改善原有生产能力为目的的更新改造项目投资两大类。而新建项目按照所涉及的内容可以进一步细分为单纯的固定资产项目投资和完整的企业项目投资。前者简称为固定资产投资，其特点在于只包括为取得固定资产而发生的资本资产投入，而不涉及营运资产的投入；而完整的企业项目投资，不仅包括资本资产投入，还包括形成企业生产能力所必需的运营资产的投入和项目投资所需要的其他资金投入。

一个完整的投资项目计算期包括建设期与生产经营期。项目计算期是指投资项目从投资建设开始到最终清理结束整个过程的全部时间，其中，建设期（记作 s，$s \geqslant 0$）是从建设点到投产日的时间间隔；生产经营期（记作 p，$p>0$）是从投产日到终结点之间的时间间隔，包括试产期和投产期。建设期以投资为主，生产经营期以收益为主，若用 n 表示项目投资计算期，则有：$n=s+p$。

二、项目投资的种类

1. 维持性投资与扩大生产能力投资

项目投资按照与企业未来经营活动的关系可以分为维持性投资和扩大生产能力投资。维持性投资是为维持企业正常经营，保持现有生产能力而投入的财力，如固定资产的更新投资等；扩大生产能力投资是企业为扩大生产规模，增加生产能力，或改变企业经营方向，对企业今后的经营与发展有重大影响的各种投资。

2. 固定资产投资、无形资产投资和递延资产投资

项目投资按照其投资对象不同可以分为固定资产投资、无形资产投资和递延资产投资。固定资产投资是指投资于企业固定资产，特别是生产经营用固定资产的投资；无形资产投资是指投资于企业长期使用但没有实物形态的资产上的投资；递延资产则是指投资于递延资产上的投资。

3. 相关性投资和非相关性投资

项目投资按照其相互关系可以分为相关性投资和非相关性投资。若采纳或放弃某项目并不显著地影响另外的项目，则这两个项目在经济上是不相关的，两者互为非相关性投资；反之则为相关性投资。

4. 扩大收入投资和降低成本投资

项目投资按照其增加利润的途径可以分为扩大收入投资和降低成本投资两类。扩大收入投资是指通过扩大企业生产经营规模，以便增加利润的投资；降低成本投资则是指通过降低生产经营中的各种耗费，以便增加利润的投资。

三、项目投资的特点

项目投资是对企业内部各种生产经营资产的长期投资。与短期投资和对企业外部的长期投资相比较，项目投资具有以下特点：

1. 投资数额大

项目投资，特别是扩大生产能力的投资一般都需要较多的资金，通常在企业总资产中占有相当大的比重。项目投资对于企业未来的现金流量和财务状况都会产生深远影响。

2. 影响时间长

由于项目长期投资的投资规模大，发挥作用的时间也较长，需要几年甚至几十年才能收回投资，所以项目投资对于企业未来的生产经营活动和长期经济效益会产生决定性作用。

3. 变现能力差

作为长期投资的项目投资，一旦形成生产能力，要想转向或改变都是非常困难的，不是无法实现，就是代价太大。

4. 发生频率低

与企业的短期投资和长期性金融投资项目相比，企业内部项目投资并不经常发生，特别是大规模的具有战略投资意义的扩大生产能力投资，一般要几年甚至十几年才发生一次，这也要求财务管理人员的决策要慎重。

5. 投资风险高

由于市场供求、材料供应和国家政策等因素的影响，项目投资的风险也较高。

四、项目投资的决策程序

项目投资的特点决定了项目投资的风险大、周期长、环节多、考虑因素复杂。因此，项目投资是一项复杂的系统工程。项目投资一旦决策失误，对企业未来的生产经营活动、长期的经济效益和长期偿债能力都将产生重大而深远的影响，甚至会导致企业破产。因此，企业既要抓住投资机会，又要进行深入的调查研究和科学、严密的可行性论证。

根据项目的生命周期，项目投资的程序主要包括以下几个环节：

1. 投资项目的提出

投资项目是根据企业的长远发展战略、中长期投资计划和投资环境的变化，在把握良好投资机会的情况下提出的。投资项目的提出是项目投资程序的第一步，它可以由企业管理当局或企业高层管理人员提出，也可以由企业的各级管理部门和相关部门领导提出。

2. 投资项目的可行性分析

投资项目的可行性分析主要涉及以下几项工作：(1)对提出的投资项目进行适当分类，为分析评价做好准备；(2)估计各个项目每一期的现金流量状况；(3)按照某一个评价指标，对各个投资项目进行分析并根据某一标准排队；(4)考虑资本限额等约束因素，编写评价报告，并做出相应的投资预算，报请审批。

投资项目的可行性分析包括国民经济可行性分析、财务可行性分析和技术可行性分析等。

3. 投资项目的决策

投资项目经过评价后，要由公司的决策层做出最后决策，结论一般分为三种情况：(1)接受这个投资项目，可以进行投资；(2)拒绝这个投资项目，不进行投资；(3)发还给项目的提出部门，重新调查和修改后再做处理。

4. 投资项目的实施与控制

企业在决定对某项目进行投资后，要积极筹措资金，实施项目投资。在投资项目的执行过程中，要对工程进度、工程质量、施工成本和工程预算进行监督、控制和审核，防止工程建设中的舞弊行为，确保工程质量，保证按时完成。

5. 投资项目的再评价

企业在投资项目的执行过程中，应注意原来作出的投资决策是否合理，是否正确。一旦出现新的情况，要随时根据变化的情况作出新的评价，若情况发生重大变化，原来投资决策变得不再合理，就要进行是否终止投资或怎么终止投资的决策，以避免更大损失。

第二节　项目投资的现金流量分析

项目投资中，现金流量是指该项目投资所引起的现金流入量和现金流出量的统称，它可以动态地反映该投资项目投入和产出的相对关系。这里的“现金”是广义的现金概念，不仅包括各种货币资金，还包括项目需要投入的企业拥有的非货币性资源的变现价值。

一、项目投资决策使用现金流量的原因

财务会计按照权责发生制计算企业的收入和成本，并以收入减去成本后的差额作为利

润，用来评价企业的经济效益。在项目投资决策中，不能以权责发生制计算的收入和成本作为项目投资决策的依据，而应以收付实现制计算的现金流入、现金流出和净现金流量作为项目投资决策的依据。项目投资决策之所以要以收付实现制计算的现金流量作为评价项目经济效益的基础，主要原因如下：

1. 采用现金流量有利于科学地考虑时间价值因素

科学的投资决策必须认真考虑资金的时间价值因素，这就要求在决策时一定要弄清每笔预期收入款项和支出款项的具体时间，因为不同的时间具有不同的价值。在衡量投资方案优劣时，应根据各投资项目寿命周期内各年的现金流量，按照资金成本，结合资金的时间价值来确定。

2. 采用现金流量可以使项目投资决策更符合客观实际

在项目投资决策中，应用现金流量能科学、客观地评价投资方案的优劣，而利润则明显的存在不科学和不客观的成分。因为利润计算一定程度上受到存货股价、费用摊销和折旧计提方法的影响；而且利润反映的是某一会计期间应计的现金流量，而不是实际的现金流量，若以未实际收到的现金的收入作为收益，具有较大风险，容易高估投资项目的经济效益。

3. 采用现金流量考虑了投资的逐步回收问题

项目投资中的固定资产投资、无形资产投资以及递延资产投资均属于项目投资的现金流出，但在项目投资完成后形成的固定资产、无形资产和递延资产都需要通过折旧和摊销的办法计入产品成本，从所取得的收入中得到补偿。这部分现金收入不需要马上进行维持性投资，它可以参与企业的生产经营周转，在周转中可以进一步增值，产生新的现金流入，为企业带来未来的经济效益。

二、现金流量的构成内容

项目投资中的现金流量包括现金流出量、现金流入量和现金净流量。

(一)现金流出量

现金流出量是指投资项目实施后在项目计算期内所引起的企业现金流出的增加额，简称现金流出。包括：

(1)建设投资(含更新改造投资)：一是固定资产投资，包括固定资产的购置成本或建造成本、运输成本和安装成本等。二是无形资产投资。

(2)垫支的流动资金：指投资项目建成投产后，为开展正常经营活动而投放在流动资产(存货、应收账款等)上的营运资金。

建设投资和垫支的流动资金合称为项目的原始总投资，通常在建设期发生。

(3)付现成本(或称经营成本)：指在经营期内为满足正常生产经营而需用现金支付的成本。

付现成本＝变动成本＋付现的固定成本＝总成本－折旧额及摊销额

(4)所得税额：指投资项目建成投产后，因应纳税所得额增加而增加的所得税。

(5)其他现金流出量。

付现成本、所得税额以及其他现金流出量均在经营期内发生。

(二)现金流入量

现金流入量是指投资项目实施后，在项目计算期内所引起的企业现金收入的增加额，简称现金流入。包括：

(1)营业收入：项目投产后每年实现的全部营业收入。

(2)固定资产的余值：固定资产残值收入或中途转让时的变价收入。

(3)回收流动资金：项目计算期结束时，收回原来投放在各种流动资产上的营运资金。

(4)其他现金流入量。

固定资产的余值与回收流动资金统称为回收额。现金流入量在经营期内发生。

(三)现金净流量

现金净流量是指投资项目在项目计算期内现金流入量和现金流出量的净额。

现金净流量的计算公式为(以年为单位)：

$$现金净流量(NCF)=年现金流入量-年现金流出量$$

当现金流入量大于现金流出量时，现金净流量为正值；反之，现金净流量为负值。

净现金流量又包括所得税前净现金流量和所得税后净现金流量两种形式。其中，所得税前净现金流量不受融资方案和所得税政策变化的影响，是全面反映投资项目方案本身财务盈利能力的基础数据。计算时现金流出量的内容中不包括调整所得税因素。所得税后净现金流量则将所得税视为现金流出，可用于评价在考虑融资条件下项目投资对企业价值所作的贡献，可以通过在所得税前净现金流量的基础上直接扣除调整所得税求得。

三、现金流量的计算

为了正确评价投资项目的优劣，必须正确地计算现金流量。

(一)现金流量的计算方法

1. 公式法

建设期现金净流量 NCF=－该年投资额(固定资产投资＋流动资产投资)

经营期现金净流量 NCF ＝该年新增营业收入－营业成本－所得税

＝净利润＋折旧(固定资产)＋摊销(无形资产)

终结期现金净流量 NCF=营业现金净流量＋该年回收额

2. 列表法

列表法是将现金流量的构成内容按年份分别填入表格中，首先计算各年的营业现金流量，再计算各年份的净现金流量。

例 6－1　启航公司购入设备，有两种方案可选择：甲投资 10 000 元，使用寿命 5 年，采用直线法计提折旧，5 年后无残值。5 年中每年销售收入 6 000 元，每年付现成本 2 000 元。乙投资 12 000 元，第一年垫支营运资金 3 000 元，采用直线法计提折旧，使用寿命 5 年，5 年后残值收入 2 000 元。5 年中每年销售收入 8 000 元，付现成本第一年 3 000 元，逐年增加修理费 400 元，所得税率 40%，计算两种方案的现金流量。

解：先计算两种方案每年折旧额：

甲方案每年折旧额＝10 000/5＝2 000 元

乙方案每年折旧额＝(12 000－2 000)/5＝2 000 元

再计算各方案的现金流量，如表 6－1～表 6－3 所示：

表 6－1　　甲方案投资项目营业现金流量计算表　　(单位:元)

年　序	1	2	3	4	5
销售收入	6 000	6 000	6 000	6 000	6 000
付现成本	2 000	2 000	2 000	2 000	2 000
折旧	2 000	2 000	2 000	2 000	2 000
税前净利	2 000	2 000	2 000	2 000	2 000
所得税	800	800	800	800	800
税后净利	1 200	1 200	1 200	1 200	1 200
营业现金流量	3 200	3 200	3 200	3 200	3 200

表 6－2　　乙方案投资项目营业现金流量计算表　　(单位:元)

年　序	1	2	3	4	5
销售收入	8 000	8 000	8 000	8 000	8 000
付现成本	3 000	3 400	3 800	4 200	4 600
折旧	2 000	2 000	2 000	2 000	2 000
税前净利	3 000	2 600	2 200	1 800	1 400
所得税	1 200	1 040	880	720	560
税后净利	1 800	1 560	1 320	1 080	840
营业现金流量	3 800	3 560	3 320	3 080	2 840

表 6－3　　投资项目现金流量计算表　　(单位:元)

年　序	0	1	2	3	4	5
甲:固定资产投资	－10 000					
营业现金流量		3 200	3 200	3 200	3 200	3 200
现金流量合计	－10 000	3 200	3 200	3 200	3 200	3 200
乙:固定资产投资	－12 000					
营运资金垫支	－3 000					
营业现金流量		3 800	3 560	3 320	3 080	2 840
固定资产残值						2 000
营运资金回收						3 000
现金流量合计	－15 000	3 800	3 560	3 320	3 080	7 840

（二）相关假设

(1)类型假设:单纯固定资产投资项目、完整工业投资项目和更新改造投资项目三种类型。

(2)财务可行性分析假设。

(3)项目全投资假设:不具体区分自有资金和借入资金等具体形式的现金流量。

(4)项目投资的经营期与折旧年限一致假设。

(5)时点指标假设:假设按照年初或年末的时点指标处理。建设投资在建设期内有关年度的年初发生;垫支的流动资金在建设期的最后一年末即经营期的第一年初发生;经营期内各年的营业收入、付现成本、折旧(摊销等)、利润、所得税等项目的确认均在年末发生;项目最终报废或清理(中途出售项目除外),回收流动资金均发生在经营期最后一年末。

(6)确定性因素假设:与现金流量有关的因素均为已知常数。

第三节　项目投资决策评价的基本方法

一、项目投资决策评价的主要指标及其分类

1. 项目投资决策的评价指标

项目投资评价的指标主要有投资利润率、静态投资回收期、净现值、净现值率、现值指数、内含报酬率等。

2. 项目投资决策评价指标的分类

(1)按是否考虑资金时间价值可以分为非贴现评价指标(静态指标)和贴现评价指标(动态指标)。

(2)按指标性质不同可分为在一定范围内越大越好的正指标和越小越好的反指标两大类。只有静态投资回收期属于反指标。

(3)按指标数量特征分为绝对量指标和相对量指标。

(4)按指标重要性分为主要指标、次要指标和辅助指标。

(5)按指标计算的难易程度分为简单指标和复杂指标。

二、非贴现的投资评价方法

非贴现现金流量指标也称为静态指标,是指没有考虑资金时间价值因素的指标,包括静态投资回收期和投资利润率两个指标。

（一）静态投资回收期法

1. 静态投资回收期(P_t)的计算

静态投资回收期是指在不考虑资金时间价值的情况下,收回全部投资总额所需要的时间,一般以年为单位。静态投资回收期的计算根据每年的营业净现金流量是否相等而有所不同。

计算静态投资回收期的方法有以下两种:

(1)直接计算法:项目建成后各年的净收益(也即现金流量)均相同,则静态投资回收期

的计算公式如下：

$$R_t = \frac{K}{R}$$

式中，K 为全部投资；R 为每年的净收益。

例 6-2　某投资方案一次性投资 500 万元，估计投产后各年的平均收益为 80 万元，求该方案的静态投资回收期。

解：$P_t = \frac{K}{R} = \frac{500}{80} = 6.25$（年）

(2)累积法：在一般情况下，投资方案各年的净效益不同，有时变化还比较大，这时不宜采用直接法计算投资回收期，需采用累积法。累积法是根据投资方案的净现金流量，从投资开始时刻(即零时点)依次求出以后各年的现金流量之和(也称累计净现金流量)，直至累计净现金流量等于零的年份为止，对应于净现金流量等于零的年份数，即为该方案从投资开始年算起的静态投资回收期。其表达式为：

$$P_t = T - 1 + \frac{\left| \sum_{t=0}^{T-1} (CI - CO)_t \right|}{(CI - CO)_T}$$

式中，T 是项目各年累计净现金流量首次出现正值或零的年份。

例 6-3　某投资方案的净现金流量如表 6-4 所示，计算其静态投资回收期。

解：根据该投资方案的净现金流量表计算各年的累计现金流量：

表 6-4　　**各年的累计现金流**　　(单位：万元)

年　序	0	1	2	3	4	5	6
净现金流量	−100	−80	40	60	60	60	90
累计现金流量	−100	−180	−140	−80	−20	40	130

则

$$P_t = T - 1 + \frac{\left| \sum_{t=0}^{T-1} (CI - CO)_t \right|}{(CI - CO)_T}$$

$$= 5 - 1 + \frac{|20|}{60}$$

$$= 4.33 \text{ 年}$$

2. 静态投资回收期的优缺点

静态投资回收期法的优点是：计算简便，选择标准直观，易于理解，并将对现金净流量的预测重点放在“近期”，有利于控制投资风险。

静态投资回收期法的缺点是：没有考虑资金的时间价值，没有考虑回收期满后的现金流量状况，从而可能导致决策者优先考虑急功近利的投资项目。只有静态投资回收期指标小于或等于基准投资回收期的投资项目才具有财务可行性。

(二)投资利润率法

1. 投资利润率(*ROI*)的计算

又称投资报酬率(*ROI*),是指投资项目投产期间的平均净利润与投资项目的投资额之间的比率,其计算公式为:

投资利润率=年平均利润额÷平均投资总额×100%

$$R=\frac{NB}{K}$$

式中,R 为投资利润率;NB 为年利润总额;K 为项目总投资额。如在生产期内各年利润总额变化较大,可计算生产期内的年平均利润总额。

需要注意的是,该公式中分子是平均利润,不是现金净流量,不包括折旧等;分母可以用投资总额的50%来简单计算平均投资总额,一般不考虑固定资产的残值。

投资利润率指标的决策标准为:如果投资项目的投资利润率高于企业要求的最低收益率或无风险收益率,则该投资项目可行;否则该项目不可行。

可以看出,静态投资回收期与投资利润率互为倒数。

例 6-4 预计某工程项目经济数据如表 6-5 所示,已知基准投资收益率为 20%,以投资利润率指标判断该投资项目取舍。

表 6-5 **项目现金流量表** (单位:万元)

年 序	1	2	3	4	5	6	7
投资	-380	-400					
利润			100	170	300	300	300

由表 6-5 数据可知,项目达到正常生产年份后,年净收益为 300 万元。

根据公式计算 R=300/780×100%=38%

而 38%>20%,故投资项目可以考虑接受。

2. 投资利润率的优缺点

投资利润率的优点是计算公式最为简单;缺点是没有考虑资金时间价值因素,不能正确反映建设期长短及投资方式不同和回收额的有无对项目的影响,分子、分母计算口径的可比性较差,无法直接利用净现金流量信息,只有投资利润率指标大于或等于无风险投资收益率的投资项目才具有财务可行性。

三、贴现的投资评价方法

贴现现金流量指标又称动态指标,是指考虑了资金时间价值的指标。这类指标主要有三个:净现值、内部收益率和现值指数。

(一)净现值(*NPV*)法

1. 净现值法的基本原理

净现值法是运用投资项目的净现值进行投资评价的基本方法。净现值是指在项目计算期内,按设定折现率或基准收益率计算的各年净现金流量现值的代数和。其表达式为:

$$NPV = \sum_{t=0}^{n} (CI - CO)_t (1+i)^{-t}$$
$$= \sum_{t=0}^{n} (CI - CO)_t (P/F, i, t)$$

式中，NPV 为净现值；$(CI-CO)_t$ 为第 t 年的净现金流量；n 为该方案计算期；i 为折现率。

当 $NPV=0$ 时，说明方案可以接受。该方案的投资收益率水平恰好达到了行业或部门的基准收益率水平，即项目的盈利水平能达到所期望的最低财务盈利水平。也表明该方案的动态投资回收期 P_t（从投资率算起）等于该方案的计算期。

若 $NPV<0$ 时，说明方案不可行，则与 $NPV>0$ 的情况相反。

例 6-5 某项目的各年现金流量如表 6-6 所示，试用净现值指标判断投资项目的经济性（$i=15\%$）。

表 6-6 **某项目的现金流量表** （单位：万元）

年　序	0	1	2	3	4～19	20
投资支出	40	10	—	—	—	—
经营成本	—	—	17	17	17	17
收　　入	—	—	25	25	30	50
净现金流量	−40	−10	8	8	13	33

解：$NPV=-40-10\times(P/F,15\%,1)+8\times(P/F,15\%,2)$
$+8\times(P/F,15\%,3)+13\times(P/A,15\%,16)\times(P/F,15\%,3)$
$+33\times(P/F,15\%,20)=15.52$（万元）

由于 $NPV>0$，故此项目在经济效果上是可以接受的。

2. 净现值法的决策标准

运用净现值法进行多项互斥投资决策时，在净现值大于零的投资项目中，选择净现值较大的投资项目；运用净现值法进行单项投资决策时，若 $NPV\geqslant 0$，则项目应予接受，若 $NPV<0$，则项目应予拒绝。

3. 净现值法的特点

净现值法的优点是综合考虑了资金时间价值、项目计算期内的全部净现金流量和投资风险；缺点是无法从动态的角度直接反映投资项目的实际收益率水平，而且计算比较繁琐。只有净现值指标大于或等于零的投资项目才具有财务可行性。

净现值是一个绝对数指标，如果用净现值除以投资额的现值，则得到一个相对数指标，称为净现值率（$NPVI$）。其表达式为：

$$NPVI=\frac{\text{净现值}}{\text{投资额的现值}}$$

上例中的 $NPVI=\dfrac{15.52}{40+10\times(P/F,15\%,1)}=0.3187$

当 $NPVI>0$ 时，说明方案可以接受；当 $NPVI<0$ 时，说明方案不可以接受。

（二）内部收益率（IRR）法

1. 内部收益率法的基本原理

内部收益率，又称内含报酬率，是指投资项目实际可以实现的收益率，亦可将其定义为能使投资项目的净现值等于零时的折现率。

内部收益率法是通过计算使项目投资的净现值等于零时的贴现率来评价项目投资的一种决策方法，内部收益率就是净现值为零时的贴现率。其表达式为：

$$\sum_{t=0}^{n}(CI_t - CO_t)(1+IRR)^{-t}=0$$

式中，IRR 为内部收益率；其余符号意义同前式。

内部收益率的计算就是求解一个一元高次方程的过程，不容易直接求解，一般需采用"试算法"。在有条件的情况下，也可以采用计算机进行试算。

(1)特殊情况。

应满足三个条件：经营期内各年现金净流量相等；全部投资均于建设起点一次投入；建设期为零。即：

经营期每年相等的现金净流量（NCF）×年金现值系数（$P/A, IRR, t$）－投资总额＝0

计算的步骤如下：

① 计算年金现值系数（$P/A, IRR, t$）：

年金现值系数＝投资总额÷经营期每年相等的现金净流量

② 根据计算出来的年金现值系数与已知的年限 n，查年金现值系数表，确定内部收益率的范围。

③ 用插入法求出内部收益率。

(2)一般情况（经营期内各年现金净流量不相等）。

采用逐次测试法，计算步骤如下：

① 估计一个贴现率 i_1，如果 $NPV_1>0$，说明 $IRR>i_1$，重新估计一个贴现率 i_2；如果 $NPV_2<0$，说明 $IRR<i_2$，则实际的内部收益率介于 i_1 和 i_2 之间。

如此反复测试，寻找出使净现值由正到负或由负到正且接近零的两个贴现率。

② 根据上述相邻的两个贴现率用插入法求出该方案的内部收益率。

$$IRR=i_1+\frac{NPV_1}{NPV_1+|NPV_2|}(i_2-i_1)$$

由于计算误差大小与（i_2-i_1）大小有关，且相差越大，误差也越大。为控制误差，一般不应超过5%，最好不超过2%。因此，可以在上述计算出来的 IRR 上下2.5%分别取 i_2 和 i_1，再用上述计算步骤，可求得误差在合理范围内的 IRR。

例6-6　某投资项目期初投资130万元，预计第3年达到正常生产，年销售收入为100万元，寿命期为8年，年经营成本为50万元，基准收益率为15%。试计算该项目投资的内部收益率，并评价其可行性。

$$NPV(IRR)=-130+(100-50)(P/A, IRR, 6)(P/F, IRR, 2)=0$$

欲求解 IRR,先分别取 $i_1=17\%$,$i_2=18\%$,相应的:

$$NPV_1=-130+50(P/A,17\%,6)(P/F,17\%,2)$$

$$=-130+50\times3.5892\times0.7305$$

$$=1.0955(万元)$$

$$NPV_2=-130+50(P/A,18\%,6)(P/F,18\%,2)$$

$$=-130+150\times3.4979\times0.7182$$

$$=-4.3904(万元)$$

运用插入法求得 IRR 的近似解:

$$IRR=i_1+\frac{NPV_1}{NPV_1+|NPV_2|}(i_2-i_1)$$

$$=17\%+\frac{1.0955}{1.0955+4.3904}(18\%-17\%)=17.2\%$$

即该项目的内部收益率为 17.2%,因大于基准收益率为 15%,故该项目在经济上是可行的。

2. 内部收益率的决策标准

运用内部收益率法进行多项互斥投资决策时,应优选内部收益率高的方案;运用内部收益率法进行单项投资决策时,应设置基准贴现率 i_c,当 $IRR\geqslant i_c$,则方案可行;当 $IRR<i_c$,则方案不可行。

3. 内部收益率法的特点

内部收益率是个动态相对量正指标。内部收益率法的优点是考虑了资金的时间价值,反映了投资项目的真实报酬率,概念易于理解和接受;缺点是计算过程比较复杂,通常需要多次测算才能求得。

(三)现值指数(PI)法

1. 现值指数法的基本原理

现值指数也称获利指数,现值指数是指未来现金流入量的现值与现金流出量的现值的比率,其计算公式为:

现值指数(PI)=投产后各年净现金流量的现值合计/原始投资的现值合计

=1+净现值率

例 6-7 有两个独立投资方案,相关数据如表 6-7 所示:

表 6-7　　A、B 投资方案的相关数据

项　目	方案 A	方案 B
所需投资额现值	30 000	3 000
现金流入量现值	31 500	4 200
净现值	1 500	1 200

从净现值的绝对数看，方案 A 大于方案 B，似乎应该采用方案 B；但从投资额来看，方案 A 的投资额大大超过方案 B，所以在这种情况下，如果仅用净现值法来判断方案优劣，就难以作出正确的比较和评价，现在按照现值指数进行计算：

A 方案的现值指数＝31 500/30 000＝1.05

B 方案的现值指数＝4 200/3 000＝1.40

计算结果表明，方案 B 的现值指数大于方案 A，应选择方案 B。

2. 现值指数法的决策标准

现值指数是一个折现的相对量评价指标，利用这一指标作为单独投资项目评价的标准时：若投资方案的现值指数大于 1，该方案可行；若投资方案的现值指数小于 1，则该方案不可行。多方案比较时，在现值指数均大于 1 的前提下，现值指数越大，投资方案越优。

3. 现值指数法的特点

现值指数法可以克服净现值法不便于对不同的独立投资方案进行比较和评价的缺点，从而使方案的分析评价更为合理和客观。

现值指数法的优点是可以从动态的角度反映项目投资的资金投入与总产出之间的关系；缺点是除了无法直接反映投资项目的实际收益率外，计算也相对复杂。只有获利指数指标大于 1 或等于 1 的投资项目才具有财务可行性。

(四)非贴现指标之间的关系

净现值、净现值率、获利指数和内部收益率指标之间存在同方向变动关系。即：

当净现值大于 0 时，净现值率大于 0，获利指数大于 1，内部收益率大于基准收益率；

当净现值等于 0 时，净现值率等于 0，获利指数等于 1，内部收益率等于基准收益率；

当净现值小于 0 时，净现值率小于 0，获利指数小于 1，内部收益率小于基准收益率。

第四节　项目投资决策方法的运用

一、独立方案的对比与选优

独立方案是指方案之间存在着相互依赖的关系，但又不能相互取代的方案。独立方案常用的评价指标有净现值、内含报酬率和现值指数等。

1. 判断独立方案是否完全具备财务可行性的条件

如果某一投资项目的评价指标同时满足以下条件，则可以断定该投资项目无论从哪个方面看都具备财务可行性，应当接受此投资方案。这些条件是：

(1)净现值 $NPV \geqslant 0$；

(2)内含报酬率 $IRR \geqslant$ 基准折现率 i_c；

(3)现值指数 $PI \geqslant 1$；

(4)投资利润率 $ROI \geqslant$ 基准投资收益率 i(事先给定)；

(5)包括建设期的静态投资回收期 $\leqslant n/2$(即项目计算期的一半)，不包括建设期的静态投资回收期 $\leqslant P/2$(即运营期的一半)。

2. 判断独立方案是否完全不具备财务可行性的条件

如果某一投资项目的评价指标同时发生以下情况，就可以断定该投资项目无论从哪个方面看都不具备财务可行性，此时应当放弃该投资项目。

(1) $NPV < 0$；

(2) $IRR < i_c$；

(3) $PI < 1$；

(4) $ROI <$ 基准投资收益率；

(5)包括建设期的静态投资回收期 $> n/2$，不包括建设期的静态投资回收期 $> P/2$。

3. 判断独立方案是否基本具备财务可行性的条件

评价过程中主要指标(NPV，PI，IRR)可行，但次要指标(P)或辅助指标(ROI)不可行，则可以断定该项目基本上具有财务可行性。

4. 判断独立方案是否基本不具备财务可行性的条件

评价过程中主要指标不可行，但次要指标或辅助指标可行，则可以断定该项目基本上不具有财务可行性。

二、互斥方案的对比与选优

项目投资决策中的互斥方案(相互排斥方案)是指在决策时涉及的多个相互排斥、不能同时实施的投资方案。

互斥方案决策的方法主要有：净现值法、差额投资内含报酬率法、年等额净回收额法等。净现值法和净现值率法适用于原始投资相同且项目计算期相等的多方案；差额投资内部收益率、年等额净回收额法(尤其适用于项目计算期不同的多方案比较)适用于原始投资不相同的多方案比较。

1. 互斥方案的投资额、项目计算期均相等时，采用净现值法或内含报酬率法

净现值法适用于原始投资相同且项目计算期相等的多方案比较决策，即可以选择净现值或净现值率大的方案作为最优方案。

例 6-8 某个固定资产投资项目需要原始投资 1 000 万元，有 A、B、C、D 四个互相排斥的备选方案可供选择，各方案的净现值指标分别为 420.89 万元、511.72 万元、620.60 万元和 556.26 万元。

按净现值法进行比较决策如下：

因为 A、B、C、D 各个备选项目方案的 NPV 均大于零，所以这些方案均具备财务可

行性。

又因为 620.60>556.26>511.72>420.89,所以C方案最优,其次为D方案,再次为B方案,最差为A方案。

例6-9　启航公司正在使用一台旧设备,其原始成本为100 000元,使用年限为10年,已使用5年,已计提折旧50 000元,使用期满后无残值。如果现在出售可得收入50 000元;若继续使用,每年可获收入104 000元,每年付现成本62 000元;若采用新设备,购置成本为190 000元,使用年限为5年,使用期满后残值为10 000元,每年可得收入180 000元,每年付现成本为84 000元。假定该公司的资本成本为12%,所得税税率为30%,新旧设备均采用直线法计提折旧。要求作出是继续使用旧设备,还是出售旧设备并购置新设备的决策。

首先,计算两个方案的年营业期现金净流量,如表6-8所示。

表6-8　　**两方案营业期现金净流量表**　　(单位:元)

项　　目	使用旧设备	使用新设备
销售收入	104 000	180 000
付现成本	62 000	84 000
年折旧额	10 000	36 000
税前净利	32 000	60 000
所得税	9 600	18 000
税后利润	22 400	42 000
营业期现金净流量	32 400	78 000

表6-8中固定资产折旧的计算如下:

使用旧设备方案固定资产折旧额=50 000÷5=10 000(元)

更新设备方案固定资产折旧额=(190 000-10 000)÷5=36 000(元)

其次,计算两方案现金净流量,如表6-9所示。

表6-9　　**两方案资金净流量表**

	年　序	0	1	2	3	4	5
使用旧设备方案	原始投资	-50 000					
	营业期现金净流量		32 400	32 400	32 400	32 400	32 400
	现金净流量合计	-50 000	32 400	32 400	32 400	32 400	32 400
更新设备方案	原始投资	-190 000					
	营业期现金净流量		78 000	78 000	78 000	8 000	78 000
	固定资产残值						10 000
	现金净流量合计	-190 000	78 000	78 000	78 000	78 000	88 000

最后,计算两方案净现值如下:

采用旧设备方案的净现值＝32 400×(P/A,12%,5)－50 000

＝32 400×3.605－50 000

＝66 802(元)

采用新设备方案的净现值＝78 000×(P/A,12%,5)＋10 000×(P/F,12%,5)－190 000

＝78 000×3.605＋10 000×0.567－190 000

＝96 860(元)

通过计算可知，固定资产更新后，可增加净现值 30 058 元(96 860－66 802)，由此应决定进行固定资产更新。

2. 互斥方案的投资额不相等，但项目计算期相等时，采用差额法

差额法，是指在两个投资总额不同方案的差量现金净流量(记作 ΔNCF)的基础上，计算出差额净现值(记作 ΔNPV)或差额内含报酬率(记作 ΔIRR)，并据以判断方案孰优孰劣的方法。一般而言，在计算差额现金流量时，用投资额大的减去投资额小的。此时，当差额内含报酬率指标大于或等于基准收益率或设定贴现率时，原始投资额大的项目较优；反之，则投资少的项目为优。

例 6－10 启航公司有两个可供选择的投资项目的差量现金净流量，如表 6－10 所示。假设行业基准贴现率为 10%，要求就以下两种不相关情况选择投资项目：

(1)该企业的行业基准贴现率 i_c 为 8%时；

(2)该企业的行业基准贴现率 i_c 为 12%时。

表 6－10 投资项目差量现金净流量表 (单位：万元)

年 序	0	1	2	3	4	5
甲项目的现金净流量	－200	128.23	128.23	128.23	128.23	128.23
乙项目的现金净流量	－100	101.53	101.53	101.53	101.53	101.53
ΔNCF	－200	26.70	26.70	26.70	26.70	26.70

根据所给资料可知，差量现金净流量如下：

ΔNCF_0＝－100 万元，ΔNCF_{1-5}＝26.70 万元，

(P/A,ΔIRR,5)＝1 000 000÷267 000＝3.745 3

用试算法可求得，甲乙两方案的差量内含报酬率 ΔIRR＝10.49%。

在第(1)种情况下，由于差量内含报酬率大于 8%，所以应该选择甲项目。

在第(2)种情况下，由于差量内含报酬率小于 12%，所以应该选择乙项目。

3. 互斥方案的投资额不相等，项目计算期也不相同时，采用年回收额法

年回收额法，是指通过比较所有投资方案的年等额净现值指标的大小来选择最优方案的决策方法。在此法下，年等额净现值最大的方案为优。

年回收额法的计算步骤如下：

(1)计算各方案的净现值 NPV。

(2)计算各方案的年等额净现值,若贴现率为 i,项目计算期为 n,则

$$年等额净现值\ A=净现值\div年金现值系数$$
$$=NPV\div(P/A,i,n)$$

例 6-11　启航公司拟投资新建一条生产线。现有三个方案可供选择:甲方案的原始投资为 200 万元,项目计算期为 5 年,净现值为 120 万元;乙方案的原始投资为 150 万元,项目计算期为 6 年,净现值为 110 万元;丙方案的原始投资为 300 万元,项目计算期为 8 年,净现值为 -1.25 万元。行业基准折现率为 10%。按年等额净回收额法进行决策分析。

因为甲和乙的净现值均大于零,所以这两个方案具有财务可行性。因为丙方案的净现值小于零,所以该方案不具有财务可行性,只需对甲、乙两方案进行评价即可。

甲年等额净回收额 $=120\div(P/A,10\%,5)=120\div3.791=31.65$(万元)

乙年等额净回收额 $=110\div(P/A,10\%,6)=110\div4.355=25.26$(万元)

因为 $31.65>25.26$,显然甲方案优于乙方案。

4. 其他方案的对比与选优

如果投资方案不能单独计算盈亏,或者投资方案的收入相同或收入基本相同且难以具体计量,一般可考虑采用成本现值比较法或年成本比较法来作出比较和评价。

成本现值比较法是指计算各个方案的成本现值之和并进行对比,成本现值之和最低的方案是最优的。成本现值比较法一般适用于项目计算期相同的投资方案间的对比、选优。

如果项目计算期不同的方案应采用年成本比较法,即比较年均成本现值来对投资方案作出选择。

三、项目投资组合决策

1. 项目投资组合决策标准

(1)在资本总量不受限制的情况下,可以按每一项目的净现值 NPV 的大小排序,确定优先考虑的项目顺序。

(2)在资本总量受到限制的情况下,需按获利指数 PI 的大小排序,结合净现值 NPV 进行各种组合,从中选出 $\sum NPV$ 最大的最优组合。

在考虑投资效益的前提下,多项目组合决策的主要依据,就是能否保证在充分利用资本的前提下,获得尽可能多的净现值总量。

2. 项目投资方案组合的决策程序

第一步:以各方案的净现值率的高低为序,逐项计算累计投资额,并与限定投资总额进行比较。

第二步:当截止到某项投资项目(假定为第 j 项)的累计投资额恰好达到限定的投资总额时,则第 1 至第 j 项的项目组合为最优的投资组合。

第三步:若在排序过程中未能直接找到最优组合,必须按下列方法进行必要的修正。

(1)当排序中发现第 j 项的累计投资额首次超过限定投资额,而删除该项后,按顺延的项目计算的累计投资额却小于或等于限定投资额时,可将第 j 项与第 $(j+1)$ 项交换位置,继

续计算累计投资额。这种交换可连续进行。

(2)当排序中发现第 j 项的累计投资额首次超过限定投资额，又无法与下一项进行交换，第($j-1$)项的原始投资大于第 j 项原始投资时，可将第 j 项与第($j-1$)项交换位置，继续计算累计投资额。这种交换亦可连续进行。

(3)若经过反复交换，已不能再进行交换，但仍未找到能使累计投资额恰好等于限定投资额的项目组合时，可按最后一次交换后的项目组合作为最优组合。

四、固定资产更新决策

固定资产更新是对技术上或经济上不宜继续使用的旧设备，用新的设备更新或用先进的技术对原有设备进行局部改造。固定资产更新决策主要研究两个问题：一个是决定是否更新，即继续使用旧设备还是更换新设备；另一个是决定选择什么样的设备更新。实际上这两个问题是结合在一起考虑的，若市场上没有比现有设备更合适的设备，则继续使用原有设备，由于原设备总可以通过修理继续使用，所以更新决策就成为一个继续使用旧设备还是购置新设备的选择问题。

一般来说，更新设备不改变企业的生产能力，不增加现金流入(这不是绝对的)，所以更新决策的现金流量主要表现为现金流出。因此，通常假定新、旧固定资产所产生的营业现金流入量相等，或为了便于计算，就认为其营业现金流入量为零，从而只需计算固定资产所产生的年成本，即固定资产所引起的现金流出的年平均值，来对更新改造进行决策，我们称其为固定资产平均年成本法。

固定资产的平均年成本是指该资产引起的现金流出的平均值。按照是否考虑货币时间价值，可分为两种情况进行计算。

1. 不考虑货币的时间价值

在不考虑货币的时间价值的情况下，固定资产的平均年成本是未来使用年限内的现金流出总额与使用年限的比值。

例 6-12 启航公司拟购进一台新设备来置换现有的旧设备(假定新设备与旧设备的生产能力相同、建设期为 0)，现在要考虑是否进行更新。其有关资料如表 6-11 所示。

表 6-11 **启航公司两种方案的相关资料** (单位：万元)

项 目	旧设备	新设备
原价	500	600
目前的变现价值	250	
最终的净残值	40	60
预计的使用年限(年)	10	10
已使用年限(年)	4	0
目前尚可使用年限(年)	6	10
每年运行的付现成本	150	90

旧设备的平均年成本 $=\frac{250+250\times 6-40}{6}=185$(万元)

新设备的平均年成本 $=\frac{600+90\times 6-60}{10}=108$(万元)

显然,使用新设备的平均年成本要低一点。

2. 考虑货币的时间价值

在考虑货币时间价值的情况下,固定资产的平均年成本为未来使用年限内现金流出总现值与年金现值系数的比值。

例 6-13 承例 6-12 资料(假定折现率为 10%),计算如下:

旧设备的平均年成本 $=\frac{250+150\times(P/A,10\%,6)-40(P/F,10\%,6)}{(P/A,10\%,6)}=202.22$(万元)

新设备的平均年成本 $=\frac{600+90\times(P/A,10\%,10)-60(P/F,10\%,10)}{(P/A,10\%,10)}=183.88$(万元)

可见,使用新设备的平均年成本会低一点。但是需要注意的是,在不考虑时间价值和考虑时间价值的两种情况下,得出来的结论不一定是一致的,有可能出现"在不考虑时间价值的时候甲方案比乙方案好,而在考虑时间价值的时候乙方案比甲方案好"的状况。这个时候,采用考虑货币时间价值的结果会更科学。

复习思考题

1. 什么是项目,其基本属性如何?
2. 什么是项目投资,项目投资管理的基本内容是什么?
3. 什么是项目投资的非折现分析方法,其基本指标有哪些?
4. 什么是项目投资的折现分析方法,其基本指标有哪些?
5. 什么是现金流量,如何估算一个投资项目的现金流量?
6. 各种具体的非折现分析的评价标准是什么,有何优缺点?
7. 各种具体的折现分析的评价标准是什么,有何优缺点?

练习题

1. 预计某工程项目的现金流量如表 6-12 所示,基准投资回收期为 7 年,试用静态投资回收期法评价方案是否可行。

表 6-12　某工程项目预计现金流量表　(单位:万元)

	建设期		生产期					
年　序	1	2	3	4	5	6	7	8
投资	1 800	1 000						
年净收益			500	800	1 400	1 500	1 800	2 000
累计净收益	-1 800	-2 800	-2 300	-1 500	-100	1 400	3 200	5 200

2. 启航公司基建项目有A、B两个设计方案。建设期为1年，计算期为4年，基准收益率为12%。其中A方案的初期投资为2 250万元，年经营成本600万元，年销售额1 800万元，第三年年末工程项目配套追加投资1 000万元，残值为零；B方案的初期投资为3 200万元，年经营成本800万元，年销售额2 400万元，第三年年末工程项目配套追加投资1 500万元，残值为120万元。试计算投资方案的净现值，并用净现值法对方案进行评价选择。

3. 某工程项目期初投资130万元，年销售收入为100万元，年折旧费为20万元，计算期为6年，年经营成本为50万元，所得税税率为33%，不考虑固定资产残值，基准收益率为10%，试计算该工程项目投资的内部收益率。

第七章　证券投资管理

［学习目的］　证券投资管理是企业投资管理的重要组成部分。本章主要阐述企业证券投资基本理论方法。通过本章的学习，需掌握证券投资的目的、种类、风险；证券投资组合的策略、证券投资组合的风险分析；债券投资的收益评价以及债券投资的决策；股票投资的特点、股票投资的价值评估和风险评估；基金投资的种类和财务评价等。

第一节　证券投资概述

一、证券与证券投资的含义

1. 证券的含义

证券是商品经济和社会化大生产发展的产物，其含义非常广泛。从法律意义上说，证券是指各类记载并代表一定权利的法律凭证的统称，用以证明持券人有权以其所持证券记载的内容取得应有的收益。从一般意义上来说，证券是指用以证明或设定权利所做成的书面凭证，它表明证券持有人或第三者有权取得该证券拥有的特定权益，其票面载有一定金额，代表财产所有权或债权，可以有偿转让的凭证，如债券、股票、短期融资券、银行承兑汇票等。

2. 证券投资的含义

证券投资即有价证券投资，是狭义的投资，是指企业或个人用积累起来的货币购买股票、债券等有价证券，借以获得收益的行为。对金融机构而言，则是指，以有价证券为经营对象的业务，证券投资对象主要是政府债券、企业债券和股票的发行和购买。

二、证券与证券投资的分类

（一）证券的分类

1. 按证券的性质分类

证券按其性质不同可分为凭证证券和有价证券。

凭证证券又称无价证券，是指本身不能使持券人或第三者取得一定收入的证券。它可分为两大类：一类是证据书面凭证，即为单纯证明某一特定事实的书面凭证，如借据、收据等；另一类是某种私权的合法占有者的书面凭证，即占有权证券，如购物券、供应证等。

有价证券是证券的一种，是表示一定的财产权、可自由让渡的证券，即表明证券持有人根据券面所载财产内容可以行使的权利的证券。有价证券种类很多，可以分为货物证券、货币证券、资本证券和其他证券。货物证券是有权领取货物的凭证，其权利的标的物是特定的货物，如提单、仓单等；货币证券是对货币有请求权的凭证，它的权利标的物是一定的货币额，如本票、支票、汇票、商业票据等；资本证券的标的物也是货币额，但与货币证券不同的是，它侧重于对一定的本金所带来的收益的请求权，如股票、债券；其他证券则包括土地所有权证、银行存折等。

2. 按证券的发行主体分类

按照证券发行主体的不同，可分为政府证券、金融证券和公司证券三种。政府证券是指中央政府或地方政府为筹集资金而发行的证券。金融证券则是指银行或其他金融机构为筹措资金而发行的证券。公司证券又称企业证券，是指工商企业为筹集资金而发行的证券。政府证券的风险较小，金融证券次之，公司证券的风险较小，金融证券次之，公司证券的风险则视企业的规模、财务状况和其他情况而定。

3. 按证券体现的权益关系分类

按照证券所体现的权益关系，可分为所有权证券和债券证券两种。

所有权证券是指证券的持有人便是证券发行单位的所有者的证券，这种证券的持有人一般对发行单位都有一定的管理和控制权。股票是典型的所有权证券，股东便是发行股票的企业的所有者。

债权证券是指证券的持有人是发行单位的债权人的证券，这种证券的持有人一般无权对发行单位进行管理和控制。当一个发行单位破产时，债权证券要优先清偿，而所有权证券要在最后清偿，所以所有权证券一般都要承担比较大的风险。

4. 按证券收益的决定因素分类

按证券收益的决定因素可将证券分为原生证券和衍生证券两类。

原生证券是指其收益的大小主要取决于发行者的财务状况的证券，如债券承诺的利息支付有赖于发债主体的偿债能力；股东的股息支付取决于董事会对公司财务状况的评价。

衍生证券是从原生证券演化而来的，其收益取决于原生证券的价格。衍生证券包括期货合约和期权合约两种基本类型。期货合约是指依双方协商同意的价格，即期货价格，在约定的交割日或到期日，对某项资产进行交割的合约。期权合约赋予合约的持有者或购买者在一定时期内，以一定的协议价格或执行价格向合约出具者买进或卖出一项资产的权利。衍生证券已经成为投资环境中不可或缺的一部分，其功能之一是可以为投资者的资产提供最原始的套期保值。此外，衍生证券还可用于从事较高风险的投资活动。

(二)证券投资的分类

金融市场上的证券很多，其中可供企业投资的证券主要有国债、短期筹资券、可转让存单、企业股票与债券、投资基金以及期权、期货等衍生证券。国债具有本金安全、流动性好的特点，并且有多种多样的期限。因此，国债是企业进行短期投资的主要对象。短期筹资券可以直接出售，也可由经纪人出售，但通常按折现的方法出售，其到期日一般在一年以内，利率通常比国库券的利率要高。买到手的短期筹资券一般需保持至到期日，因为短期筹资券的流动性较弱，买卖不方便。可转让存单的利率一般比国库券的利率要高。可转让存单有比较活跃的交易市场，流动性很强。企业股票和债券均属于长期证券，但因为股票和债券均可在金融市场上出售，因此，也可用于短期投资。

证券投资按其投资的对象不同，可分为以下几种：

1. 债券投资

债券投资是指投资者购买债券以取得资金收益的一种投资活动。企业将资金投向各种各样的债券，例如，企业购买国库券、公司债券和短期筹资券等都属于债券投资。与股票投资相比，债券投资能获得稳定收益，投资风险较低。当然，也应看到，投资于一些期限长、信用等级低的债券，也会承担较大风险。与股票投资相比，债券投资的风险较小，相应的，其收益也比较低。

2．股票投资

股票投资是指投资者将资金投资于股票，通过股票的买卖获取收益的投资行为。企业将资金投向其他企业所发行的股票，将资金投向优先股、普通股都属于股票投资。企业投资于股票，尤其是投资于普通股票，要承担较大风险，但在通常情况下，也会取得较高收益。根据股票的性质不同，又可分为优先股股票投资和普通股股票投资。

3．基金投资

基金投资是指投资者通过购买投资基金股份或受益凭证来获取收益的投资方式。这种方式可使投资者享受专家服务，有利于分散风险，获得较大投资收益。

4．衍生金融工具投资

衍生金融工具投资主要包括期货投资、期权投资等。

期货投资是指投资者通过买卖期货合约躲避价格风险或赚取利润的一种投资方式。所谓期货合约是指为在将来一定时期以指定价格买卖一定数量和质量的商品而由商品交易所制定的统一的标准合约，它是确定期货交易关系的一种契约，是期货市场的交易对象。期货投资可以分为商品期货投资和金融期货投资。

5．证券组合投资

证券组合投资是指企业将资金同时投资于多种证券。例如，既投资于企业债券，也投资于企业股票，还投资于基金。组合投资可以有效地分散证券投资风险，是企业等法人单位进行证券投资时常用的投资方式。

三、证券投资的目的

证券投资是企业对外投资的重要组成部分。科学地进行证券投资管理，能够增加收益、减少风险，有利于企业财务管理目标的实现。企业进行证券投资主要有以下目的：

1．作为现金的替代品

企业在生产经营过程中，应该拥有一定数量的现金，以满足日常经营的需要，但是现金这种资产不能给企业带来收益，现金余额过多是一种浪费。因此，企业可以利用闲置的现金进行短期证券投资，以获取一定的收益。当企业某一时期的现金流出量超过现金流入量时，可以随时出售证券，以取得经营所需的现金。这样，短期证券投资实际上就成为现金的替代品，它既满足企业对现金之需要，又能在一定程度上增加企业的收益。

2．出于投机的目的

有时企业进行短期证券投资完全是出于投机的目的，以期获取较高的收益。“投机”一词在中国似有贬义，而在西方经济学中，是用以表达通过预期市场行情的变化而赚取收益的经济行为。可以说投机与证券市场是不可分割的，有证券市场必然有证券投机。有的企业为了获取投机利润，也会进行证券投机。因此，短期证券投资从表面上看是一种投资活动，但其实质是一种投机行为。企业出于投机的目的进行证券投资时，一般风险较大，应当用企业较长时期闲置不用的资金进行投资，但也必须要控制风险，不能因此而损伤企业整体的利益。

3. 满足企业未来的财务需求

有时企业为了将来要进行长期投资，或者将来要偿还债务，或者因为季节性经营等原因，会将目前闲置不用的现金用于购买有价证券，进行短期证券投资，以获取一定的收益，待将来需要现金时，再将有价证券出售。这种短期证券投资实际上是为了满足企业未来对现金的需求之目的。

4. 为了获取较高的投资收益

有的企业可能拥有大量闲置的现金。由于企业在较长的时期内没有大量的现金支出，也没有盈利较高的投资项目，因此，就可以利用这笔资金进行长期证券投资，购买风险较小、投资回报较高的有价证券。这样，可以充分利用闲置的资金，获取较高的投资收益。

5. 为了取得对被投资企业的控制权

有时企业从长远的利益考虑，要求控制某一企业，这时就应对其进行长期证券投资，取得对该企业的控制权。通常这种投资都是股权性投资。例如，某公司欲取得长期稳定的材料供应，就可以购买为其供应材料的公司的股票，并取得对该公司的控制权。

四、证券投资的风险

证券投资风险是指投资者在证券投资过程中遭受损失或达不到预期收益的可能性，这是证券投资的基本特征之一。证券投资的风险主要来自于以下几个方面：

1. 违约风险

违约风险是指证券发行人无法按期发放利息或偿还本金的风险。一般而言，政府发行的证券违约风险较小，金融机构发行的证券次之，工商企业发行的证券违约风险较大。造成企业证券违约的原因有以下几个方面：

(1)政治、经济形势发生重大变动；

(2)发生自然灾难，如水灾、火灾等；

(3)企业经营管理不善，成本高、浪费大；

(4)企业在市场竞争中失败，主要顾客消失；

(5)企业财务管理失误，不能及时清偿到期债务。

因此，投资者有必要对证券进行评价，以反映其违约风险。

2. 利息率风险

利息率风险是指由于利息率变动引起证券价格的波动而使投资者遭受损失的风险。证券的价格，随利息率变动而变动。一般而言，银行利率下降，则证券价格上升；银行利率上升，则证券价格下降。因此，即使没有违约风险的国库券，也会有利息率风险。证券的到期时间越长，利息率风险越大。

例 7－1　启航公司 2009 年年初，按面值购进国库券 100 万元，年利率 2.8%，三年期，单利计息，到期时还本付息。2010 年年初，市场利率上升到 3.5%，则这批国库券的价格将下降多少万元？

国库券到期值＝100×(1＋3×2.8%)＝108.4(万元)

一年后的现值＝108.4÷$(1+3.5\%)^2$＝108.4÷1.071 2＝101.19(万元)

2010 年年初的本利和＝100×(1＋2.8%)＝102.8(万元)

损失＝102.8－101.19＝1.61(万元)

3. 购买力风险

由于通货膨胀而使证券到期或出售时所获得的货币资金的购买力降低的风险，称为购买力风险。在通货膨胀时期，购买力风险对投资者有重要影响。一般而言，预期报酬率会上升的资产，其购买力风险会低于报酬率固定的资产。例如，房地产、普通股等投资受到的影响较小，而收益长期固定的证券受到的影响较大。前者更适合作为减少通货膨胀损失的避险工具。

4. 流动性风险

流动性风险是指在投资者出售有价证券获取现金时，证券不能立即出售的风险。一种能在短期内按市价大量出售，则属于流动性较低的资产，这种资产的流动性风险较大；若购买国库券，几乎可以立即出售，则流动性风险小。

5. 期限性风险

由于证券期限长而给投资者带来的风险，叫期限性风险。一项投资，到期日越长，投资者遭受的不确定性因素就越多，承担的风险就越大。例如，同一家企业发行的十年期债券要比一年期债券的风险大，这便是证券的期限性风险。

第二节　债券投资管理

一、债券的概念

债券是一种有价证券，是社会各类经济主体为筹集资金而向债券投资者出具的、承诺按一定利率定期支付利息并到期偿还本金的债权债务凭证。债券上规定资金借贷的权责关系主要有三点：第一，所借贷货币的数额；第二，借款时间；第三，在借贷时间内应有的补偿或称代价是多少(即债券的利息)。这三点也是借贷双方权利、义务关系的规定。

债券包含四个方面的含义：第一，发行人是借入资金的经济主体；第二，投资者是出借资金的经济主体；第三，发行人需要在一定时期付息还本；第四，债券反映了发行者和投资者之间的债权、债务关系，而且是这一关系的法律凭证。

债券种类很多，在债券的历史发展过程中，曾经出现过许多不同品种的债券，各种债券共同构成了一个完整的债券体系。债券可以依据不同的标准进行分类(具体见第三章第四节)。

二、债券投资的收益评价

(一)债券的价格

债券的价格可分为发行价格与市场交易价格两类。

1. 债券的发行价格

债券的发行价格是指在发行市场(一级市场)上，投资者在购买债券时实际支付的价格，包括等价发行、折价发行和溢价发行三种不同情况。

投资者从一级市场购入新发行的债券，必须对债券的价值进行估算。债券的价值，即持有债券未来可以获得的利息与收回的本金，按市场利率或投资者要求的必要收益率折现的现值之和。具体计算与债券的还本付息方式有关。

(1)到期还本，按期支付利息的债券估价：

$$P=M\cdot(P/F,K,n)+M\cdot i\cdot(P/A,K,n)$$

式中，P 为债券价值；M 为债券的面值；K 为市场利率或投资者要求的必要收益率；i 为票面利率；n 为债券的期限。

例 7-2 某债券面值为 1 000 元，票面利率为 4%，期限为 5 年，每年付息一次，到期还本，启航公司要对这种债券进行投资，当前的市场利率为 6%，问债券价格为多少时才能投资？

根据公式：

$$\begin{aligned}P&=1\,000\times(P/F,6\%,5)+1\,000\times4\%\times(P/A,6\%,5)\\&=1\,000\times0.747\,3+40\times4.212\,4\\&=915.80(\text{元})\end{aligned}$$

所以，当债券的价格不高于 915.80 元时，启航公司就可以购买。

(2)到期一次还本付息且不计复利的债券的估价：

$$P=M(1+i\cdot n)\cdot(P/F,K,n)$$

例 7-3 启航公司拟购买一银行发行的面值 10 000 元，票面利率为 4%，期限为 5 年，到期一次还本付息且不计复利的债券，当前的市场利率为 6%，问债券价格为多少时才能购入？

根据公式：

$$\begin{aligned}P&=10\,000\times(1+4\%\times5)\times(P/F,6\%,5)\\&=10\,000\times1.2\times0.747\,3\\&=8\,967.6(\text{元})\end{aligned}$$

所以，当债券的价格不高于 8 967.6 元时，企业就可以购买。

(3)零票面利率债券的估价：

零票面利率债券就是没有票面利率，到期按面值偿还，折价发行，面值与发行价之间的差额，即为债券利息。

$$P=M(P/F,K,n)$$

例 7-4 某债券面值为 100 元，期限为 5 年，以折价方式发行，期内不计利息，到期按面值偿还，当时市场利率为 6%，债券价格为多少时才能购入？

根据公式：

$$P=100(P/F,6\%,5)$$

$$=100\times0.7473$$

$$=74.73(\text{元})$$

所以，当债券的价格不高于 74.73 元时，企业就可以购买。

2. 债券的市场交易价格

债券发行后，一部分可流通债券在流通市场（二级市场）上按不同的价格进行交易。交易价格的高低，取决于公众对该债券的评价、市场利率以及人们对通货膨胀率的预期等。一般来说，债券价格与到期收益率成反比。也就是说，债券价格越高，从二级市场上买入债券的投资者所得到的实际收益率越低；反之亦然。不论票面利率与到期收益率的差别有多大，只要离债券到期日愈远，其价格的变动愈大；实行固定的票面利率的债券价格与市场利率及通货膨胀率呈反方向变化，但实行保值贴补的债券例外。

（二）债券的收益

债券的收益可以用债券收益率表示，债券收益率是指购进债券后，一直到持有该债券至出售可获得的收益率。购入每年付息一次，到期一次还本的债券的收益率的公式如下：

$$V=I\times(P/A,k,n)+F\times(P/F,k,n)$$

式中，V 为债券的购买价格；I 为每年获取的固定利息；F 为债券到期收回的本金或中途出售收回的资金；k 为债券投资的收益率；n 为投资期限。

例 7－5　启航公司于 2009 年 5 月 1 日以 924.28 元购买一张面值 1 000 元，票面利率 8%，每年 4 月 1 日支付一次利息，2014 年 5 月 1 日到期的债券。计算该公司的债券投资收益率。

对于这种情形，只能用逐次测试法求得：

先按 9% 折现：

$$1\,000\times8\%\times(P/A,9\%,5)+1\,000\times(P/F,9\%,5)$$
$$=80\times3.890+1\,000\times0.650$$
$$=961.2(\text{元})$$

由于 961.2>924.28，所以收益率应大于 9%。

再按 10% 折现：

$$1\,000\times8\%\times(P/A,10\%,5)+1\,000\times(P/F,10\%,5)$$
$$=80\times3.791+1\,000\times0.621$$
$$=924.28(\text{元})$$

由于正好等于购买价格，因此公司的债券收益率为 10%。

用逐次测试法比较麻烦，可用下面的简便方法计算：

$$k=\frac{I+(M-P)\div N}{(M+P)\div 2}$$

式中，I 为每年的利息；M 为到期归还的本金；P 为买价；N 为期数。

三、债券投资的优缺点

1. 债券投资的优点

(1)本金安全性高。与股票投资相比,债券投资的风险较小。企业的债券一般有到期日,债券持有者到期可以收回本金。当企业破产时,债券持有者有优先求偿权。

(2)收入稳定性强。债券的利息一般都是固定不变的,不像股利的支付不固定。

(3)市场流动性好。我们国家发行的债券一般都可以上市流通,交易比较方便。

2. 债券投资的缺点

(1)购买力风险较大。因为债券的面值及票面利率在发行时已经确定,若持有期间内通货膨胀率比较高,则本金及利息的购买力将不同程度地受到损失,在通货膨胀率非常高时,投资者虽然名义上有收益,但实际上可能遭受损失。

(2)没有经营管理权。债券投资只是获得债券利息收入的一种手段,无权参与债券发行企业的经营管理。

第三节　股票投资管理

一、股票的概念

股票是一种有价证券,它是股份有限公司签发的证明股东所持股份的凭证。股份有限公司的资本划分为股份,每一股金额相等。公司的股份采取股票的形式。股份的发行实行公平、公正的原则,同种类的每一股份应当具有同等权利。股票一经发行,购买股票的投资者即成为公司的股东。股票实质上代表了股东对股份公司的所有权,股东凭借股票可以获得公司的股息和红利,参加股东大会并行使自己的权利,同时也承担相应的责任与风险。

股票作为一种所有权凭证,有一定的格式。从股票的发展历史看,最初的股票票面格式既不统一,也不规范,由各发行公司自行决定。随着股份制度的发展和完善。我国《公司法》规定,股票采用纸面形式或国务院证券监督管理机构规定的其他形式。股票应载明的事项主要有:公司名称、公司成立的日期、股票种类、票面金额及代表的股份数、股票的编号。股票由法定代表人签名,公司签章。发起人的股票,应当表明“发起人股票”字样。

股票的种类很多,分类方法亦有差异(具体见第三章第三节)。

二、股票投资的收益评价

投资者购买股票,有的打算永远持有,有的在持有一段时间后将其售出。下面就几种情况进行介绍:

1. 股票估价的基本模型

如果股东长期持有股票,他只是获得股利,或者到期出售股票的价格。这个现金流入的现值就是股票的价值:

$$V=\frac{D_1}{(1+R_S)^1}+\frac{D_2}{(1+R_S)^2}+\cdots+\frac{D_n}{(1+R_S)^n}+\frac{F}{(1+R_S)^n}$$

式中，D_n 为第 n 年的股利；R_S 为收益率；n 为年份；F 为预计股票到期出售的价格。

例 7－6　启航公司打算购入某种股票，预定持有 3 年，预期的收益率为 12%，持有期终了时每股市价预计为 36 元，预计该股票 3 年分得的股利分别为 3 元、4 元和 4.5 元。要求对该种股票进行估价，并根据股票的现实价格做出投资决策。

$V=3\times(P/F,12\%,1)+4\times(P/F,12\%,2)+4.5\times(P/F,12\%,3)+36\times(P/F,12\%,3)=3\times0.893+4\times0.797+4.5\times0.712+36\times0.712=33.99$(元)

当股票的市价等于或低于 33.99 元时，其收益率等于或超过 12%，则可以投资；当高于 33.99 元时，则不宜购买此股票。

2. 零成长股票的价值

假设未来股利不变，其支付过程是一个永续年金，股票价值为：

$$V=\frac{D}{k}$$

例 7－7　若启航公司打算长期持有某股票，且该股票每年分配股利为 3 元，最低报酬率为 15%，则：

$$V=\frac{3}{15\%}=20(\text{元})$$

这就是说，该股票每年给你带来 3 元的收益，在市场利率 15% 的条件下，相当于 20 元的资本收益，其价值为 20 元。

3. 固定成长股票的价值

企业的股利不是固定不变的，而是不断增长的。股票价值为：

$$V=\sum_{t=1}^{\infty}\frac{D_0(1+g)^t}{(1+k)^t}$$

当 g 为常数，并且 $k>g$ 时，上式可简化为：

$$P=\frac{D_0(1+t)}{k-g}=\frac{D_1}{k-g}$$

例 7－8　启航公司报酬率为 15%，年增长率 12%，今年的股利为 2 元/股，则股票的内在价值为：

$$P=\frac{D_0(1+g)}{k-g}=\frac{D_1}{k-g}=\frac{2\times(1+12\%)}{0.15-0.12}=74.67(\text{元})$$

当股价等于或低于 74.67 元时，投资者才可以购买此股票。

4. 非固定成长股票的价值

在实际生活当中，公司的股利并不是固定不变的。一段时间里高速成长，另一段时间正常固定成长或固定不变，在这种情况下，就要分段计算，才能确定股票的价值。

例 7－9　某投资者准备购买启航公司的股票，要求达到 12% 的收益率，该公司今年股利为0.6元/股,预计启航公司未来3年以15%的速度高速增长,而后以9%的速度转入正常的成长。

则启航公司的股票价值为:

首先,计算非正常增长期的股利现值:

年份	股利	现值系数	现值
1	0.6×(1+15%)=0.69	0.893	0.616 2
2	0.69×(1+15%)=0.793 5	0.797	0.632 4
3	0.793 5×(1+15%)=0.912 5	0.712	0.649 7
合计			1.898 3

其次,计算正常成长期股利在第三年末的现值:

$$V_3=\frac{D_4}{k-g}=\frac{0.912\,5\times(1+9\%)}{12\%-9\%}=33.154\,2(\text{元})$$

最后,计算该股票的价值:

$$V=33.154\,2\times0.712+1.898\,3=25.50(\text{元})$$

三、股票投资管理

1. 股票投资的特点

股票投资是公司对外投资中最具挑战性的项目之一,其收益和风险相对都很高。与债券投资相比,公司投资股票的主要特点是:

(1)股票投资是权益性投资,投资者享有一定的经营管理权。普通股股东属股份公司的所有者,有权监督和管理公司的生产经营情况。股票投资属于权益性投资,而债券投资属于债权性投资。

(2)股票投资的收益一般要比债券投资的收益大。股票的价格变动频繁,且其涨落幅度大,只要掌握好买进和卖出的恰当时机,投资者即可获得优厚的回报。当然,股票投资的收益也很不稳定,而债券投资的收益就比较稳定。

(3)股票投资的风险大。与债券投资相比,股票投资的风险较大。股票投资者的收益很大程度上要受到宏观经济状况和股票发行公司的经营状况的影响,而债券投资收益受这些因素的影响程度相对较小。

2. 股票投资方法与技巧

股票投资是一种高风险、高收益的投资,由于涉及的因素很多,投资决策的难度很大。下面介绍几种行之有效的方法与技巧。

(1)"顺势而为"投资策略。就是决策时必须以股价的趋势而定。当整个股市看好时,以买进股票为宜;当股市看淡时,以卖出股票为宜。

(2)"拔档子"操作策略。就是股价下跌以前,卖出自己的股票,待股价下降后再买回来。这是短线投资者常用的策略。

(3)"摊平"操作策略。就是根据不同的情况分次以不同价格购进同一种股票,以求得价格的平均。

上面只介绍了几种方法，股市上还有其他方法，作为投资者必须根据自身情况，灵活掌握，切忌死搬教条，贻误时机。

3. 股票投资优缺点

(1)股票投资的优点：

① 投资收益高。

② 购买力风险低。普通股的股利不固定，在通货膨胀率比较高时，由于物价普遍上涨，股份有限公司盈利增加，股利的支付也随之增加。因此，与固定收益的证券相比，普通股能有效地降低购买力风险。

③ 拥有经营控制权。

(2)股票投资的缺点：

① 求偿权居后。普通股对企业剩余资产和盈利的求偿权居于最后。企业破产时，股东原来的投资可能一无所有。

② 价格不稳定。普通股的价格受多种因素影响，很不稳定。如政治因素、经济因素、投资人的心理因素、企业的盈利状况、风险情况等都会影响股票价格，这样会使股票具有较高的风险。

③ 收入不稳定。普通股股利的多少，视企业经营状况而定，其有无、多寡均无法律上的保证，其收益的风险远远大于固定收益的证券。

第四节　基金投资管理

一、投资基金的概念和分类

(一)投资基金的概念

投资基金是指通过公开发售基金份额募集资金，由基金托管人托管，由基金管理人管理和运用资金，为基金份额持有人的利益，通过资产组合进行的证券投资方式。作为一种大众化的信托投资工具，各国对证券投资基金的称谓不尽相同，如美国称“共同基金”，英国和我国香港地区称“单位信托基金”，日本和我国台湾地区则称“证券投资信托基金”等。

(二)投资基金的分类

1. 按基金的组织形式不同，可分为契约性基金和公司型基金

(1)契约性基金，又称为单位信托，是指专门的投资机构(银行和企业)共同出资组建一家基金管理公司，基金管理公司作为委托人通过与受托人签订“信托契约”的形式发行受益凭证——“基金单位持有证”，来募集社会上的闲散资金。其特点是：

① 单位信托是一项名为信托契约的文件而组建的一家经理公司，在组织结构上，它不设董事会，基金经理公司自己作为委托公司设立基金，自行或再聘请经理人代为管理基金的经营和操作，并通常指定一家证券公司或承销公司代为办理受益凭证——基金单持有证的发行、买卖、转让、交易、利润分配、收益及本益偿还支付。

② 受托人接受基金经理公司的委托，并且以信托人或信托公司的名义为基金注册和开

户。基金户头完全独立于基金保管公司的账户，纵使基金保管公司因经营不善而倒闭，其债权方都不能动用基金的资产。其职责是负责管理、保管处置信托财产、监督基金经理人的投资工作、确保基金经理人遵守公开说明书所列明的投资规定，使他们采取的投资组合符合信托契约的要求。在单位信托基金出现问题时，信托人对投资者负有索偿责任。

(2)公司型基金，又叫做共同基金，指基金本身为一家股份有限公司，公司通过发行股票或受益凭证的方式来筹集资金。投资者购买了该家公司的股票，就成为该公司的股东，凭股票领取股利股息或红利、分享投资所获得的收益。其特点是：

① 共同基金，形态为股份公司，但又不同于一般的股份公司，其业务集中于从事证券投资信托。

② 共同基金的资金为公司法人的资本，即股份。

③ 共同基金的结构同一般的股份公司一样，设有董事会和股东大会。基金资产由公司拥有，投资者则是这家公司的股东，也是该公司资产的最终持有人。股东按其所拥有的股份大小在股东大会上行使权利。

④ 依据公司章程，董事会对基金资产负有安全增值之责任。

为管理方便，共同基金往往设定基金经理人和托管人。基金经理人负责基金资产的投资管理，托管人负责对基金经理人的投资活动进行监督。托管人可以(非必须)在银行开设户头，以自己的名义为基金资产注册。为明确双方的权利和义务，共同基金公司与托管人之间有契约关系，托管人的职责列明在其与共同基金公司签订的“托管人协议”上。如果共同基金出了问题，投资者有权直接向共同基金公司索取。

共同基金和单位信托基金在不同的金融市场上的地位和所占的比重很不相同。美国的基金市场是共同基金称霸的天下；在英国、日本、新加坡，以及台湾和香港地区的基金市场上则是单位信托基金占主导地位。

2. 按基金是否可自由赎回和基金规模是否固定，可分为封闭式基金和开放式基金

(1)封闭式基金，是指基金的发起人在设立基金时，限定了基金单位的发行总额，筹足总额后，基金即宣告成立，并进行封闭，在一定时期内不再接受新的投资。基金单位的流通采取在证券交易所上市的办法，投资者日后买卖基金单位，都必须通过证券经纪商在二级市场上进行竞价交易。封闭式基金属于信托基金，是指基金规模在发行前已经确定、在发行完毕后的规定期限内固定不变并在证券市场上交易的投资基金。

(2)开放式基金，是指基金规模不是固定不变的，而是可以随时根据市场供求情况发行新份额或被投资人赎回的投资基金。

开放式基金不上市交易，一般通过银行申购和赎回，基金规模不固定，基金单位可随时向投资者出售，也可应投资者要求买回的运作方式；封闭式基金有固定的存续期，期间基金规模固定，一般在证券交易场所上市交易，投资者通过二级市场买卖基金单位。封闭式基金就是在一段时间内不允许再接受新的入股以及提出股份，直到新一轮的开放，开放的时候可以决定你提出多少或者再投入多少，新人也可以在这个时候入股。一般开放时间是 1 周而封闭时间是 1 年。

封闭式基金和开放式基金的主要区别如下：

(1)基金规模的可变性不同。封闭式基金均有明确的存续期限(我国为不得少于 5 年)，在此期限内已发行的基金单位不能被赎回。虽然特殊情况下此类基金可进行扩募，但扩募

应具备严格的法定条件。因此，在正常情况下，基金规模是固定不变的。而开放式基金所发行的基金单位是可赎回的，而且投资者在基金的存续期间内也可随意申购基金单位，导致基金的资金总额每日均不断地变化。换言之，它始终处于“开放”的状态。这是封闭式基金与开放式基金的根本差别。

(2)基金单位的买卖方式不同。封闭式基金发起设立时，投资者可以向基金管理公司或销售机构认购；当封闭式基金上市交易时，投资者又可委托券商在证券交易所按市价买卖。而投资者投资于开放式基金时，他们则可以随时向基金管理公司或销售机构申购或赎回。

(3)基金单位的买卖价格形成方式不同。封闭式基金因在交易所上市，其买卖价格受市场供求关系影响较大。当市场供小于求时，基金单位买卖价格可能高于每份基金单位资产净值，这时投资者拥有的基金资产就会增加；当市场供大于求时，基金价格则可能低于每份基金单位资产净值。而开放式基金的买卖价格是以基金单位的资产净值为基础计算的，可直接反映基金单位资产净值的高低。在基金的买卖费用方面，投资者在买卖封闭式基金时与买卖上市股票一样，也要在价格之外付出一定比例的证券交易税和手续费；而开放式基金的投资者需缴纳的相关费用(如首次认购费、赎回费)则包含于基金价格之中。一般而言，买卖封闭式基金的费用要高于开放式基金。

(4)基金的投资策略不同。由于封闭式基金不能随时被赎回，其募集得到的资金可全部用于投资，这样基金管理公司便可据以制定长期的投资策略，取得长期经营绩效。而开放式基金则必须保留一部分现金，以便投资者随时赎回，而不能尽数地用于长期投资。一般投资于变现能力强的资产。

3. 按投资对象不同，可分为国债基金、股票基金、货币市场基金等

(1)国债基金，是一种以国债为主要投资对象的证券投资基金。由于国债的年利率固定，又有国家信用作为保证，因而这类基金的风险较低，适合于稳健型投资者。国债基金的收益会受市场利率的影响，当市场利率下调时，其收益会上升；反之，若市场利率上调，其收益将下降。除此以外，汇率也会影响基金的收益，管理人在购买国际债券时，往往还需要在外汇市场上做套期保值。

(2)股票基金，是指以上市股票为主要投资对象的证券投资基金。股票基金的投资目标侧重于追求资本利得和长期资本增值。基金管理人拟定投资组合，将资金投放到一个或几个国家甚至全球的股票市场，以达到分散投资、降低风险的目的。

(3)货币市场基金，是以货币市场工具为投资对象的一种基金，其投资对象期限在1年以内，包括银行短期存款、国库券、公司债券。银行承兑票据及商业票据等货币市场工具。货币市场基金的优点是：资本安全性高，购买限额低，流动性强，收益较高，管理费用低等，有些还不收取赎回费用。因此，货币市场基金通常被认为是低风险的投资工具。

(4)指数基金是，20世纪70年代以来出现的新的基金品种。特点是：投资组合模仿某一股价指数或债券指数，收益随着即期的价格指数上下波动。当价格指数上升时，基金收益增加；反之，收益减少。基金因始终保持即期的市场平均收益水平，因而收益不会太高，也不会太低。

(5)黄金基金，是指以黄金或其他贵金属及其相关产业的证券为主要投资对象的基金。其收益率一般随贵金属的价格波动而变化。

(6)衍生证券投资基金，是一种以衍生证券为投资对象的基金，包括期货基金、期权基

金、认沽权证基金等。这种基金风险大,因为衍生证券一般是高风险的投资品种。

三、投资基金的财务评价

对投资基金进行财务评价旨在衡量投资基金的经营业绩,为投资者选择合适的基金作为投资对象提供参考。对投资基金财务评价所依据的信息来源主要是公开基金财务报告。

1. 基金的价值

基金的内涵价值是指在基金投资上所能带来的现金净流量。但是,基金内涵价值的具体确定依据与股票、债券等其他证券又有很大的区别。

(1)基金价值。未来的而不是现在的现金流量决定着债券和股票的价值,而基金的价值取决于目前能给投资者带来的现金流量,这种目前的现金流量用基金的净资产价值来表达。基金的价值取决于基金净资产的现在价值,其原因在于:股票的未来收益是可以预测的,而投资基金的未来收益是不可预测的。由于投资基金不断变换投资组合对象,再加上资本利得是投资基金收益的主要来源,变幻莫测的证券价格波动,使得对投资基金未来收益的预计变得不大现实。既然未来不可预测,投资者把握的就是"现在",即基金资产的现有市场价值。

(2)基金单位净值(Net Asset Value,NAV),也称为单位净资产值或单位资产净值。基金单位净值是在某一时点每一基金单位(或基金股份)所具有的市场价值。

在基金净资产价值的计算中,基金的负债除了以基金名义对外的融资借款以外,还包括应付投资者的分红、基金应付给基金经理公司的首次认购费、经理费用等各项基金费用。

相对来说,基金的负债金额是固定的,基金净资产的价值主要取决于基金总资产的价值。这里,基金总资产的价值并不是指资产总额的账面价值,而是指资产总额的市场价值。

(3)基金的报价。基金的价值决定了基金的价格,基金的交易价格是以基金单位净值为基础的,基金单位净值高,基金的交易价格也高。

封闭型基金在二级市场上竞价交易,其交易价格由供求关系和基金业绩决定,围绕着基金单位净值上下波动。开放型基金的柜台交易价格则完全以基金单位净值为基础,通常采用两种报价形式:认购价(卖出价)和赎回价(买入价),开放型基金柜台交易价格的计算方式为:

$$基金认购价=基金单位净值+首次认购费$$

$$基金赎回价=基金单位净值-基金赎回费$$

基金认购价也就是基金经理公司的卖出价,卖出价中的首次认购费是支付给基金经理公司的发行佣金。

基金赎回价也就是基金经理公司的买入价。赎回价低于基金单位净值,是由于抵扣了基金赎回费,以此提高赎回成本,防止投资者的赎回,保持基金资产的稳定性。

收取首次认购费的基金,一般不再收取赎回费。

2. 基金回报率

基金回报率用以反映基金增值的情况,它通过基金净资产的价值变化来衡量。

基金净资产的价值是以市价计量的。基金资产的市场价值增加,意味着基金的投资收益增加,基金投资者的权益也随之增加。年初的 NAV 相当于是购买基金的本金投资,基金回报率也就相当于一种简便的投资报酬率。

3. 有价证券周转率

对投资对象全部是有价证券的基金而言，可以用有价证券周转率来衡量基金的投资组合政策。

有价证券周转率的计算方式与一般企业资产周转率的计算方式相同，都是资产周转额与资产平均余额的比值。有价证券周转率的高低在一定程度上反映了基金的投资组合政策：周转率越高，表明基金投资越偏重于能获取资本利得的投资组合；周转率越高，表明基金投资越偏重于能获取稳定红利收入的投资组合。当然，过高的周转率可以反映出基金投资组合的不稳定，对证券频繁地购买和抛售会带来较高的投资管理成本；过低的周转率只能表明基金没有进取性，也无法判断基金经理人对基金投资的操作能力。

第五节　证券投资组合

一、证券投资组合的概念

证券投资组合又简称为证券组合，是指在进行证券投资时，不是将所有的资金都投向单一的某种证券，而是有选择地投向一组证券。这种同时投资于多种证券的做法称为证券组合投资。

投资者进行组合投资，主要目的是为了规避或分散投资风险，提高投资收益，努力做到提高投资效率与效果。

二、证券组合投资的决策程序

在证券市场上，证券价格变动大，投资风险性也随之增大，特别是长期证券投资，一旦决策失误，就会严重影响企业的财务状况，因此必须合理地、准确地进行证券选择，科学地决策，确保投资收益。通常，证券组合投资决策基本思路如下：

1. 确定企业投资政策

在进行证券投资之前，首先要测定投资的金额和投资目标。投资的金额确定了投资的范围；投资的目标确定了对投资的风险和预期收益的态度，两者取决于企业的财务能力、风险承受能力和投资者的决策态度。一般的投资决策有两种类型：一种是稳健型管理决策，即对投资风险考虑得多一些，宁愿降低一些投资收益；一种是激进型管理决策，即对投资风险考虑得少一些，力争多增加一些投资收益，有时还实行负债投资。但是，无论实行哪一种类型，都应考虑收益和风险因素。

2. 对目标证券进行分析

证券市场情况复杂，证券种类繁多。在证券投资时，首先，要分析投资环境和证券市场趋势，看投资时机是否适宜。其次，要在股票与债券、股票与股票、债券与债券等之间进行选择，有些证券收益可能高一些，但风险比较大。有些证券收益比较固定，风险比较小。要根据不同的政治环境、经济环境和企业的投资政策做出决策。第三，要在股票或债券中合理地进行收益与风险平衡，正确进行证券选择。

3. 证券投资组合的构成及修订

在证券投资中，要分散风险，必须实行多元化投资。要根据所收集的资料，选择既包括高收益、高风险的证券，又包括低收益、低风险的证券，构成一定的投资组合，使其在不同的条件下，都能够获得理想的效果。

企业进行证券组合投资以后，可能因为风险和收益发生了变化，投资者需要选择一个新的组合，这就需要对证券组合进行修订，买进一些新的证券，卖出一些旧的证券，但在执行时必须考虑经纪人的佣金和买卖差价，不要造成过大的交易成本。

4. 投资成果的评价

企业应定期对证券投资成果进行评价，有利于巩固成绩，克服缺点，继续做好投资管理工作。评价的方法主要有两个：一是考察证券资产平均收益率，通过与期望的收益率比较，就可以衡量投资经营的好坏；二是对风险水平进行测定，一般证券的总水平用标准差进行测量。测量风险水平的方法比较复杂，测量结果也难以说明主观的努力程度，因此，必须十分小心，但并不是说可以忽略风险因素。

三、证券组合投资的风险

证券组合投资经常会遇到各种各样的风险，概括地讲，证券投资风险可分为非系统风险和系统风险。

1. 非系统性风险

非系统性风险又叫可分散风险或公司特别风险，是指某些因素对单个证券造成经济损失的可能性，如经营不善导致公司在市场竞争中的失败。这种风险，可通过证券持有的多样化来抵消。如多买几家公司的股票，其中某些股票风险上升，另一些股票风险下降，从而将风险抵消。因而，这种风险称为可分散风险。现举例说明如下。

例 7－10 假设 A 股票和 B 股票构成一个证券组合，共投资 100 万元，每种股票在证券组合中各占 50%，它们的收益率和风险的详细情况见表 7－1。

表 7－1　完全负相关的两种股票构成的证券组合的收益情况

年份	A股票		B股票		AB股票	
	报酬	报酬率	报酬	报酬率	报酬	报酬率
2009	20	40%	20	40%	40	40%
2010	−5	−10%	−5	−10%	−10	−10%
2011	17.5	35%	17.5	35%	35	35%
2012	−2.5	−5%	−2.5	−5%	−5	−5%
2013	7.5	15%	7.5	15%	15	15%
平均收益率(K)	7.5	15%	7.5	15%	15	15%
标准离差(δ)	—	22.6%	—	22.6%	—	22.6%

从表 7－1 可以看出，如果分别持有两种股票，都有很大风险，但如果把它们组合成一个证券组合，则没有风险。

A 股票和 B 股票之所以能结合起来组成一个无风险的证券组合，是因为它们收益的变化正好成相反的循环：当A股票的收益下降时，B股票的收益正好上升；反之亦然。我们把股票A和B叫做完全负相关。这里相关系数 $r=-1.0$。

与完全负相关相反的是完全正相关($r=+1.0$)，两个完全正相关的股票的收益将一起上升或下降，这样的两种股票组成的证券组合，不能抵消任何风险。

从以上分析可知，当两种股票完全负相关($r=-1.0$)时，所有的风险都可以分散掉；当两种股票完全正相关($r=+1.0$)时，从降低风险的角度来看，分散持有股票没有好处(参见表7-2)。实际上，各股票之间不可能完全负相关，也不可能完全正相关，大部分股票间的相关程度在0.5～0.7，在这种情况下，不同股票的投资组合可以降低风险，但又不能全部消除风险。

表7-2　完全正相关的两种股票构成的证券组合的收益情况

年份	A股票		B股票		AB股票	
	报酬	报酬率	报酬	报酬率	报酬	报酬率
2009	20	40%	−5	−10%	15	15%
2010	−5	−10%	20	40%	15	15%
2011	17.5	35%	−2.5	−5%	15	15%
2012	−2.5	−5%	17.5	35%	15	15%
2013	7.5	15%	7.5	15%	15	15%
平均收益率(K)	7.5	15%	7.5	15%	15	15%
标准离差(δ)	—	22.6%	—	22.6%	15	0%

2. 系统性风险

系统性风险又叫不可分散风险或市场风险，是指由于某些因素给市场上所有的证券都带来经济损失的可能性。如国家财政政策和货币政策、宏观经济状况的变化。这些风险影响到所有的证券，因此，不能通过证券组合分散掉。对投资者来说，这种风险是无法消除的，需要投资者在投资过程中承担下来，故称不可分散风险。但这种风险对不同的企业影响是不同的。

系统性风险通常用 β 系数来计量。β 系数是指某种证券的无风险报酬与证券市场全部证券的无风险报酬平均值的比例，反映着个别证券投资的报酬与证券市场全部证券的平均投资报酬的偏离程度。

β 系数反映的是当证券市场的系统风险无法消除时某种证券的安全程度。一般将整个的证券市场 β 系数定为1。如果某种股票的 β 系数等于1，说明其风险情况与整个证券市场的风险情况一致；如果某种股票的 β 系数大于1，说明其风险大于整个证券市场的风险；如果某种股票的 β 系数小于1，说明其风险小于整个证券市场的风险。

从以上分析可知，单个证券的 β 系数可以由有关的投资服务机构提供。那么，投资组合的 β 系数该怎样计算呢？投资组合的 β 系数是单个证券 β 系数的加权平均数，权数为各种证券在投资组合中所占的比重。其计算公式是：

$$\beta_p=\sum_{i=1}^{n}x_i\beta_i$$

通过以上分析，可得出如下结论：

(1)一个股票的风险由两部分组成，它们是可分散风险和不可分散风险；

(2)可分散风险可通过证券组合来消减；

(3)股票的不可分散风险由市场变动所产生，它对所有股票都有影响，不能通过证券组合而消除。不可分散风险是通过β系数来测量的，一些标准的β值如下：

$\beta=0.5$，说明该股票的风险只有整个市场股票风险的一半；

$\beta=1.0$，说明该股票的风险等于整个市场股票的风险；

$\beta=2.0$，说明该股票的风险是整个市场股票风险的两倍。

四、证券投资组合的风险报酬

任何形式的投资都要求对投资承担的风险进行补偿，投资风险越大，要求的投资风险报酬就越高。由于非系统风险可以通过证券投资的多样化予以消减甚至消除，因此，投资组合不要求对非系统风险给予补偿，只关注系统风险。

1. 证券组合投资报酬的类型

(1)必要报酬。是指投资者在投资中要求得到的最低报酬。必要报酬通常由无风险报酬、风险报酬及通货膨胀补贴组成。无风险报酬是指将资金投放某一投资项目上，能够肯定得到的报酬。或者说，是把投资投在某一对象上可以不附有任何风险而稳定得到的报酬。风险报酬是指投资者由于冒着风险进行投资而获得的超过资金时间价值的额外报酬。风险报酬是一种投资风险补偿，这里超过资金时间价值的额外收益，是剔除了通货膨胀因素的。通货膨胀贴补也称为通货膨胀溢价，它是对由于通货贬值而给投资带来的损失的一种补偿：具体有以下关系式：

投资者的必要投资报酬(率)＝无风险报酬(率)＋风险报酬(率)＋通货膨胀补贴(率)

必要报酬是投资者进行证券投资参照的标准，如果投资时机报酬率超过必要报酬率，则投资可行；否则，投资不可行，所以必要报酬率是投资者进行投资的重要衡量标准之一。

(2)实际投资报酬。是投资者通过投资运用后所获得的最终报酬。如果实际投资报酬超过必要报酬，则说明投资取得了较好的收益；相反，则可能出现了投资损失。

(3)边际投资报酬。是投资者追加投资所获得的报酬，或者说是投资者最后投入的一元钱所获得的报酬。通过边际投资报酬可以衡量投资效果。

2. 证券组合投资报酬的构成

投资者进行证券投资组合与单项投资一样，都要求对承担的风险进行补偿，股票的风险越大，要求的报酬就越高。但是，与单项投资不同，证券投资要求补偿的风险只是不可分散风险，而不要求对可分散风险进行补偿。如果有可分散风险的补偿存在，善于科学地进行投资组合的投资者将购买这部分股票，并抬高其价格，其最后的报酬率只反映不能分散的风险。因此，证券组合的风险报酬是投资者因承担不可分散风险而要求的、超过时间价值的那部分额外报酬。可用下列公式计算：

$$R_p=\beta_p(R_m-R_f)$$

式中，R_p 为证券组合的风险报酬率；β_p 为证券组合的 β 系数；R_m 为所有股票的平均报酬率

（由市场上所有股票组成的证券组合的报酬率）；R_f 为无风险报酬率。

例 7-11　启航公司持有由甲、乙、丙三种股票构成的证券组合，共投资 100 万元，它们的 β 系数分别是 2.0、1.0 和 0.5，它们在证券组合中所占的比重分别为 50%、30% 和 20%，股票的市场报酬率为 14%，无风险报酬率为 10%，试确定这种证券组合的风险报酬率。

解：(1)确定证券组合的 β 系数：

$$\beta_p = \sum_{i=1}^{n} x_t\beta_t$$

$$= 50\% \times 2.0 + 30\% \times 1.0 + 20\% \times 0.5\%$$

$$= 1.4$$

(2)计算该证券组合的风险报酬率：

$$R_p = \beta_p(R_m - R_f)$$

$$= 1.4 \times (14\% - 10\%) = 6\%$$

从以上计算中可以看出，在其他因素不变的情况下，风险报酬取决于证券组合的 β 系数，β 系数越大，风险报酬就越大；反之，β 系数越小，风险报酬就越小。

例 7-12　沿用上例，启航公司为降低风险，售出部分甲股票，买进部分丙股票，使甲、乙、丙三种股票在证券组合中所占的比重分别为 20%、30% 和 50%，试计算此时的风险收益率。

解：此时，证券组合的 β 系数值为：

$$\beta_p = \sum_{i=1}^{n} x_t\beta_t$$

$$= 20\% \times 2.0 + 30\% \times 1.0 + 50\% \times 0.5 = 0.95$$

此时，证券组合的风险收益率为：

$$R_p = \beta_p(R_m - R_f)$$

$$= 0.95 \times (14\% - 10\%) = 3.8\%$$

从以上计算可以看出，调整各种证券在证券组合中的比重可改变证券组合的风险程度、风险报酬率。

五、证券组合投资的策略

有效地进行证券组合，可以削减甚至消除可分散风险。有经验的投资者总是将资金分散投资于多种证券，这时就需要证券组合投资的技巧。下面介绍几种常见的证券组合投资的策略和方法。

1. 保守型策略

该策略要求尽量模拟市场现状，将尽可能多的证券包括进来，以便分散全部非系统风险,得到与上市所有证券的平均报酬同样的报酬。这种投资组合能分散全部可分散风险,不需要高深的证券投资的专业知识,管理费用比较低。但这种组合获得的报酬不会高于证券市场上所有证券的平均报酬。因此,此种策略报酬不高、风险不大。

2. 冒险型策略

这种策略要求尽可能多的选择一些成长性好的股票,而少选择低风险、低报酬的股票,取得远远高于平均水平的报酬。这种策略报酬高,风险大。

3. 适中型策略

这种策略认为,证券的价格,特别是股票的价格是由特定企业的经营业绩来决定的,市场上股票价格的一时沉浮并不重要,只要企业经营好,股票价格一定会升到其本来的价值水平。投资时要对证券进行分析,选择绩优股票和债券,组成投资组合。这种投资策略风险不太大,但报酬却比较高。

复习思考题

1. 简述债券投资、股票投资的特点。
2. 简述证券投资组合的风险分析。
3. 简述证券投资组合的策略内容。
4. 股票投资的风险评估方法有几种?
5. 简述债券投资的收益评价。

练习题

1. 启航公司于2009年3月8日投资850元购进一张面值1 000元、票面利率8%、每年付息一次的债券,并于2010年3月8日以900元的价格出售。要求:计算该债券的投资收益率。

2. 启航公司持有甲债券还有4年到期,其面值为1 000元、票面利率为8%、每年付息一次。要求:

(1)若该债券当前市价为825元,请计算出债券到期的收益率。

(2)若当前你希望的期望报酬率为10%,那么你是否会以825元的价格购入该债券,并说明理由。

3. 启航公司于2009年4月1日投资930元购入一张面值1 000元,票面利率为5%,每年付息一次的债券,并与2010年4月1日以980元的价格出售。请计算一下该债券的投资收益率。

4. 启航公司在2009年4月1日投资800万元购买A股票200万股,在2010年、2011年、2012年的3月31日每股各分的现金股利0.2元、0.4元和0.6元,并于2012年4月1日以每股5.5元的价格将股票全部售出,请计算该项投资的投资收益率。

5. 启航公司准备对一种股利固定增长的普通股进行长期投资,基年股利为8元,估计年股利增长率为4%,该公司期望的收益率为12%。要求:计算该股票的价值。

第八章　利润分配与股利政策

［学习目的］　本章主要介绍公司利润分配的基本原理和股利政策的相关内容。通过本章的学习，要求掌握利润分配的构成和程序、利润的预测；掌握目前相关的股利理论，股利分配政策类型和股利分配形式；了解股利支付的程序及方式和影响股利政策的主要因素；理解股票股利、股票分割的含义及其作用。在此基础上达到综合运用所学知识、制定公司股利分配方案的目的。

第一节　利润分配概述

一、利润的构成

利润是企业在一定时期生产经营活动所取得的主要财务成果。它是企业在一定会计期间内实现的收入减去费用后的净额。从整个社会来看，利润是社会再生产的重要资金来源；从企业来看，取得利润是企业生存与发展的必要条件，也是评价一个企业生产经营状况的一个重要指标。所以，利润指标是评价企业经济效益水平和经营管理工作质量的重要依据。

企业的利润总额，即企业在一定时期内实现的盈亏总额，由销售利润（营业利润）、投资净收益和营业外收支净额组成，用公式表示如下：

利润总额＝销售利润±投资净收益±营业外收支净额

1. 销售利润

销售利润，即营业利润，是企业从事各种经营活动所取得的利润，包括主营业务利润和其他业务利润。对于工业企业，销售利润主要包括产品销售利润和其他销售利润两部分。其计算公式为：

销售利润＝产品销售利润＋其他销售利润－管理费用－财务费用

产品销售利润是企业销售主要产品、自制半成品、提供工业性劳务所取得的净收益。产品销售利润是产品销售净收入扣除产品销售成本、产品销售费用和产品销售税金及附加后的余额。其计算公式为：

产品销售利润＝产品销售净收入－产品销售成本－产品销售费用－产品销售税金及附加

其他销售利润是企业经营主营业务以外的其他销售业务活动所产生的净收益。公式为：

其他销售利润＝其他销售收入－其他销售成本－其他销售税金及附加

产品销售利润和其他销售利润扣除管理费用和财务费用后的余额就是销售利润，这是企业利润总额的主要部分。

管理费用和财务费用都是企业的期间费用，用以直接冲减利润。管理费用是指企业行政管理部门为管理和组织生产经营活动而发生的各项费用。财务费用是指企业筹集生产经营所需要资金而发生的费用。

2. 投资净收益

投资净收益是指企业对外投资所取得的投资收益扣除投资损失后的净额，由企业的股票投资、债券投资和其他投资的净收益组成。

投资收益包括对外投资分得的利润、股利、债券利息和投资到期收回或中途转让取得的款项高于账面价值的差额，以及按权益法核算的股权投资在被投资单位增加的净资产中所拥有的数额等。

投资损失包括对外投资到期收回或中途转让取得的款项低于账面价值的差额，以及按权益法核算的股权投资在被投资单位减少的净资产中所拥有的数额等。

3. 营业外收支净额

营业外收支净额是指营业外收入扣除营业外支出后的数额。

营业外收入是指与经营活动无直接关系的各种收入，主要包括固定资产盘盈和出售的净收益、罚没收入、因债务人的原因确实无法支付的应付账款、教育费用附加返还款等。

营业外支出是指与经营活动无直接关系的各种支出，主要包括固定资产盘亏、报废、毁损和出售的净损失，非季节性和非大修理期间的停工损失，职工子弟学校经费和技工学校经费，非常损失，公益性救济性捐赠，赔偿金，以及违约金等。

以上计算的是企业的利润总额，若计算企业的净利润，还应减去所得税。其计算公式为：

$$净利润=利润总额-所得税$$

二、利润分配的原则

利润分配是指企业按照国家财经法规和企业章程，对所实现的净利润在企业和所有者之间、利润分配各项目之间进行分配，是企业财务管理中的重要内容。利润分配涉及国家、企业和职工个人三者之间的利益关系，也关系到整个社会积累与消费的比例关系。因此，企业在进行利润分配时，应当兼顾各方面的利益，遵循以下原则：

1. 规范性原则

所谓规范性原则是指企业在进行利润分配时，应遵守国家有关法律、法规的规定，按照法定的程序进行分配。企业所取得的利润必须先缴纳所得税。这是企业应尽的社会责任，也是国家财政收入的重要组成部分。企业缴纳所得税后的净利润，应按照财经法规的要求合理确定税后利润分配的项目、顺序和比例，尤其是提取盈余公积金不得低于法定比例。

2. 公平原则

所谓公平原则就是在企业的利润分配中应符合市场经济的要求，按照市场经济的原则进行分配。在分配过程中坚持等价交换、公正合理、公平竞争的原则。企业的所有投资者在企业中只以其股权比例享有其合法额权益，不得以其在企业中的特殊地位谋取私利。利润分配的方式应在所有股东之间一视同仁，以保证企业公平竞争。

3. 资本保全原则

所谓资本保全原则就是企业的利润分配必须建立在盈利确认的基础上，必须是企业资本增值的分配，应避免借利润分配进行资本金返还行为的发生。企业在不盈利甚至亏损的情况下不得进行利润分配。

4. 效率原则

所谓效率原则就是在符合公平原则的同时，还要兼顾企业经营者和职工的利益，保证利润分配有利于社会经济的发展。在利润分配中坚持效率的原则，就是正确处理企业利润在国家、企业和个人之间的分配关系，既要有利于提高企业和个人的生产积极性，又不能损害国家的利益。

5. 处理好企业内部积累和消费的关系

企业依法缴纳所得税，按照规定上缴利润后，要有一定比例的留利。企业留利主要包括盈余公积和未分配利润两个部分。企业的利润积累主要用于扩大再生产、抵御经营风险、弥补亏损和职工福利等方面。企业必须根据法律法规规定的企业留利的用途，合理安排企业内部的积累与消费的比例关系，严格约束企业经营管理者的行为，尽量避免"内部人控制"带来的弊端。

三、利润分配的程序

根据《中华人民共和国公司法》、《企业会计制度》等法律法规的规定，企业当期实现的净利润和其他转入的余额，为可供分配的利润。可供分配的利润按照以下顺序进行分配：

1. 弥补以前年度亏损

按照现行企业会计制度规定，企业发生的年度亏损，可以用下一年度的税前利润弥补；下一年度利润不足弥补的，可在5年内连续弥补；5年内不足以弥补的，可用税后利润弥补。这样规定的目的，既可以促使企业尽快扭亏为盈，也可以保证国家税收不受侵占。

2. 提取法定盈余公积金

法定盈余公积金按照净利润扣除弥补以前年度亏损后余额的10%提取，法定盈余公积金达到注册资本的50%时可不再提取。法定盈余公积金可以用于弥补亏损、转赠资本或股本。转赠资本或股本后，法定盈余公积金一般不得低于注册资金的25%。

3. 提取法定公益金

这是企业按照规定的比例从净利润中提取的用于职工集体福利设施的一项基金，提取比例为当年净利润的5%～10%。法定公益金用于职工集体福利时，应当将其转入任意盈余公积。

4. 提取任意盈余公积

这是企业经股东大会或类似机构批准，按照规定的比例从净利润中提取的盈余公积。

5. 向投资者分配利润或股利

在完成规定应提取的各种留存收益后，若企业存在剩余，加上以前年度的未分配利润，可以向投资者分配利润。

股份有限公司可供投资者分配的利润，还应按照以下顺序进行分配：

(1)应付优先股股利，是指企业按照利润分配方案分配给优先股股东的现金股利。

(2)应付普通股股利,是指企业按照利润分配方案分配给普通股的股东股利。

(3)转作资本或股本的普通股股利,是指企业按照利润分配方案以分配股票股利的方式转作的资本或股本。企业以利润转赠的资本,也按照这一顺序进行分配。

可供投资者分配的利润,在经上述分配后,即为未分配利润。未分配利润可留待以后年度进行分配。

第二节 利润预测

利润预测是企业财务预测的重要组成部分,它是在销售预测的基础上,通过对产品的销售数量、价格水平、成本状况进行分析和测算,预测出企业未来一定时期的利润水平。利润预测通常有定性预测和定量预测两种方法。本节主要介绍常见的本量利分析法、相关比率法和因素测算法。

一、本量利分析法

本量利分析法又称损益平衡分析法或盈亏临界分析法,主要根据成本、业务量和利润三者之间的关系,分析某一个因素的变化对其他因素的影响。本量利分析法既可以用于利润预测,也可用于成本和业务量的预测。本量利分析法以成本性态研究为基础。成本按照其成本性态可以分为变动成本、固定成本和混合成本。变动成本是随业务量增长成正比增长的成本;固定成本是指在一定业务量范围内,不受业务量影响的成本;混合成本则介于变动成本和固定成本之间,它是随业务量的增长而增长,但不成正比增长关系的成本,可以将其分解为变动成本和固定成本两部分。在将成本分解为固定成本和变动成本之后,就可以建立本量利的数学模型,进行利润预测和分析。

本量利分析法涉及的相关因素主要包括固定成本、单位变动成本、销售量、单价和利润。这些变量之间的关系可以用以下公式表示:

利润＝销售收入－总成本
＝销售收入－变动成本－固定成本
＝单价×销售量－单位变动成本×销售量－固定成本
＝(单价－单位变动成本)×销售量－固定成本

需要注意的是,上述公式中的利润一般指的是未扣除利息和所得税之前的利润,即息税前利润(*EBIT*)。

上述公式还可以有以下变形形式:

(1)销售量＝(固定成本＋利润)/(单价－单位变动成本)

(2)单价＝(固定成本＋利润)/销售量＋单位变动成本

(3)单位变动成本＝单价－(固定成本＋利润)/销售量

(4)固定成本＝单价×销售量－单位变动成本×销售量－利润

本量利分析中,还有一个非常重要的概念叫边际贡献。边际贡献是指销售收入与相应变动成本之间的差额,也称为贡献边际,用公式表示如下:

边际贡献＝销售收入－变动成本

产品的边际贡献可以理解为产品的销售收入扣除自身的变动成本后给企业所作的贡献，首先用于弥补企业的固定成本。弥补固定成本后若还有剩余即为企业利润，若不足以弥补企业的固定成本则为亏损。

单位产品的销售价格减去产品的单位变动成本就是单位边际贡献，反映企业某种产品的盈利能力，即：

单位边际贡献＝销售单价－单位变动成本

我们也可以用边际贡献率来反映某产品的边际贡献。边际贡献率是边际贡献在销售收入中所占的百分比，反映每一元钱的销售收入所提供的边际贡献。计算公式为：

边际贡献率＝边际贡献/销售收入×100％

＝单位边际贡献/单价×100％

与边际贡献率相对应的概念是变动成本率，变动成本率是指变动成本在销售收入中所占的百分比，公式为：

变动成本率＝变动成本/销售收入×100％

＝单位变动成本/单价×100％

由于销售收入是由边际贡献和变动成本两部分组成的，所以边际贡献率和变动成本率之和应等于1。

根据边际贡献的概念，本量利的基本损益方程式可以变换成边际贡献方程式，如下：

利润＝销售收入－变动成本－固定成本

＝边际贡献－固定成本

＝销售量×单位边际贡献－固定成本

＝销售收入×边际贡献率－固定成本

我们把成本、销售量和利润三者之间的关系在直角坐标系里反映出来的图形称为本量利图，也称盈亏临界图或损益平衡图。如图8-1所示。

图中直角坐标系的横轴表示销售量，纵轴表示成本及销售收入的金额，平行于横轴的直线 F_C 为固定成本线；以原点为起点，以单位变动成本为斜率的直线 T_C 为变动成本线；以原点为起点，以单价为斜率的直线 T_R 为销售收入线。

本量利分析图主要表示的意义为：

(1)固定成本线与横轴之间的距离为固定成本，它不随销售量的变化而变化。

(2)变动成本线与固定成本线的距离为变动成本，它随着销售量的变化而成正比例变化。

(3)变动成本线与横轴之间的距离为总成本，即固定成本和变动成本之和。

(4)销售收入线与变动成本线的交点 P 所对应的业务量 E 为盈亏平衡点，也称为保本点。当销售量大于 E 时，为盈利；当销售量小于 E 时，为亏损。

根据以上本量利的基本原理，可以进行盈亏平衡点的预测。

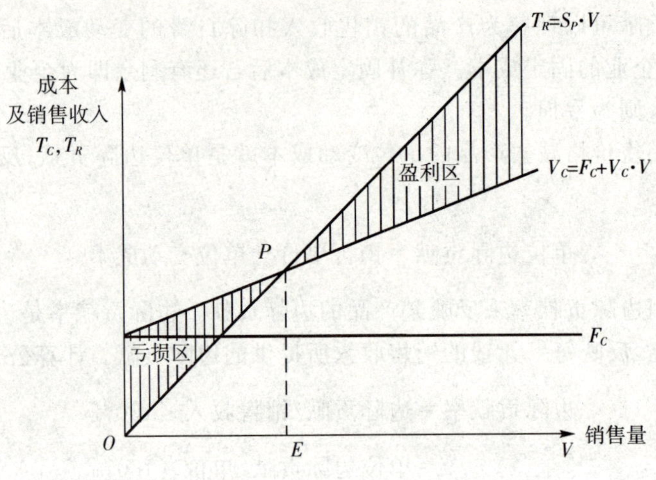

图 8-1　本量利分析图

例 8-1　启航公司生产 A 产品,根据成本分解,A 产品的单位变动成本为 10 元,固定成本总额为 20 000 元,市场上 A 产品每件的销售价格为 15 元。预测该产品的保本销售量和保本销售额。

根据本量利的基本公式,计算保本销售量和保本销售额:

保本销售量＝固定成本总额/(销售单价－单位变动成本)

＝20 000/(15－10)

＝4 000(件)

保本销售额＝保本销售量×销售单价

＝4 000×15

＝60 000(元)

也可以用边际贡献公式来预测该产品的保本销售量和保本销售额。首先计算 A 产品的单位边际贡献和边际贡献率:

单位边际贡献＝销售单价－单位变动成本

＝15－10＝5(元)

边际贡献率＝单位边际贡献/销售单价×100％

＝5/15＝33.33％

其次计算 A 产品的保本销售量和保本销售额:

保本销售量＝固定成本总额/单位边际贡献

＝20 000/5＝4 000(件)

保本销售额＝固定成本总额/边际贡献率

＝20 000/33.33％＝60 000(元)

从预测结果看，当 A 产品的销售量达到 4 000 件时就可以保本；销售量大于 4 000 件时，可以盈利；销售量小于 4 000 件时，则会发生亏损。

二、相关比率法

企业一定时期所实现的利润多少通常与销售收入、资金占用总额等指标密切相关。相关比率法就是根据利润与这些指标之间的内在关系，对计划期间的利润进行预测的一种方法。常用的比率有销售收入利润率、资金利润率等。销售收入利润率和资金利润率一般以基期数为依据，并考虑到计划期有关变动因素加以确定，也可以根据同行业的平均先进水平来确定。

相关比率法的计算公式为：

利润＝预计销售收入×销售收入利润率

利润＝预计平均资金占用额×资金利润率

从公式可知，利润的预测是以销售收入的预测和资金占用额的预测为基础的。销售收入和资金占用额的准确与否直接影响到利润预测的准确性。

例 8－2　启航公司基期的销售收入利润率为 20%，根据对市场的预测分析，计划期的销售收入利润率与基期的相同，预计企业的销售收入为 8 000 万元，试预测企业计划期的利润额。

根据相关比率法，计划期企业的利润额为：

利润＝预计销售收入×销售收入利润率

＝8 000×20%

＝1 600 万元

三、因素测算法

因素测算法是在基期利润水平的基础上，考虑计划期间影响利润变动的各项因素，预测出企业计划期间的利润额。因素测算法是以本量利分析法的基本原理为基础的。影响利润的因素主要有：销售量、销售价格、变动成本、固定成本总额和所得税，在进行因素分析时，主要从两个方面考虑问题，即当产销量、成本、价格发生变动时，对利润的影响程度，或当目标利润发生变动时所需要的产销量、成本、价格的变动。

采用因素测算法预测利润的计算公式为：

计划期利润＝基期利润±计划期各种因素的变动而增加或减少的利润

在采用因素测算法进行利润预测时，首先必须对影响利润的各种因素进行测算，这些因素有外部因素，如市场供需变动对产品销售量和销售价格的影响，也有内部因素，如产品的单位变动成本和固定成本的变化等。然后，将变化了的各种因素代入本量利方程式，测算出对利润的影响结果。通常，销售量、销售价格和利润是正相关的；单位变动成本和固定成本和利润是负相关的。

下面举例说明各项因素变化对企业利润的影响。

例 8－3 启航公司上一年度的甲产品的销售量为 50 000 件，销售单价为 20 元，该产品的单位变动成本为 12 元，固定成本为 80 000 元，该年度的利润总额为 320 000 元。经过对市场供需状况的调查，本年度甲产品的预计销售量为 55 000 件，销售单价为 19 元，据预测，该企业因改进产品设计，单位变动成本可降至 10 元，但固定成本会增加到 90 000 元，试采用因素测算法计算各因素的变化对利润的影响。

根据所给资料，测算各因素变化对利润影响如下：

(1)销售量增加对利润的影响：

$$(55\,000-50\,000)\times 20=100\,000\text{ 元}$$

(2)销售单价降低对利润的影响：

$$(19-20)\times 55\,000=-55\,000\text{ 元}$$

(3)单位变动成本降低对利润的影响：

$$50\,000\times 12-55\,000\times 10=50\,000\text{ 元}$$

(4)固定成本增加对利润的影响：

$$80\,000-90\,000=-10\,000\text{ 元}$$

以上各因素对利润的综合影响为：

$$100\,000-55\,000+50\,000-10\,000=85\,000\text{ 元}$$

计划年度企业利润为：

$$320\,000+85\,000=405\,000\text{ 元}$$

第三节 股利理论与政策

股利政策是现代企业财务管理活动的核心内容之一。一方面，它是公司筹资、投资活动的逻辑延续，是其理财行为的必然结果；另一方面，恰当的股利分配政策，不仅可以树立起良好的公司形象，而且能激发广大投资者对公司持续投资的热情，从而使公司获得长期、稳定的发展条件和机会。

一、股利理论

股利理论是关于企业股利分配与企业价值之间关系的研究理论。在股利分配对企业价值的影响这一问题上，财务理论界存在两大不同的观点：股利无关论和股利相关论。

(一)股利无关论

股利无关论认为，企业是否发放股利，发放的比率高低对企业价值(或股票价格)没有影响。

这一理论是由有“现代财务学之父”之称的美国经济学家莫迪格兰尼(Modigliani)和财务学家米勒(Miller)于 1961 年在《股利政策、增长和股票估价》中提出的，简称 MM 理论。这一理论建立在如下假设前提之上：

(1)企业的投资决策与股利决策彼此独立，投资决策不受股利分配的影响；

(2)不存在股票的发行和交易费用(即没有筹资费用)；

(3)不存在企业所得税和个人所得税；

(4)企业的投资者和管理者能够同等地获得关于未来投资机会的全部信息。

以上假设描述的是一个完美无缺的市场，因而股利无关论又被称为完全市场理论。在以上假设的基础上，股利无关论认为：投资者并不关心股利的分配情况，公司股票价格由公司投资方案和获利能力决定。由于投资者追求财富最大化，而对财富增长的形式：股利和资本利得并无偏好，如果企业留存较多利润用于再投资，将导致股票价格升高，此时尽管股利较低，投资者仍可以出售部分股票换取现金；如果企业较多发放股利，投资者可以现金吸纳股票扩大投资，或寻找同等投资机会；如果企业有理想的投资机会又支付了较高的股利，仍可以募集新股，新的投资者会认可企业的投资机会。

现实中，企业股利政策受到很多因素的影响，例如筹资成本、市场效率、所得税负等，但 MM 理论对股利研究的贡献在于：它为理论成立的假设条件进行了全面系统的分析。

(二)股利相关论

股利相关论认为企业是否分配股利，股利分配比率的高低必然会影响企业价值(或公司股票价格)。股利相关论的代表性观点包括：

1.“在手之鸟”论

“在手之鸟”论源于西方一句谚语：一鸟在手，胜于双鸟在林。该理论认为，因为在现实经济环境中，影响企业价值、公司股票价格的因素很多，并不完全由企业控制，所以投资者对股利收入和资本收益是有偏好的：股利收入相对于资本收益而言是确定的、无风险的收益，就像一只已经抓在手中的小鸟；而资本收益无疑具有更多的不确定性和风险，就像两只还在林中的小鸟，随时可能一去不返。

该理论的主要代表人物包括戈登(M. Gordon)和沃尔特(Walter)等。威廉斯在 1938 年指出：“如果利润不是以股利的形式分配，而是从股东利益出发将之再投资，投资成功则会带来未来的股利，投资失败则化为乌有。”戈登在 1962 年的《投资、融资与公司价值》和 1963 年的《最优投资和财务政策》两篇文章中提出：未来现金支付距今天越远，投资者的不确定感就越强烈，在其他情况相同的条件下，投资者则愿意以较高价格购买那种能提供较多当期股利的股票，以尽早消除不确定感，股利政策将对股票价格产生实际影响。由于该理论认为，要使企业市场价值最大化，就要保持较高的股利支付率，因此也被称为“股利重要论”。

2. 信息传播论

信息传递论认为：股利实际上是向投资者传递有关企业经营状况、盈利能力和发展前景的重要信息，这种信息会立刻反映在企业的股票价格上，因此股利政策与股票价格是相关的。

因为在股票市场上虽然存在很多影响股价的因素，但最主要的还是取决于企业经营状况和盈利能力。与财务报表可以修改、粉饰不同，企业股利发放是以实际盈利能力为基础的，只有企业有充足盈利和充裕现金才能发放现金股利，难以造假。通常投资者会根据企业股利政策的变化对企业未来财务状况和盈利能力加以判断，因此，企业应当制定符合自身发展实际的、具备一定稳定性的股利政策，在盈利增加的情况下适度提高股利支付水平，向投资者传递公司财务状况良好、未来盈利能力可能增强的信息，以增强投资者信心，从而促使股价上升。

3. 税赋差异论

该理论基于现实的政策和法律环境：西方许多国家对股利收入和资本收益征收的所得税率不同，股利收入所得税税率通常会高于资本收益所得的所得税税率；即使税率相同，在这种税率制度下，投资者如果不出售股票就无需缴纳所得税，如果企业少支付股利而将更多收益留存作为再投资，股票价格可能进一步上涨，投资者可以将股利转化为资本所得，获得更高的投资收益。根据该理论，股利政策与企业价值具有相关性，企业采取低股利政策能促使企业成本最小化，企业价值和投资者利益最大化。

二、股利政策

股利政策是企业管理层就是否发放股利、如何发放股利、何时发放股利及发放多少股利等问题制定的方针和策略。股利政策的制定，首先应当综合考虑各种影响因素，结合企业发展实际，做出优化选择。

(一)影响企业股利政策的因素

现实生活中，企业的股利分配是在种种制约因素下进行的，这些影响股利政策的因素主要有：

1. 法律因素

为保障债权人和股东的利益，各个国家都出台了一系列法律法规，我国在《公司法》、《证券法》等法律法规中即对企业的股利分配进行了一定的限制。具体的限制条款包括：

(1)资本保全。规定股利分配的资金来源只能是当期利润和历年累积利润，不能用募集的资本和资本公积发放股利，以保障股东权益资本的完整和债权人利益。

(2)企业积累。规定企业的税后利润必须提取一定比率的法定盈余公积金，只有当公积金累积数达到注册资本的50%时才可以不再提取，以维护企业的发展能力，提高抗风险能力。

(3)净利润限制。规定企业年度累计净利润必须为正数时才可发放股利，以前年度亏损必须足额弥补。

(4)超额累积利润。由于股东接收股利缴纳的所得税高于股票交易的资本利得税，企业可利用累积利润使股价上涨，从而帮助股东避税，因此许多国家都规定企业不得超额累积利润，一旦企业保留盈余超过法律规定水平将被额外征税。目前我国法律对公司累积利润尚未做出限制性规定。

2. 股东因素

股东从自身需求出发，会对企业股利政策持不同立场，这是制定股利政策时必须考虑的一个因素。

(1)股东的收入和税赋。不同的股东由于收入来源不同和税赋差异，对待股利收入和资本利得的态度有明显区别。一方面，依靠股利为主要收入来源的股东往往要求企业支付稳定的股利，如果公司留存较多利润将遭到来自这部分股东的反对；而另一方面，因为股利收入所得税高于股票交易所得税，一些高收入阶层的股东为了避税往往反对公司发放较多股利。不同的企业，应根据自身股东收入的构成状况，制定相应的股利分配政策。

(2)股东的控制权。公司支付较高的股利会导致企业留存利润的减少，进而导致企业通过发行新股或举债筹资。举债会加大企业财务风险，而发行新股会使现有股东的控制权被稀释。因此，当现有股东拿不出更多现金购买新股时，他们宁肯不分配股利而反对募集新股，使自己对公司的控制权旁落。

3. 公司因素

公司自身的经营状况、盈利能力，以及投资与筹资情况，也存在一些影响股利政策的因素。

(1)盈余稳定性。企业是否能获得长期稳定的盈余，是其制定股利政策的重要基础。盈余相对稳定的公司能够较好地把握自己，可以采取高股利或稳定增长的股利政策；而盈余不稳定的公司宜采取低股利政策，可以减少因盈余下降而造成的股利无法支付。股价急剧下降的风险，还可将更多的盈余再投资，以提高公司权益资本比重，降低财务风险。

(2)资产的流动性。保持一定的资产流动性是企业经营必需的。较多的发放现金股利，会减少企业现金持有量，使资产流动性降低。如果企业流动性较高，持有大量货币资金或其他流动资产，可以发放较多的现金股利；反之则不宜发放太多现金股利，保持流动性。

(3)举债能力。具有较强举债能力的企业，因为能够及时筹措到所需现金，可以采取较宽松的股利政策；而举债能力较弱的企业，则应当采取较紧的股利政策，适度留存现金。

(4)投资机会。有着良好投资机会的企业，为对投资提供资金支持，往往发放较少的现金股利；而缺乏良好投资机会同时有大量资金闲置的企业，往往发放较多的现金股利。鉴于此，处于成长期的企业更宜采取低股利政策，处于经营收益期的企业更宜采取高股利政策。

(5)资本成本。与发行新股或筹措债务相比，保留利润不需花费筹资费用，资本成本较低，且具有隐蔽性好、风险小的特点，是一种比较经济的筹资渠道。因此，从资本成本考虑，当企业资金需求扩大时，应当采取低股利政策。

(6)债务需要。具有较高债务偿还需要的企业，可以通过举借新债、发行新股筹集资金偿还债务，也可直接用经营积累偿还债务，如果企业认为后者适当(比如受其他限制难以进入资本市场)，则可以选择低股利政策，减少股利支付。

4. 其他因素

(1)债务契约的限制。企业债务契约尤其是长期债务合同中，往往列有限制企业支付股利的条款以保护债权人利益。通常包括：未来股利只能以签订契约之后的盈余来发放，而不能以过去的保留盈余发放；净营运资金低于某一特定金额时不得发放股利；把利润的一部分以偿债基金准备的形式保留下来；利息保障倍数低于一定水平时不得发放股利等。这些限制条款使企业只能采取较低的股利政策。

(2)通货膨胀。在通货膨胀时，公司折旧基金的购买力水平下降，会导致没有足够的资金重置固定资产，此时企业往往选择留用一定利润来弥补由于折旧、购买力水平下降而造成的重置固定资产的资金缺口。因而在通货膨胀时企业多采用较低的股利发放政策。

(二)股利政策的类型

1. 剩余股利政策

(1)剩余股利政策的含义：剩余股利政策是指公司生产经营所获得的税后利润，首先应较多地考虑满足公司有利可图的投资项目的需要，即增加资本或公积金，只有当增加的资本额达到预定的目标资本结构(最佳资本结构)后，如果有剩余，则派发股利；如果没有剩余，则不派发股利。

(2)剩余股利政策的理论依据是 MM 理论股利无关论。该理论认为，在完全资本市场中，股份公司的股利政策与公司普通股每股市价无关，公司派发股利的高低不会对股东的财富产生实质性的影响，公司决策者不必考虑公司的股利分配方式，公司的股利政策将随公司投资、融资方案的制定而确定。因此，在完全资本市场的条件下，股利完全取决于投资项目需用盈余后的剩余，投资者对于盈利的留存或发放股利毫无偏好。

(3)剩余股利政策的具体应用程序：①根据投资机会计划和加权平均的边际资本成本函数的交叉点确定最佳资本预算水平；②利用最优资本结构比例，预计确定企业投资项目的权益资金需要额；③尽可能地使用留存收益来满足投资所需的权益资本数额；④留存收益在满足投资需要后尚有剩余时，则派发现金股利。

例 8-4 启航公司 2008 年的税后净利润为 8 000 万元，由于公司尚处于初创期，产品市场前景看好，产业优势明显。确定的目标资本结构为：负债资本为 70%，股东权益资本为 30%。如果 2009 年该公司有较好的投资项目，需要投资 6 000 万元。若该公司采用剩余股利政策，则该公司应当如何融资和分配股利。

首先，确定按目标资本结构需要筹集的股东权益资本为：

$$6\ 000 \times 30\% = 1\ 800(\text{万元})$$

其次，确定应分配的股利总额为：

$$8\ 000 - 1\ 800 = 6\ 200(\text{万元})$$

因此，启航公司还应当筹集负债资金：

$$6\ 000 - 1\ 800 = 4\ 200(\text{万元})$$

(4)剩余股利政策的优缺点及适用性。①剩余股利政策的优点：充分利用留存利润筹资成本最低的资本来源，保持理想的资本结构，使综合资本成本最低，实现企业价值的长期最大化。②其缺陷表现在：完全遵照执行剩余股利政策，将使股利发放额每年随投资机会和盈利水平的波动而波动。即使在盈利水平不变的情况下，股利将与投资机会的多寡呈反方向变动。投资机会越多，股利越小；反之，投资机会越少，股利发放越多。而在投资机会维持不变的情况下，则股利发放额将因公司每年盈利的波动而同方向波动。③剩余股利政策一般适用于公司初创阶段。

2. 固定股利支付率政策

(1)固定股利支付率政策含义：固定股利支付率政策是公司确定固定的股利支付率，并长期按此比率从净利润中支付股利的政策。

(2)固定股利支付率政策的理论依据是“一鸟在手”理论。该理论认为，用留存利润再投资带给投资者的收益具有很大的不确定性，并且投资风险随着时间的推移将进一步增大，因此，投资者更倾向获得现在的固定比率的股利收入。如果有 A 和 B 两只股票，它们的基本情况相同，A 股票支付股利，而 B 股票不支付股利，那么，A 股票价格要高于不支付股利 B

股票的价格。同样股利支付率高的股票价格肯定要高于股利支付率低的股票价格。显然，股利分配模式与股票市价相关。

(3)固定股利支付率政策的优缺点及适用性。固定股利支付率政策的优点：①使股利与企业盈余紧密结合，以体现多盈多分、少盈少分、不盈不分的原则；②保持股利与利润间的一定比例关系，体现了风险投资与风险收益的对称。

在实际工作中，固定股利支付率政策的不足之处表现为：①公司财务压力较大。根据固定股利支付率政策，公司实现利润越多，派发股利也就应当越多。而公司实现利润多只能说明公司盈利状况好，并不能表明公司的财务状况就一定好。在此政策下，用现金分派股利是刚性的，这必然给公司带来相当的财务压力。②缺乏财务弹性。股利支付率是公司股利政策的主要内容，股利分配模式的选择、股利政策的制定是公司的财务手段和方法。在公司发展的不同阶段，公司应当根据自身的财务状况制定不同的股利政策，这样更有利于实现公司的财务目标。但在固定股利支付率政策下，公司丧失了利用股利政策的财务方法，缺乏财务弹性。③确定合理的固定股利支付率难度很大。一个公司如果股利支付率确定低了，则不能满足投资者对现实股利的要求；反之，公司股利支付率确定高了，就会使大量资金因支付股利而流出，公司又会因资金缺乏而制约其发展。可见，确定公司较优的股利支付率是一项具有相当难度的工作。

固定股利支付率政策只能适用于稳定发展的公司和公司财务状况较稳定的阶段。

3. 固定股利或稳定增长股利政策

(1)固定股利或稳定的股利政策含义。固定股利或稳定的股利政策是公司将每年派发的股利额固定在某一特定水平上，然后在一段时间内不论公司的盈利情况和财务状况如何，派发的股利额均保持不变。只有当企业对未来利润增长确有把握，并且这种增长被认为是不会发生逆转时，才增加每股股利额。这一政策的特点是：不论经济状况如何，也不论企业经营业绩好坏，应将每期的股利固定在某一水平上保持不变，只有当公司管理当局认为未来盈利将显著地、不可逆转地增长时，才会提高股利的支付水平。

(2)采用该政策的理论依据是“一鸟在手”理论和股利信号理论。该理论认为：①股利政策向投资者传递重要信息。如果公司支付的股利稳定，就说明该公司的经营业绩比较稳定，经营风险较小，有利于股票价格上升；如果公司的股利政策不稳定，股利忽高忽低，这就给投资者传递企业经营不稳定的信息，导致投资者对风险的担心，进而使股票价格下降。②稳定的股利政策，是许多依靠固定股利收入生活的股东更喜欢的股利支付方式，它更利于投资者有规律地安排股利收入和支出。普通投资者一般不愿意投资于股利支付额忽高忽低的股票，因此，这种股票不大可能长期维持于相对较高的价位。③稳定股利或稳定的股利增长率可以消除投资者内心的不确定性，等于向投资者传递了该公司经营业绩稳定或稳定增长的信息，从而使公司股票价格上升。

(3)固定股利或稳定增长股利政策的缺陷及适用性。固定股利或稳定增长股利政策的缺陷表现为两个方面：①公司股利支付与公司盈利相脱离，造成投资的风险与投资的收益不对称；②它可能会给公司造成较大的财务压力，甚至侵蚀公司的留存利润和公司资本。公司很难长期采用该政策。

固定股利或稳定增长股利政策一般适用于经营比较稳定的企业。

4. 低正常股利加额外股利政策

(1)低正常股利加额外股利政策含义。低正常股利加额外股利政策是公司事先设定一个较低的经常性股利额,一般情况下,公司每期都按此金额支付正常股利,只有企业盈利较多时,再根据实际情况发放额外股利。

(2)低正常股利加额外股利政策的理论依据是"一鸟在手"理论和股利信号理论。将公司派发的股利固定地维持在较低的水平,则当公司盈利较少或需用较多的保留盈余进行投资时,公司仍然能够按照既定的股利水平派发股利,体现了"一鸟在手"理论。而当公司盈利较大且有剩余现金时,公司可派发额外股利,体现了股利信号理论。公司将派发额外股利的信息传播给股票投资者,有利于股票价格的上扬。

(3)低正常股利加额外股利政策优点。这种股利政策的优点是股利政策具有较高的灵活性。低正常股利加额外股利政策,既可以维持股利的一定稳定性,又有利于企业的资本结构达到目标资本结构,使灵活性与稳定性较好地相结合,因而为许多企业所采用。

(4)低正常股利加额外股利政策的缺点:①股利派发仍然缺乏稳定性,额外股利随盈利的变化,时有时无,给人漂浮不定的印象;②如果公司较长时期一直发放额外股利,股东就会误认为这是"正常股利",一旦取消,极易造成公司"财务状况"逆转的负面影响,股价下跌在所难免。

三、股利分配方案的确定

股利分配方案的确定,主要是考虑确定以下四个方面的内容:第一,选择股利政策类型,确定是否发放股利(参见表 8-1);第二,确定股利支付率的高低;第三,确定股利支付形式,即确定合适的股利分配形式;第四,确定股利发放的日期等。

1. 选择股利政策类型,确定是否发放股利

表 8-1　公司股利分配政策的选择

公司发展阶段	特　　点	适应的股利政策
初创阶段	公司经营风险高,融资能力差	剩余股利政策
高速发展阶段	产品销量急剧上升,需要进行大规模的投资	低正常股利加额外股利政策
稳定增长阶段	销售收入稳定增长,公司的市场竞争力增强,行业地位已经巩固,公司扩张的投资需求减少,广告开支比例下降,净现金流入量稳步增长,每股净利呈上升态势	稳定增长型股利政策
成熟阶段	产品市场趋于饱和,销售收入难以增长,但盈利水平稳定,公司通常已积累了相当的盈余和资金	固定型股利政策
衰退阶段	产品销售收入锐减,利润严重下降,股利支付能力日细	剩余股利政策

2. 确定以多高的股利支付率分配股利

股利支付率是当年发放股利与当年利润之比,或每股股利除以每股收益。

一般来说，公司发放股利越多，股利的分配率越高，因而对股东和潜在的投资者的吸引力越大，也就越有利于建立良好的公司信誉。一方面，由于投资者对公司的信任，会使公司股票供不应求，从而使公司股票市价上升。公司股票的市价越高，对公司吸引投资、再融资越有利。另一方面，过高的股利分配率政策，一是会使公司的留存收益减少，二是如果公司要维持高股利分配政策而对外大量举债，会增加资金成本，最终必定会影响公司的未来收益和股东权益。

股利支付率是股利政策的核心。确定股利支付率，首先要弄清公司在满足未来发展所需的资本支出需求和营运资本需求，有多少现金可用于发放股利，然后考察公司所能获得的投资项目的效益如何。如果现金充裕，投资项目的效益又很好，则应少发或不发股利；如果现金充裕，但投资项目效益较差，则应多发股利。

3. 确定以什么形式支付股利

现金股利，是股份公司以现金的形式发放给股东的股利。发放现金股利的多少主要取决于公司的股利政策和经营业绩。上市公司发放现金股利主要出于三个原因：投资者偏好、减少代理成本和传递公司的未来信息。公司采用现金股利形式时，必须具备两个基本条件：第一，公司要有足够的未指明用途的留存收益（未分配利润）；第二，公司要有足够的现金。

股票股利，是公司将应分配给股东的股利以股票的形式发放。在我国股票股利通常称为红股，发放股票股利又称为送股或送红股。股票股利是股利分配的主要形式之一。

发放股票股利的动机可归纳以下几点：

(1)可留存公司的现金，减少筹资费用。

(2)可增加股东的人数，扩大股东的代表性。

(3)提高股票流动性和投资者的兴趣。在盈利或现金股利预期不会增加的情况下，股票股利的发放可以有效地降低每股市价，增加股票的流动性，可以有效地提高投资者的兴趣。

(4)可传递公司未来经营绩效的信号和经营者对公司未来的信心。

(5)就中国上市公司而言，还包含“扩大总股本，便于今后配股融通更多资金和刺激股价”两个特殊的动机。

4. 确定何时发放股利

股份公司分配股利必须遵循法定的程序，先由董事会提出分配预案，然后提交股东大会决议，股东大会决议通过分配预案之后，向股东宣布发放股利的方案，并确定股权登记日、除息（或除权）日和股利发放日等。制定股利政策时必须明确这些日期界限。

四、股票分割

1. 股票分割的含义及特点

股票分割又称拆股，是公司管理当局将某一特定数额的新股按一定比例交换一定数量的流通在外普通股的行为。例如，三股换一股的股票分割是指三股新股换取一股旧股。

股票分割不属于某种股利，但其所产生的效果与发放股票股利十分相近。股票分割对公司的资本结构和股东权益不会产生任何影响，一般只会使发行在外的股票总数增加，每股面值降低，并由此引起每股市价下跌，而资产负债表中股东权益各账户的余额都保持不变，股东权益的总额也维持不变。

2. 股票股利和股票分割的比较(参见表 8-2)

表 8-2 股票股利和股票分割的比较

项　　目	股票股利	股票分割
股东的现金流量	不增加	不增加
普通股股数	增加	增加
股票市场价格	下降	下降
股东权益总额	不变	不变
股东权益结构	变化	不变
收益限制程度	有限制	无限制

3. 股票分割的作用

(1)采用股票分割可使公司股票每股市价降低,促进股票流通和交易。

(2)股票分割能有助于公司并购政策的实施,增加对被并购方的吸引力。例如,假设有A、B两个企业,A企业股票每市价为60元,B企业股票每市价为6元,A企业准备通过股票交换的方式对B企业实施并购,如果以A企业1股股票换取B企业10股股票,可能会使B企业的股东在心理上难以承受;相反,如果A企业先进行股票分割,将原来1股分拆为5股,然后再以1∶2的比例换取B企业股票,则B企业的股东在心理上可能会容易接受些。通过股票分割的办法改变被并购企业股东的心理差异,更有利于企业并购方案的实施。

(3)股票分割也可能会增加股东的现金股利,使股东感到满意。

(4)股票分割可向股票市场和广大投资者传递公司业绩好、利润高、增长潜力大的信息,从而能提高投资者对公司的信心。

五、股票回购

1. 股票回购的含义

股票回购是指股份公司出资将其发行流通在外的股票以一定价格购回予以注销或作为库存股的一种资本运作方式。起初,股票回购产生于公司规避政府对现金股利的管制,后来为了有效规避现金股利的税收,股票回购进一步受到公司的青睐。股票回购可减少流通在外的股票数量,相应提高每股收益,降低市盈率,从而推动股价上升或将股价维持在一个合理水平上。与现金股利相比,股票回购对投资者可产生节税效应,也可增加投资的灵活性。对需要现金的股东而言,可选择出卖股票,而对于不需要现金的股东来说,可继续持有股票。从公司管理层来说,派发现金股利会对公司产生未来的派现压力,而回购股票属于非常股利政策,不会对公司产生未来的派现压力。因此,股票回购不仅有利于实现其长期的股利政策目标,也可以防止派发剩余现金造成的短期效应。

2. 股票回购可能对上市公司的经营造成负面影响

(1)股票回购需要大量资金支付回购的成本,易造成资金紧缺,资产流动性变差,影响公司发展潜能。上市公司进行股票回购,首先必须要有资金实力为前提,如果公司负债率较高,再举债进行回购,将使公司资产流动性劣化,造成巨大的偿债压力,则将进一步影响公司正常的生产经营和发展后劲。

(2)回购股票可能使公司的发起人股东更注重创业利润的兑现,而忽视公司长远的发展，损害公司的根本利益。

(3)股票回购容易导致内幕操纵股价。股份公司拥有本公司最准确、最及时的信息，如果允许上市公司回购本公司股票，易导致其利用内幕消息进行炒作，使大批普通投资者蒙受损失，甚至有可能出现借回购之名，行炒作本公司股票的违规之实。

复习思考题

1. 企业利润的构成内容有哪些？
2. 简述企业税后利润分配的基本程序。
3. 利润分配应遵循哪些原则？
4. 利润预测的方法有哪些？
5. 股利理论有哪几种，试比较其异同。
6. 影响企业股利政策的因素有哪些？
7. 常见的股利政策类型有哪些，各自具有什么特点？
8. 股票分割对企业财务状况和经营成果有何影响，股票分割有何作用？
9. 如何区分股票股利和股票分割？
10. 什么是股票回购，股票回购可能对上市公司经营造成哪些负面影响？

练习题

启航公司 2007 年在提取了公积金、公益金后的税后净利润为 900 万元，分配现金股利 400 万元；2008 年提取了公积金、公益金后的税后净利润为 750 万元；2009 年没有计划投资项目。试计算：

(1)若采用剩余股利政策，该公司 2009 年应分配的现金股利为多少？

(2)若采用固定股利支付率政策，该公司 2009 年应分配的现金股利为多少？

(3)若采用稳定增长股利政策(每年增长 2%)，该公司 2009 年应分配的现金股利为多少？

(4)若采用低正常股利加额外股利政策，该公司 2009 年应分配的现金股利为多少？

第九章 财务分析

［学习目的］ 本章主要介绍财务分析的概念、财务分析的方法以及财务指标分析。通过本章的教学，使学生了解财务分析的内容，掌握财务分析的方法以及财务分析指标的计算，能够对企业的财务状况和经营成果进行简单的综合分析。

第一节 财务分析的意义与内容

一、财务分析的含义

财务分析是以会计核算和报表资料为主要依据，参考市场信息等其他相关资料，采用一系列专门的分析技术和方法，对企业等经济组织过去和现在的财务状况、经营成果及未来前景进行分析与评价，从而为企业的投资者、债权者、经营者及其他关心企业的组织或个人了解企业过去、评价企业利弊得失、预测企业发展趋势，做出正确决策提供准确的信息或依据。

不论是静态的资产负债表，还是动态的损益表与现金流量表，他们所提供的有关财务状况和经营成果的信息都是历史性的描述。尽管过去的信息是进行决策的主要依据之一，但过去未必能代表现在和将来。因此，财务报表上所列示的各类项目的金额，如果孤立起来看，是没有多大意义的。必须与其他金额相关联或相比较才能成为有意义的信息，供决策者使用。而这些正是财务分析所要解决的问题。

财务分析可以正确评价企业过去、全面反映企业现状、客观预测企业未来，不仅对企业内部生产经营管理有着重要作用，而且对企业外部投资决策、贷款决策、赊销决策等也有着重要作用，对于正确评价、考核、计划、控制、决策、预测都有着重要作用。

二、财务分析的内容

由于分析主体和分析服务对象的不同，财务分析的具体内容也有差异。各种财务分析主体的分析目的和财务分析服务对象所关心的问题构成了各自的分析体系。财务分析从主体和分析服务对象上看，包括投资者进行的财务分析，经营者进行的财务分析，债权者进行的财务分析，以及其他相关经济组织或者个人所进行的财务分析。

企业的股权投资者进行财务分析，主要关心资本的保值、增值及投资的风险性，因此其进行财务分析的最根本目的，是分析企业的盈利能力指标。与此同时，为了确保资本的保值和增值，还需进行企业的权益结构、偿债能力及营运能力等分析。

企业的债权者一方面要确保投资的安全，另一方面追求相应的报酬或收益，因此其进行财务分析首先要关注企业的偿债能力指标，而且还要与企业的盈利能力相结合进行分析。

企业经营者的总体目标是企业盈利的实现，因此他们首要关心盈利能力分析，不仅如此，企业经营者还需要及时发现生产经营中存在的问题，关注盈利的过程，以期实现盈利的持续增长，进行资产结构分析、营运状况与效率分析、经营风险与财务风险分析、支付能力与偿债能力分析与发展能力分析。

国家行政管理与监督部门进行财务分析的目的，是监督检查经济政策、法规、制度在企业的执行状况，保证财务会计信息和财务分析报告的真实性，为宏观决策提供可靠信息，财务分析的具体内容因其身份而异。

总的来说，财务分析的基本内容包括盈利能力分析、偿债能力分析和营运能力分析。

第二节　财务分析的方法

财务分析的方法灵活多样。随着分析对象、企业实际情况和分析者的不同会采用不同的分析方法。财务分析的方法主要包括比较分析法、比率分析法和因素分析法。

一、比较分析法

比较分析法是财务分析普遍使用的重要的分析方法。它是通过对经济指标在数据上的比较，揭示经济指标之间数量关系和差异的一种分析方法。对经济指标的对比，主要有以下二种形式：

1. 水平分析法

水平分析法是将企业报告期财务状况的信息与企业某一历史时期财务状况的信息进行对比，研究其发展变动情况的一种财务分析方法，主要应用于会计报表的分析。其基本要点是将不同时期的同项数据和指标进行对比，对比的方式有：

(1)变动绝对值，变动绝对值是将不同时期、相同项目的绝对金额进行比较，以观察其绝对额的变化趋势。其计算公式是：

$$\text{变动绝对值}=\text{分析期某项指标实际数}-\text{基期该项指标实际数}$$

(2)增减变动率，其计算公式是：

$$\text{变动率}=\frac{\text{变动绝对值}}{\text{基期该项指标实际数}}\times 100\%$$

需要注意的是，进行水平分析时，应将变动量与变动率两种对比方式结合运用，仅用单独一种方法得出的结论往往是片面的，甚至是错误的。

2. 趋势分析法

趋势分析法是根据企业两期或者连续几个时期的分析资料，运用指数或完成率的计算，确定分析期各有关项目的变动情况和趋势的一种财务分析方法。趋势分析法的主要方式有：

(1)定基分析法：定基分析是以分析期间某一固定时期的报表数据作为基数，其他各期与之对比，计算百分比，以观察各期相对于基数的变化趋势。

(2)环比分析法：环比分析是以某一期的数据和上期的数据进行比较，计算趋势百分比，以观察每期的增减变化情况。

趋势分析法通常采用定基分析法。

二、比率分析法

比率分析法是根据财务报告中相互关联的两个项目或多个项目的绝对数进行对比，通过计算经济指标的比率来考察、计量和评价经济活动变动程度的一种分析方法。比率分析法是财务分析最基本、最重要的方法。

1. 比率的分类

根据分析的不同内容和要求，可以计算出各种不同的比率进行比较，主要有：

(1)相关指标比率。即根据经济活动客观存在的相互依存、相互联系的关系，将两个性质不同但又相关的指标加以对比，求出比率，然后进行各种形式的比较，以便从经济活动的客观联系中更深刻的认识经济活动，更合理的评价经济效益的高低。例如，通过计算，比较资产负债率、流动比率、速动比率等相关指标比率，便可以了解企业的偿债能力及其变动情况，或与先进水平的差距等。

(2)构成比率，又称结构比率。通过计算某项经济指标各个组成部分占总体的比重，来探讨各个部分在结构上的变化规律，反映报表中的项目与总体关系情况及其变动情况的财务分析方法。其计算公式是：

$$构成比率=\frac{某个组成部分数额}{该总体总额}\times 100\%$$

通过对各项目的占比分析，可以了解各项目在企业生产经营中的重要性。一般来说，项目比重越大，说明其重要程度越高，对总体的影响越大。计算、比较构成比率，可以了解某项经济指标的构成情况，以便考察总体部分的变化情况。例如，计算、比较资产构成比例、负债构成比率、所有者权益构成比率等，就可以了解这些构成比率是否合理，其发展变化是否更加有效，等等。通常情况下，在计算出某项目的比重后，需要与前期同项目比重进行对比，研究各项目的比重变动情况。

(3)动态比率。将某项经济指标不同时期的数额对比，求出动态比率，然后进行各种形式的比较，以便考察该项经济指标的发展变化趋势和增减速度。

2. 比率分析法应遵循的原则

在财务分析中，比率分析虽然用途最广，但也有其局限性。其突出表现在：比率分析属于静态分析，对于预测未来并非绝对合理可靠。比率分析所使用的数据为账面价值，难以反映物价水准的影响。运用比率分析法，必须遵循以下原则：

(1)相关性：所分析的项目要具有可比性、相关性，将不相关的项目进行对比是没有意义的；

(2)一致性：即比率的分子项与分母项必须在时间、范围等方面保持口径一致；

(3)科学性：选择比较的标准要注意行业因素、生产经营情况差异性等因素；

(4)全面性：要注意将各种比率有机地联系起来进行全面分析，而不可孤立地看某种或某类比率，同时要结合其他分析方法，这样才能对企业的历史、现状和将来有一个详尽的分析和了解，达到财务分析的目的。

三、因素分析法

因素分析法是依据财务分析指标与其影响因素之间的关系，按照一定的程序和方法，从数量上确定各因素对分析指标差异影响程度的一种技术方法。一个经济指标往往是由多种因素构成的。它们各自对某一个经济指标都有不同程度的影响，只有将这一综合性的指标分解成各个构成因素，才能从数量上把握每一个因素的影响程度。因素分析法既可以全面分析各因素对某一经济指标的影响，又可以单独分析某个因素对经济指标的影响，在财务分析中应用颇为广泛。因素分析法根据其分析特点可分为连环替代法和差额计算法两种。

(一)连环替代法

连环替代法是指在多种因素对某一指标综合发生作用的情况下，将分析指标分解为各个可以计量的因素，并根据因素之间的内在依存关系，顺次用各因素的比较值(通常为实际值)替代基准值(通常为标准值或计划值)，据以测定经济指标变动的原因及其各因素的影响程度。

1. 连环替代法的一般程序

(1)确定分析指标与其影响因素之间的关系。即将财务指标在计算公式的基础上进行分解或扩展，从而得出各影响因素与分析指标之间的关系式。

(2)根据分析指标的报告期数值与基期数值列出两个关系式，确定分析对象。

(3)连环顺序替代，计算替代结果。即以基期指标体系为计算基础，用实际指标体系中的每一个因素的实际数顺序地替代其相应的基期数，每次替代一个因素，替代后的因素被保留下来不再返回为基期数。

(4)比较各因素的替代结果，确定各因素对分析指标的影响程度。每个因素替换以后，均会得出一个综合指标的结果，将每个因素替换以后的结果与替换以前的结果相减，即可得出该替换因素变动对综合指标的影响数额。

(5)检验分析结果。将各因素的影响额汇总相加与综合指标变动的总差异相比较，确定其计算的正确性。即将各因素对分析指标的影响额相加，其代数和应等于分析对象。如果二者相等，说明分析结果可能是正确的；但是如果二者不相等，则说明分析结果一定是错误的。

设某一分析指标 P 是由相互联系的 A、B、C 三个因素相乘得到，报告期(实际)指标和基期(计划)指标为：报告期(实际)指标 $P_O=A_O\times B_O\times C_O$，基期(计划)指标 $P_S=A_S\times B_S\times C_S$；在测定各因素变动对指标 P 的影响程度后按顺序进行：

分析对象：$\Delta P=P_O-P_S$

基期(计划)指标：　$P_S=A_S\times B_S\times C_S$；　(9-1)

第一次替代：　$A_O\times B_S\times C_S$；　(9-2)

第二次替代：　$A_O\times B_O\times C_S$；　(9-3)

第三次替代：　$A_O\times B_O\times C_O$；　(9-4)

式(9-2)一式(9-1)得：A 变动对 P 的影响。

式(9-3)一式(9-2)得：B 变动对 P 的影响。

式(9-4)－式(9-3)得：C 变动对 P 的影响。

把各因素变动综合起来，总影响：$\Delta P = P_O - P_S$

2. 应用连环替代法过程中必须注意几个问题

(1)因素分解的相关性。构成经济指标的因素要能够反映形成该指标差异的内在构成原因。经济指标与它的构成因素之间不仅能够构成一种代数式，而且必须存在真正的因果关系。

(2)分析前提的假定性。连环替代法计算的各因素变动的影响数，会因替代计算的顺序不同而有差别，即其计算结果只是在某种假定前提下的结果，为此，财务分析人员在具体运用此方法时，应注意力求使这种假定是合乎逻辑的假定，是具有实际经济意义的假定，这样才不会妨碍分析的有效性。

(3)因素替代的顺序性。连环替代法是严格按照各因素的排列顺序逐次以一个因素的实际数替换其基数。替换的顺序不一样，则计算结果就不一样。在实际工作中，一般将各因素区分为数量指标和质量指标，替换顺序的确定原则是：先换量的因素，再换质的因素，并按照影响指标的重要性程度来安排各因素的替换顺序，如果同时出现几个数量指标或几个质量指标，应先替换数量指标，后替换质量指标。除此之外，还可按照先替换基本因素、后替换从属因素的方法，确定连环替代法的因素替换顺序。

(4)顺序替代的连环性：即计算每一个因素变动时，都是在前一次计算的基础上进行，并采用连环比较的方法确定因素变化影响结果。只有保持这一连环性，才能使所计算出来的各因素的影响等于所要分析的综合经济指标的总差异。

(二)差额分析法

差额分析法也称绝对分析法，它是连环替代法的一种简化形式，即利用各个因素的比较值与基准值之间的差额，在其他因素不变的假定条件下，来计算各因素对分析指标的影响。仍以连环替代法使用的财务指标为例：实际与基期的总差异为 $P_O - P_S$，这一总差异同时受到 A、B、C 三个因素的影响，它们各自的影响程度可分别由下式计算求得：

A 因素变动的影响：$(A_O - A_S) \times B_S \times C_S$

B 因素变动的影响：$A_O \times (B_O - B_S) \times C_S$

C 因素变动的影响：$A_O \times B_O \times (C_O - C_S)$

最后，可以将以上三大因素各自的影响数相加就应该等于总差异 $P_O - P_S$。

需要注意的是，并非所有的连环替代法都可以运用差额分析法进行简化，尤其在各影响因素之间不是连乘的情况下，运用差额分析法必须格外慎重。

中国《企业财务通则》中为企业规定的三种财务指标为：一是偿债能力指标，包括资产负债率、流动比率、速动比率；二是营运能力指标，包括应收账款周转率、存货周转率；三是盈利能力指标，包括资本金利润率、销售利税率(营业收入利税率)、成本费用利润率等。

例 9-1 影响总资产报酬率的因素主要有总资产周转率和销售息税前利润率，根据表 9-1 中启航公司的资料，分别运用连环替代法和差额替代法分析总资产周转率和销售息税前利润率变动对总资产报酬率的影响。

其中：

$$总资产报酬率=\frac{利润总额+利息支出}{资产平均总额}=\frac{营业收入}{资产平均总额}\times\frac{利润总额+利息支出}{营业收入}\times100\%$$

$$=总资产周转率\times销售息税前利润率\times100\%$$

表 9-1　**启航公司资产经营盈利能力分析表**　(单位:元)

项　目	2008 年	2007 年	差异
营业收入	1 250 000	1 020 000	
利润总额	310 300	290 252	
利息支出	41 500	42 560	
息税前利润	351 800	332 812	
平均总资产	8 070 078	7 992 050	
总资产周转率	15.49%	12.76%	2.73%
销售息税前利润率	28.14%	32.63%	−4.49%
总资产报酬率	4.36%	4.16%	0.20%

(1)运用连环替代法分析:

实际指标体系:15.49%×28.14%=4.36%

基期指标体系:12.76%×32.63%=4.16%

分析对象:4.36%−4.16%=0.20%

进行连环替代,并计算每次替代后的结果:

基期指标:　12.76%×32.63%=4.16%　(9-5)

第一次替代:　15.49%×32.63%=5.05%　(9-6)

第二次替代:　15.49%×28.14%=4.36%　(9-7)

式(9-6)−式(9-5)得总资产周转率的影响为:5.05%−4.16%=0.89%

式(9-7)−式(9-6)得销售息税前利润率的影响为:4.36%−5.05%=−0.69%

检验分析结果:−0.69%+0.89%=0.20%

(2)运用差额替代法分析:

分析对象:4.36%−4.16%=0.20%

因素分析:

① 总资产周转率的影响:(15.49%−12.76%)×32.63%=0.89%

② 销售息税前利润率的影响:(28.14%−32.63%)×15.49%=−0.69%

分析结果表明,启航公司本年总资产报酬率比上年提高了0.20%,主要是由于尽管销售息税前利润率的下降使总资产报酬率下降了0.69%,但该公司2008年总资产周转率加快,使总资产报酬率上升了0.89%,因此启航公司本年总资产报酬率比上年提高了0.20%。

由此可见，要提高企业总资产报酬率，增强企业的盈利能力，要从提高企业总资产周转率和销售息税前利润率两方面努力。

第三节　偿债能力分析

偿债能力是指企业偿还到期债务的能力。偿债能力分析包括短期偿债能力的分析和在期偿债能力的分析两个方面。

一、短期偿债能力分析

短期偿债能力，也称支付能力，是指企业以流动资产的变现偿还流动负债的能力。它反映企业偿付日常到期债务的实力。企业能否及时偿付到期的流动负债，是反映企业财务状况好坏的重要标志。影响企业短期偿债能力的因素主要有：企业的流动资产结构、流动负债结构、融资能力、经营现金流量水平等。

反映企业短期偿债能力的财务指标主要有：流动比率、速动比率、现金流动负债比率。

1. 流动比率

流动比率也称银行家比率，是企业在某一时点上可以动用的流动资产与流动负债的比率，它表明企业每一元流动负债有多少流动资产作为偿还的保证。流动比率反映企业承受流动资产贬值的能力和企业用可在短期内转变为现金的流动资产偿还到期的流动负债的能力。其计算公式是：

$$流动比率=\frac{流动资产}{流动负债}$$

流动比率越高，表明企业流动资产占用资金来源于结构性负债的越多，企业投入生产经营的营运资本越多，而且表明企业可以变现的资产数额大，企业偿还短期债务的能力就越强，债权人的权益越有保证。如果流动比率过低，则表示企业可能难以如期偿还债务。但是，流动比率也不能过高，过高则表明企业流动资产占用较多，会影响资金的使用效率和企业的获利能力。按照西方企业的长期经验，一般认为，流动比率的下限为 1∶1，适当比例为 2∶1，达到 2∶1 的比例时，企业财务状况稳定可靠，除了满足日常生产经营的流动资金需要外，还有足够的财力偿付到期短期债务。但这一比例对大多数中国企业是不实际的，而且近年来，流动比率呈现出下降的趋势。正常情况下，部分行业的流动比率参考如表 9－2：

表 9－2　　部分行业的流动比率经验数值表

行业	经验数值	行业	经验数值
汽车	1.1	电子	1.45
化工	1.20	商业	1.65
制药	1.25	玻璃	1.30
建材	1.25	机械	1.80
啤酒	1.75	餐饮	>2
房地产	1.2	计算机	2.0

需要注意的问题是：

(1)企业短期偿债能力取决于流动资产对于流动负债的相互关系，而与企业规模无关。企业规模大，流动资产多，并不代表企业短期偿债能力强。

(2)对企业短期偿债能力的判断必须结合所在行业的平均标准。例如工业企业有较多存货，应收账款占的比例大，所以流动资产规模较大，流动比率较高。

(3)一般来说，流动比率越高，企业的短期偿债能力越强。但流动比率高还可能是由于应收账款占用过多，以及在产品、产成品呆滞、积压的结果。因此，分析流动比率还需注意流动资产的结构、流动资产的周转情况、流动负债的数量与结构等情况。

(4)要注意人为因素的影响。由于流动比率是根据资产负债表的资料进行计算的，体现的仅仅是账面上的支付能力，使用流动比率进行短期偿债能力评价时，要注意企业管理人员是否出于一定目的进行了调整。

2. 速动比率

速动比率，也称酸性实验比率，是企业速动资产与流动负债的比率。速动资产包括货币资金、短期投资、应收票据、应收账款、其他应收款项等流动资产。存货、预付账款、待摊费用、一年内到期的非流动资产和其他流动资产等则不应计入。这一比率用以衡量企业流动资产中可以立即用于偿付流动负债的财力。其计算公式是：

$$速动比率=\frac{速动资产}{流动负债}$$

其中：速动资产＝货币资金＋短期投资＋应收账款＋应收票据

＝流动资产－存货－预付账款－待摊费用－待处理流动资产损失

$$保守速动比率=\frac{现金+证券+应收账款}{流动负债}$$

速动比率可用作流动比率的辅助指标。有时企业流动比率虽然较高，但流动资产中易于变现、可用于立即支付的资产很少，则企业的短期偿债能力仍然较差。因此，速动比率能更准确地反映企业的短期偿债能力。根据经验，一般认为速动比率1∶1较为合适。它表明企业的每一元短期负债，都有一元易于变现的资产作为抵偿。如果速动比率过低，说明企业的偿债能力存在问题；但如速动比率过高，则又说明企业因拥有过多的货币性资产，而可能失去一些有利的投资和获利机会。部分行业的速动比率参考如表9-3：

表9-3　部分行业的速动比率经验数值表

行业	经验数值	行业	经验数值
汽车	0.85	电子	0.95
化工	0.90	商业	0.45
制药	0.90	玻璃	0.45
建材	0.90	机械	0.90
啤酒	0.90	餐饮	>2
房地产	0.65	计算机	1.25

使用流(速)动比率的不足之处有：

(1)各行业的存货流动性和变现性有较大差别，流动比率指标不能反映由于流动资产中存货不等造成的偿债能力差别，因此需要用存货周转天数指标补充说明；

(2)在计算流动比率时，包括了变现能力较差的存货和无法变现的待摊费用，影响了该指标评价短期偿债能力的可靠性，需要用速动比率指标作补充；

(3)流(速)动比率不能反映企业的日现金流量；

(4)流(速)动比率只反映报告日期的静态状况，企业很容易通过一些临时措施或账面处理，形成账面指标不实，如通过虚列应收账款，少提准备，提前确认销售或将下一年度赊销提前列账，少转销售成本增加存款金额等；

(5)流(速)比率不能量化地反映潜在的变现能力因素和短期债务。

3. 现金流量比率

现金流量比率，是企业一定时期的净额同流动负债的比率，该指标从现金流入和流出的动态角度对企业的实际偿债能力进行考察，反映本期经营活动所产生的现金净流量足以抵付流动负债的倍数。其计算公式是：

$$现金流量比率=\frac{经营现金净流量}{年末流动负债}\times 100\%$$

式中，经营现金净流量是指一定时期内，由企业经营活动所产生的现金及现金等价物的流入量与流出量的差额。该指标是从现金流入和流出的动态角度对企业实际偿债能力进行考察。

现金流量比率越大，表明企业经营活动产生的现金净流量越多，越能保障企业按期偿还到期债务。当该指标大于或者等于1时，表示企业流动负债的偿还有可靠保证。该指标越大，表明企业经营活动产生的现金净流量越多，越能保障企业按期偿还到期债务。但也并不是越大越好，该指标过大则表明企业流动资金未能得到充分的运用，盈利能力不强。

需要注意的问题是：

(1)本期经营活动现金流量净额是当前会计年度的经营结果，而流动负债是年初和年末需要偿还债务的平均余额，二者的会计期间不同。使用该比率，需要考虑未来一个会计年度影响经营活动现金流量变动的因素。

(2)由于净利润与经营活动产生的现金净流量有可能背离，有利润的年份不一定有足够的现金(含现金等价物)来偿还债务，所以在利用以收付实现制为基础计量的现金流量比率指标时，一定要考查其能否充分体现企业经营活动所产生的现金净流量，并且可以在多大程度上保证当期流动负债的偿还，以直观地反映出企业偿还流动负债的实际能力。

二、长期偿债能力分析

长期偿债能力，指企业偿还长期负债的能力。影响长期偿债能力的因素主要有：企业的盈利能力、投资效果、权益资金的增长和稳定程度、权益资金的实际价值以及企业经营现金流量等。企业的长期负债，包括长期借款、应付长期债券等。

1. 负债比率

负债比率，又称资产负债率，是企业负债总额对资产总额的比率。它表明企业资产总额中，债权人提供资金所占的比重，以及企业资产对债权人权益的保障程度。这一比率越小，表明企业的长期偿债能力越强。其计算公式如下：

$$负债比率=\frac{负债总额}{资产总额}\times 10\%$$

负债比率也表示企业对债权人资金的利用程度。从企业所有者的角度来说，如果此项比率较大，表明利用较少的自有资本投资，形成较多的生产经营用资产，不仅扩大了生产经营规模，而且在经营状况良好的情况下，还可以利用财务杠杆的原理，得到较多的投资利润。但如果这一比率过大，则表明企业的债务负担重，企业的资金实力不强，债务能力就缺乏保证，债权人蒙受损失的可能性越大，也会影响企业的筹资能力。该指标的保守比例为不高于50%，适当比例为60%～70%，一旦资产负债率超过100%，则说明企业资不抵债，有濒临倒闭的危险，视为达到破产的警戒线。因此，任何企业都必须根据自身的实际情况，确定一个适度的标准。

2. 股东权益比率和权益总资产率

股东权益比率是所有者权益同资产总额的比率。该比率是反映企业长期偿债能力保证程度的重要指标，反映企业资产中有多少是所有者投资形成的。其计算公式是：

$$股东权益比率=\frac{股东权益}{总资产}$$

股东权益比率应当适中。如果权益比率过小，表明企业过度负债，容易削弱公司抵御外部冲击的能力。而权益比率过大，则意味着企业没有积极地利用财务杠杆作用来扩大经营规模。股东权益比率与负债比率之和按同口径计算应等于1。股东权益比率是从另一个侧面来反映企业的长期财务状况和长期偿债能力，当债权人将资金借给股东权益比率较高的企业，由于有较多的企业自有资产做偿债保障，债权人全额收回债权就不会有问题，即使企业清算时资产不能按账面价值收回，债权人也不会有太大损失。

股东权益比率的倒数，称为权益总资产率，又称业主权益乘数，说明企业资产总额是股东权益的多少倍，即企业的股东权益支撑着多大规模的投资。其计算公式是：

$$业主权益乘数=\frac{总资产}{股东权益}$$

该项比率越大，表明股东投入的资本在资产总额中所占的比重越小，企业对负债经营利用得越充分，财务风险越大。

3. 产权比率

产权比率又称负债与股东权益比率，是负债总额与所有者权益之间的比率。它通过债务负担与偿债保证程度的相对关系来反映企业投资者权益对债权人权益的保障程度。这一比率越低，表明企业的长期偿债能力越强，债权人权益的保障程度越高，承担的风险越小，但企业就不能充分地发挥负债的财务杠杆效应。其计算公式是：

$$产权比率=\frac{负债总额}{股东权益}$$

产权比率指标反映了由债权人提供的资本与股东提供的资本的相对关系，反映企业基本财务结构是否稳定。从股东的角度来看，在通货膨胀加剧时期，企业多借债可以把损失和风险转嫁给债权人；在经济繁荣时期，多借债可以获得额外的利润；在经济萎缩时期，少借债可以减少利息负担和财务风险。比率高，是高风险、高报酬的财务结构；比率低，是低风险、低报酬的财务结构。该比率与资产负债率的区别是：资产负债率侧重于分析债务偿付安全性的物质保障程度，负债与股东权益比率侧重于揭示财务结构的稳健程度以及自有资金对偿债风险的承受能力。企业设置的产权比率标准值通常为1.2。

4. 利息保障倍数

利息保障倍数又称已获利息倍数，是指企业生产经营所获得的息税前利润与利息费用的比率。它是测定企业以获取的利润偿付负债利息能力的指标。企业生产经营所获得的息税前利润对于利息费用的倍数越多，说明企业支付利息费用的能力越强。其计算公式是：

$$利息保障倍数=\frac{息税前利润总额}{利息支出}$$

其中：息税前利润总额＝利润总额＋利息支出

＝净利润＋所得税＋利息支出

利息保障倍数不仅反映了企业获利能力的大小，而且反映了获利能力对偿还到期债务的保证程度，它既是企业举债经营的前提依据，也是衡量企业长期偿债能力大小的重要标志。国际经验标准通常认为该指标为3时较为适当，并且要维持正常偿债能力，利息保障倍数至少应大于1，比值越高，企业长期偿债能力越强。如果利息保障倍数过低，企业将面临亏损、偿债的安全性与稳定性下降的风险。现实经济中，该指标达到什么水平并没有具体的标准，应根据历史的经验，结合行业特点或行业标准进行评价。企业设置的利息保障倍数的标准值通常为2.5。

需要说明的是，在利用利息保障倍数指标时应该注意到，会计上是采用权责发生制来核算收入和费用的，这样，本期的利息费用未必就是本期的实际利息支出，而本期的实际利息支出也未必是本期的利息费用；同时，本期的息税前利润与本期经营活动所获得的现金也未必相等。因此已获利息倍数的使用应该与企业的经营活动现金流量结合起来；另外最好比较本企业连续几年的该项指标，并选择最低指标年度的数据作为标准。

例9-2 根据启航公司各报表中的数据（参见表9-5、表9-6、表9-7），分析该公司的偿债能力：

$$(1)流动比率=\frac{流动资产}{流动负债}=\frac{4\ 169\ 031}{1\ 592\ 746.85}=2.62$$

$$(2)速动比率=\frac{速动资产}{流动负债}=\frac{815\ 131+66\ 000+598\ 200+5\ 000+10\ 000}{1\ 592\ 746.85}=0.99$$

$$(3)现金流量比率=\frac{经营现金净流量}{年末流动负债}\times 100\%=\frac{365\ 531}{1\ 592\ 746.85}\times 100\%=22.95\%$$

$$(4)负债比率=\frac{负债总额}{资产总额}\times 100\%=\frac{2\ 752\ 746.85}{8\ 088\ 031}\times 100\%=34.03\%$$

(5)股东权益比率 $=\frac{\text{股东权益}}{\text{总资产}}=\frac{5\,335\,284.15}{8\,088\,031}=65.97\%$

(6)业主权益乘数 $=\frac{\text{总资产}}{\text{股东权益}}=\frac{8\,088\,031}{5\,335\,284.15}=1.52$

(7)产权比率 $=\frac{\text{负债总额}}{\text{股东权益}}=\frac{2\,752\,746.85}{5\,335\,284.15}=0.52$

(8)利息保障倍数 $=\frac{\text{息税前利润总额}}{\text{利息支出}}=\frac{\text{利润总额}+\text{利息支出}}{\text{利息支出}}=\frac{310\,300+41\,500}{41\,500}$

$=8.5$

注:假定财务费用全部为利息支出。

第四节　营运能力分析

营运能力是指企业利用资金运营的效率和效益。资产运用效率高,企业就可以以较少的投入获取较多的收益,反之亦然。营运能力分析包括流动资产周转情况分析、固定资产周转情况分析和总资产周转情况分析。

一、流动资产周转情况分析

反映流动资产周转情况的指标主要有应收账款周转率、存货周转率和流动资产周转率。

1. 应收账款周转率

应收账款周转率是反映应收账款周转速度的指标,它是一定时期内赊销收入净额与应收账款平均余额的比率。应收账款周转率有两种表示方法。一种是应收账款在一定时期内(通常为一年)的周转次数,另一种是应收账款的周转天数即所谓应收账款账龄。应收账款周转次数的计算公式如下:

$$\text{应收账款周转率(次)}=\frac{\text{赊销收入净额}}{\text{应收账款平均余额}}$$

其中:赊销收入净额=销售收入-现销收入-销售退回-销售折让

$$\text{应收账款平均余额}=\frac{\text{期初应收账款}+\text{期末应收账款}}{2}$$

在一定时期内应收账款周转的次数越多,表明应收账款的变现能力越强,企业管理工作的效率越高。这不仅有利于企业及时收回贷款,减少或避免发生坏账损失的可能性,而且有利于提高企业资产的流动性,提高企业短期债务的偿还能力。在进行应收账款分析时,还要注意企业是否存在由于过度提高应收账款周转次数而没有充分利用赊销来扩大销售规模,提高盈利水平。

应收账款周转天数的计算公式如下:

$$应收账款周转期(天)=\frac{360}{应收账款周转次数}$$

应收账款周转天数，反映了年度内应收账款平均变现一次所需要的天数。周转天数越少，说明应收账款变现的速度越快。企业资金被外单位占用的时间越短，管理工作的效率越高。

通过以上方式计算的应收账款周转速度，不仅能反映企业的营运能力，而且由于应收账款是企业流动资产的重要组成部分，其变现速度和变现程度是企业流动比率的重要补充，它也反映着企业的短期偿债能力，通过应收账款账龄指标与原定的赊销期限进行对比，还可以评价购买单位的信用程度，以及企业原定的信用条件是否恰当。

需要注意的问题是：

(1)应收账款是因商品购销关系而产生的债权资产，而不是单指会计核算上的应收账款科目，一般包括应收账款和应收票据。

(2)应收账款周转次数计算公式中的分子，从理论上说应为赊销收入净额，但赊销收入净额属于企业的商业机密，因此，这里用营业收入净额代替赊销收入净额。

2. 存货周转率

存货周转率是一定时期内企业销货成本与存货平均余额间的比率。它是反映企业销售能力和流动资产流动性的一个指标，也是衡量企业生产经营各个环节中存货运营效率的一个综合性指标。在流动资产中，存货所占比重较大，存货的流动性将直接影响企业的流动比率。因此，必须特别重视对存货的分析。其计算公式如下：

$$存货周转率(次)=\frac{营业成本}{平均存货余额}$$

其中：$平均存货余额=\frac{期初存货+期末存货}{2}$

存货周转率依产业差异而有不同表现。但就同一产业而言，存货周转率是一个充分反映公司经营管理水平的指标。加快存货周转，可以增强偿债能力，即减少资金占用，压缩负债规模，而且可以增强盈利能力。存货周转速度越快，存货的占用水平越低，流动性越强，存货转换为现金或应收账款的速度越快，企业的短期偿债能力及获利能力越强，反之亦然。企业通常设置的标准值为3。

存货周转率还可以衡量存货的储存是否适当，是否能保证生产不间断地进行和产品有秩序的销售。存货既不能储存过少，造成生产中断或销售紧张；又不能储存过多形成呆滞、积压。值得一提的是，假如经济处于通货膨胀状况，存货增加不一定是坏事。存货周转率也反映存贷结构合理与质量合格的状况。因为只有结构合理，才能保证生产和销售任务正常、顺利地进行，只有质量合格，才能有效地流动，从而达到存货周转率提高的目的。存货是流动资产中最重要的组成部分，往往达到流动资产总额的一半以上。因此，存货的质量和流动性对企业的流动比率具有举足轻重的影响，进而影响企业的短期偿债能力。存货周转率的这些重要作用，使其成为综合评价企业营运能力的一项重要的财务比率。

存货周转率也可以用周转天数表示，其计算公式如下：

$$存货周转期(天)=\frac{360}{存货周转次数}$$

企业通常设置的存货周转天数的标准值为120。

3. 流动资产周转率

流动资产周转率是指一定时期内流动资产的周转次数或周转一次所需要的天数，是销售收入与流动资产平均余额的比率。它是衡量流动资产周转速度的重要指标，可以反映全部流动资产的利用效率。计算公式如下：

$$流动资产周转率=\frac{营业收入}{平均流动资产总额}$$

一般情况下，周转速度快，会相对节约流动资产，等于相对扩大资产投入，增强企业盈利能力；周转速度慢，则需要补充流动资产参与周转，形成资金浪费，降低企业盈利能力。流动资产周转率用周转天数表示时，周转一次所需要的天数越少，表明流动资产在经历生产和销售各阶段时占用的时间越短，周转越快。生产经营任何一个环节上的工作得到改善，都会反映到周转天数的缩短上来。按天数表示的流动资产周转率，能更直接地反映生产经营状况的改善，便于比较不同时期的流动资产周转率，因此，应用较为普遍。

二、固定资产周转情况分析

固定资产周转率也称固定资产利用率，是指企业年销售收入净额与固定资产平均净值的比率。它是反映企业固定资产周转情况，从而衡量固定资产利用效率的一项指标。其计算公式为：

$$固定资产周转率=\frac{营业收入}{固定资产平均净值}$$

固定资产周转率高，表明企业固定资产利用充分，同时也能表明企业固定资产投资得当，固定资产结构合理，能够充分发挥效率。反之，如果固定资产周转率不高，则表明固定资产使用效率不高，提供的生产成果不多，企业的营运能力不强。

固定资产周转率的注意事项：

(1)这一指标的分母采用固定资产净值，因此指标的比较将受到折旧方法和折旧年限的影响，应注意其可比性问题。具体来说，运用固定资产周转率时，需要考虑固定资产净值因计提折旧而逐年减少，因更新重置而突然增加的影响；在不同企业间进行分析比较时，还要考虑采用不同折旧方法对净值的影响等。

(2)当企业固定资产净值率过低(如因资产陈旧或过度计提折旧)，或者当企业属于劳动密集型企业时，这一比率就可能没有太大的意义。

三、总资产周转情况的分析

总资产周转率是指企业在一定时期主营业务收入净额同平均资产总额的比率。总资产周转率是综合评价企业全部资产经营质量和利用效率的重要指标，其计算公式为：

$$总资产周转率(次)=\frac{营业收入}{平均资产总额}$$

总资产周转率是考察企业资产运营效率的一项重要指标，体现了企业经营期间全部资产从投入到产出的流转速度，反映了企业全部资产的管理质量和利用效率。通过该指标的对比分析，可以反映企业本年度以及以前年度总资产的运营效率和变化，发现企业与同类企业在资产利用上的差距，促进企业挖掘潜力，积极创收，提高产品市场占有率，提高资产利用效率。一般情况下，该数值越高，表明企业总资产周转速度越快。销售能力越强，资产利用效率越高。企业通常设置的标准值为0.8。

总资产周转率在应用中存在的缺陷如下：

总资产周转率公式中的分子是指扣除折扣和折让后的销售净额，是企业从事经营活动所取得的收入净额；而分母是指企业各项资产的总和，包括流动资产，长期股权投资，固定资产，无形资产等。众所周知，总资产中的对外投资，给企业带来的应该是投资损益，不能形成销售收入。可见公式中的分子、分母口径不一致，进而导致这一指标前后各期及不同企业之间会因资产结构的不同失去可比性。

例 9-3 据表 9-4 中启航公司的资料，对该公司进行营运能力分析。

表 9-4 **启航公司营运资产的资料**

营运资产	起初余额	期末余额
应收账款	662 400	664 200
存货	249 260	2 484 70
流动资产	4 168 565	4 169 031
固定资产	2 201 000	2 201 000
总资产	8 052 125	8 088 031

备注：应收账款为表 9-5 资产负债表中应收账款与应收票据的数值之和。

$$(1)\text{应收账款周转率(次)}=\frac{\text{赊销收入净额}}{\text{应收账款平均余额}}=\frac{1\,250\,000}{662\,400+664\,200/2}=\frac{1\,250\,000}{663\,300}$$

$$=1.88$$

$$\text{应收账款周转期(天)}=\frac{360}{\text{应收账款周转次数}}=\frac{360}{1.88}=191.5$$

$$(2)\text{存货周转次数}=\frac{\text{营业成本}}{\text{平均存货余额}}=\frac{750\,000}{249\,260+248\,470/2}=\frac{750\,000}{2\,488\,650}=3$$

$$\text{存货周转期(天)}=\frac{360}{\text{存货周转次数}}=\frac{360}{3}=120$$

$$(3)\text{流动资产周转率}=\frac{\text{营业收入}}{\text{平均流动资产总额}}=\frac{1\,250\,000}{4\,168\,565+4\,169\,031/2}=\frac{1\,250\,000}{4\,168\,798}=0.3$$

$$(4)\text{固定资产周转率}=\frac{\text{营业收入}}{\text{固定资产平均净值}}=\frac{1\,250\,000}{2\,201\,000+2\,201\,000/2}=\frac{1\,250\,000}{2\,201\,000}=0.57$$

$$(5)\text{总资产周转率(次)}=\frac{\text{营业收入}}{\text{平均资产总额}}=\frac{1\,250\,000}{8\,052\,125+8\,088\,031/2}\times 100\%$$

$$=\frac{1\,250\,000}{8\,070\,078}\times 100\%=15.49\%$$

第五节　盈利能力分析

盈利能力是企业在一定时期内赚取利润的能力。反映公司盈利能力的指标很多，通常使用的主要有：总资产报酬率、净值报酬率、销售净利率、销售毛利率、成本费用利润率、市盈率、每股利润等。利润率越高，盈利能力越强；利润率越低，盈利能力越差。

一、企业盈利能力一般分析

1. 总资产报酬率

总资产报酬率，也称资产净利率或投资报酬率，是公司在一定时期内的净利润与资产总额的比率（有时分子也可用息税前利润进行计算）。计算公式为：

$$总资产报酬率=\frac{利润总额+利息支出}{资产平均总额}\times 100\%$$

$$其中：资产平均总额=\frac{期初资产总额+期末资产总额}{2}$$

总资产报酬率通过把公司一定期间的利润与公司的资产相比较来衡量企业利用资产获取利润的能力，可表明公司资产利用的效果。指标值越高，表明资产的利用效率越高，资产的盈利能力越强，说明公司在增加收入、资金使用等方面取得了良好的效果；否则相反。

影响总资产报酬率高低的因素主要有：产品的价格、单位成本低、产品的产量和销售的数量、资金占用量的大小等。根据因素分解法，影响总资产报酬率的因素主要有两个：总资产周转率和销售息税前利润率。总资产报酬率与各个影响因素之间的关系为：

$$\begin{aligned}总资产报酬率&=\frac{营业收入}{平均总资产}\times\frac{利润总额+利息支出}{营业收入}\times 100\%\\&=总资产周转率\times 销售息税前利润率\times 100\%\end{aligned}$$

2. 净资产报酬率

净资产收益率反映公司所有者权益的投资报酬率，也叫净值报酬率或权益报酬率，具有很强的综合性，是最重要的财务比率。其计算公式是：

$$净资产收益率=\frac{净利润}{期初所有者权益合计+期末所有者权益合计}\times 100\%$$

净资产收益率越高，说明企业所有者权益的盈利能力越强。影响该指标的因素，除了企业的盈利水平以外，还有企业所有者权益的大小。对所有者来说，该比率越大，投资者投入资本的收益水平越高，盈利能力越强。评价标准通常包括社会平均利润率、行业平均利润率或资本成本率等，企业设置的标准值通常为 0.08。在我国，该指标既是上市公司对外必须披露的信息内容之一，也是决定上市公司能否配股进行再融资的重要依据。

净资产收益率越高，说明企业自有投资的经济效益越好，投资者的风险越少，值得投资和继续投资。因此，它是投资者和潜在投资者进行投资决策的重要依据。对企业经营者来说，如果资本收益率高于债务资金成本率，则适度负债经营对投资者来说是有利的；反之，如果资本收益率低于债务资金成本率，则过高的负债经营就将损害投资者的利益。

根据因素分解法，影响净资产报酬率主要因素有：总资产报酬率、负债利息率、企业资本结构及所得税率等。净资产报酬率与各个影响因素之间的关系为：

$$净资产报酬率=\left[总资产报酬率+(总资产报酬率-负债利息率)\times\frac{负债}{净资产}\right]\times(一所得税率)$$

3. 收入利润率

收入利润率是企业利润总额与企业收入净额的比率。它反映出在企业销售收入中，职工为社会劳动新创价值所占的份额。其基本计算公式是：

$$收入利润率=\frac{利润额}{企业收入}\times 100\%$$

收入利润率是一个综合性的指标体系，根据不同的收入与利润关系主要包括营业收入利润率、营业收入毛利率、总收入利润率、销售净利率、销售息税前利润率等。

$$收入利润表\begin{cases}总收入利润率=\dfrac{利润总额}{总收入}\\ 营业收入利润率=\dfrac{营业利润}{营业收入}\\ 销售净利润率=\dfrac{净利润}{营业收入}\\ 销售息税前利润率=\dfrac{息税前利润额}{营业收入}\\ 营业收入毛利率=\dfrac{营业收入-营业成本}{营业收入}\end{cases}$$

收入利润率越高，表明企业为社会新创价值越多，贡献越大，也反映企业在增产的同时，为企业多创造了利润，实现了增产增收。分析时应根据分析目的与要求，选择适当的标准值，如行业标准值、全国标准值、企业目标值等。

4. 成本费用利润率

成本费用利润率也称经济效益指标，是反映企业生产经营过程中发生的耗费与获得的收益之间关系的指标。主要用于评价公司在报告期的投入产出情况，以及对成本的控制水平等。其基本计算公式是：

$$成本费用利润率=\frac{利润率}{成本费用额}$$

成本费用利润率具体的指标形式如下：

$$\text{成本费用利润率}\begin{cases}\text{全部成本费用利润率}=\dfrac{\text{利润总额}}{\text{营业费用}+\text{营业外支出}}\\[2ex]\text{营业成本利润率}=\dfrac{\text{营业利润}}{\text{营业成本}}\\[2ex]\text{营业费用利润率}=\dfrac{\text{营业利润}}{\text{营业费用}}\end{cases}$$

成本费用利润率是一个能直接反映增收节支、增产节约效益的指标，该比率越高，表明企业耗费所取得的收益越高。企业生产销售的增加和费用开支的节约，都能使这一比率提高。

二、上市公司盈利能力分析

1. 每股收益

也称每股利润，是指普通股每股所取得的净利润。该指标中的净利润是利润总额扣除应缴所得税的税后利润，如果发行了优先股还要扣除优先股应分的股利，然后除以流通股数，即发行在外的普通股平均股数。其计算公式是：

$$\text{每股收益}=\frac{\text{净利润}-\text{优先股股息}}{\text{流通股数}}$$

其中：$\text{流通股数}=\text{期初发行在外的普通股股数}+\text{当期新发行普通股股数}\times\dfrac{\text{已发行时间}}{\text{报告期时间}}$

$$-\text{当期回购普通股股数}\times\frac{\text{已回购时间}}{\text{报告期时间}}$$

2. 市盈率

市盈率，又称价格—盈余比率，是普通股每股市价与每股收益的比率，它表示投资者对从某种股票获得1元利润所愿支付的价格，是衡量上市公司盈利能力的一个重要指标。通常股票投资者通过对市盈率的比较，来作为投资选择的参考。其计算公式是：

$$\text{市盈率}=\frac{\text{每股市价}}{\text{每股收益}}$$

一般情况下，该项比率越高，表明企业获利的潜力越大。反之，则表明企业的前景并不乐观。但是必须注意的是：当企业发生亏损或者全部资产利润率很低时，每股收益为负或趋近于零，此时市盈率会很高，因此，必须结合其他指标进行综合评价。

3. 股利发放率

股利发放率是每股股利分配额与当期的每股收益之比，反映普通股股东从每股的全部获利中分到的份额。其计算公式是：

$$\text{股利发放率}=\frac{\text{每股股利}}{\text{每股收益}}\times 100\%$$

其中：$\text{每股股利}=\dfrac{\text{现金股利总额}}{\text{流通股数}}$

借助于股利发放率指标，投资者可以了解一家上市公司的股利发放政策，其高低根据企业对资金需要量的具体情况而定，并无固定的衡量标准。并且，每股股利反映的是上市公司每一普通股获取股利的大小。每股股利越大，公司股本获利能力就越强；每股股利越小，公司股本获利能力就越差。但必须注意的是，上市公司每股股利发放多少，除了受上市公司获利能力大小影响以外，还取决于公司的股利发放政策。如果公司为了增强公司发展的后劲而增加公司的公积金，则当前的每股股利必然会减少；反之，则当前的每股股利会增加。

4. 股利报偿率

股利报偿率，亦称股利与市价比率，是企业发放的每股股利与股票市场价格之比。在市盈率一定的情况下，股利报偿率越高，则股利发放率也越高；反之亦然。其计算公式是：

$$\text{股利报偿率}=\frac{\text{每股股利}}{\text{每股市价}}$$

例 9-4 A 企业 2008 年初发行在外的普通股股数为 50 万股，当年 4 月 1 日增发了 8 万股，7 月 1 日回购了 16 万股，该公司 2008 年属于普通股的净利润为 390 000 元，普通股股利实发数为 320 000 元，每股市价为 8.5 元，对 A 企业的盈利能力分析如下：

(1)2008 年该企业流通股数为：

$$\text{流通股数}=50+8\times\frac{9}{12}-16\times\frac{6}{12}=48(\text{万股})$$

$$(2)\text{每股收益}=\frac{\text{净利润}-\text{优先股股息}}{\text{流通股数}}=\frac{390\ 000}{480\ 000}=0.8125$$

$$(3)\text{每股股利}=\frac{\text{现金股利总额}}{\text{流通股数}}=\frac{320\ 000}{480\ 000}=0.67$$

$$(4)\text{市盈率}=\frac{\text{每股市价}}{\text{每股收益}}=\frac{8.5}{0.812\ 5}=10.46$$

$$(5)\text{股利发放率}=\frac{\text{每股股利}}{\text{每股收益}}\times100\%=\frac{0.67}{0.812\ 5}\times100\%=82.46\%$$

$$(6)\text{股利报偿率}=\frac{\text{每股股利}}{\text{每股市价}}=\frac{0.67}{8.5}\times100\%=7.88\%$$

例 9-5 根据启航公司各报表的有关数据(参见表 9-5、表 9-6、表 9-7)，对该公司进行盈利能力分析如下：

$$(1)\text{总资产报酬率}=\frac{\text{利润总额}+\text{利息支出}}{\text{资产平均总额}}\times100\%$$

$$=\frac{310\ 300+41\ 500}{8\ 052\ 125+8\ 088\ 031/2}\times100\%=4.36\%$$

(2)给出启航公司 2008 年期初所有者权益合计值为 5 274 471.85，则：

$$\text{净资产收益率}=\frac{\text{净利润}}{\text{期初所有者权益合计}+\text{期末所有者权益合计}/2}\times100\%$$

$$=\frac{217\ 500}{5\ 335\ 284.15+5\ 274\ 471.85}\times 100\%=\frac{217\ 500}{5\ 304\ 878}\times 100\%=44.1\%$$

(3)总收入利润率$=\frac{\text{利润总额}}{\text{总收入}}=\frac{310\ 300}{1\ 250\ 000+50\ 000+31\ 500}=\frac{310\ 300}{1\ 331\ 500}=23.3\%$

$$\text{销售净利润率}=\frac{\text{净利润}}{\text{营业收入}}=\frac{217\ 500}{1\ 250\ 000}=17.4\%$$

(4)营业收入利润率$=\frac{\text{营业利润}}{\text{营业收入}}\times 100\%=\frac{280\ 000}{1\ 250\ 000}\times 100\%=22.4\%$

$$\text{营业成本利润率}=\frac{\text{营业利润}}{\text{营业成本}}=\frac{280\ 000}{750\ 000}\times 100\%=37\%$$

(5)营业费用利润率$=\frac{\text{营业利润}}{\text{营业费用}}$

$$=\frac{280\ 000}{750\ 000+2\ 000+20\ 000+187\ 100+41\ 500+900}\times 100\%$$

$$=\frac{280\ 000}{1\ 001\ 500}\times 100\%=27.96\%$$

备注：营业费用＝营业成本＋营业税费＋期间费用＋资产减值准备

第六节　现金流量分析

现金流量分析是财务分析的重要组成部分，现金流量信息能够说明企业一定期间现金流入和流出的原因，反映企业经营状况是否良好、资金是否紧缺，揭示企业的偿债能力和支付股利的能力，分析企业未来获取现金的能力，评价收益质量以及投资活动和筹资活动，因此，现金流量分析对企业的投资者、债权人及其管理者都有着十分重要的意义。现金流量的财务比率分析通常包括流动性分析、获取现金能力、财务弹性分析以及收益质量分析四部分。

一、现金流动性分析

所谓流动性，是指将资产迅速转变为现金的能力。现金流动性分析主要是考察企业经营活动产生的现金流量与债务之间的关系，主要指标有：现金到期债务比、现金流动负债比、债务保障率。

1. 现金到期债务比

现金到期债务比是经营现金净流量与本期债务的比值，以经营活动的现金净流量与本期到期的债务比较，可以体现企业的偿还到期债务的能力。企业设置的标准值通常为 1.5，其计算公式是：

$$\text{现金到期债务比}=\frac{\text{经营现金净流量}}{\text{本期到期的债务}}$$

其中，经营现金净流量是现金流量表中的“经营活动产生的现金流量净额”；本期到期的债务是指本期到期的长期债务和本期应付的应付票据。

2. 现金流动负债比

现金流动负债比是经营现金净流量与流动负债的比值，该指标反映了企业能够用来偿还债务的方式，除借新债还旧债方式外，一般是经营活动的现金流入方式。企业设置的标准值通常为0.5，其计算公式是：

$$现金流动负债比=\frac{经营现金净流量}{流动负债}$$

3. 债务保障率

债务保障率是经营现金净流量与负债总额的比值，此项比率越高，表明公司承担债务的能力越强。这个比率同时也体现了企业的最大付息能力。企业设置的标准值通常为0.25，其计算公式是：

$$现金债务总额比=\frac{经营现金净流量}{债务总额}$$

二、获取现金能力

获取现金能力是指经营现金净流入和投入资源的比值。投入资源可以是销售收入、总资产、营运资金、净资产或普通股股数等。分析获取现金能力的主要指标有：销售现金比率、每股经营现金净流量和全部资产现金回收率。

1. 销售现金比率

销售现金比率，体现企业通过销售获取现金的能力。该比率反映每1元销售收入得到的净现金，其数值越大越好。比率越高，表明企业的收入质量越好，资金利用效果越好。企业设置的标准值通常为0.2，但要注意计算结果要与过去相比，与同业相比，这样才能确定高低。

$$销售现金比率=\frac{经营现金净流量}{销售收入}$$

其中：销售收入是指销售收入和应向购买者收取的增值税税额。

2. 每股营业现金净流量

每股营业现金净流量反映每股发行在外的普通股票平均占有的现金流量。该指数所表达的实质上是作为每股盈利的支付保障的现金流量，其值越大越好。

$$每股营业现金净流量=\frac{经营现金净流量}{普通股股数}$$

3. 全部资产现金回收率

全部资产现金回收率指标说明公司全部资产获取现金的能力，体现了企业资产回收的含义。回收期越短，说明资产获现能力越强。企业设置的标准值通常为0.06。

$$全部资产现金回收率=\frac{经营现金净流量}{资产总额}\times 100\%$$

三、财务弹性分析

财务弹性是指公司适应经济环境变化和利用投资机会的能力，这种能力来源于企业自身产生的现金和支付现金需要的比较。现金流量超过需要，有剩余的现金，适应性就强。支付要求可以是投资需求或承诺支付等。反映财务弹性的财务比率指标有：现金满足投资比率和现金股利保障倍数。

1. 现金满足投资比率

现金满足投资比率，说明企业一定时期内经营产生的现金满足资本支出、存货增加和发放现金股利的能力，通常为5年，其值越大越好。该比率越大，说明资金自给率越高。达到1时，说明公司可以用经营活动获取的现金满足扩充所需资金；若小于1，则说明公司是靠外部融资来补充。其计算公式是：

$$现金满足投资比率=\frac{一定时期经营活动现金净流量}{同期资本支出+同期存货增加+同期现金股利}\times 100\%$$

2. 现金股利保障倍数

现金股利保障倍数，是指经营活动净现金流量与现金股利支付额之比，反映企业用年经营活动现金流量支付现金股利的能力。该比率越大，说明支付现金股利的能力越强。企业设置的标准值通常为2。其计算公式是：

$$现金股利保障倍数=\frac{每股营业现金净流量}{每股现金股利}$$

四、收益质量分析

收益质量是指报告收益与公司业绩之间的关系。如果收益能如实反映公司业绩，则认为收益的质量好；如果收益不能很好地反映公司业绩，则认为收益的质量不好。从现金流量表的角度来看，收益质量分析主要是分析会计收益与现金净流量的比率关系，其主要的财务比率是营运指数。

$$营动指数=\frac{经营现金净流量}{经营所得现金}$$

其中：经营现金流量＝经营所得现金－经营性营运资产净增加额

$$经营所得现金=经营净收益+非付现费用$$

$$=净利润-非经营收益+非付现费用$$

关于收益质量的信息，列示在现金流量表的补充资料中。其中，“非经营收益”涉及处置固定资产、无形资产和其他资产的损失、固定资产报废损失、财务费用、投资损失等项目；“非付现费用”涉及计提的资产减值准备、固定资产折旧、无形资产摊销、长期待摊费用摊销、待摊费用的减少、预提费用的增加等项目。

营运指数小于1，说明收益质量不够好；接近1，说明企业可以用经营获取的现金与其应获现金相当，收益质量高。首先，营运指数小于1，说明一部分收益尚没有取得现金，停留在实物或债权形态，而实物或债权资产的风险大于现金，应收账款能否足额变现是有疑问的，存货也有贬值的风险，所以未收现的收益质量低于已收现的收益。其次，营运指数小于1，说明营运资金增加了，反映公司为取得同样的收益占用了更多的营运资金，即取得收益的代价增加了，所以同样的收益代表着较差的业绩。应收账款增加和应付账款减少使收现数减少，影响到公司的收益质量。应收账款如不能收回，已经实现的收益就会落空；即使延迟收现，其收益质量也低于已收益。

例9-6 B公司2008年度净利润为1 000万元，计提的各项资产减值准备共计400万元，提取的固定资产折旧为300万元，处置固定资产的收益20万元，财务费用(借款利息)15万元，投资收益27万元，存货增加30万元，经营性应收项目增加40万元，经营性应付项目增加52万元。所得税率为25%。则：

$$\begin{aligned}\text{经营所得现金}&=\text{经营净收益}+\text{非付现费用}=\text{净利润}-\text{非经营收益}+\text{非付现费用}\\&=1\,000-(20+27-15)\times(1-25\%)+400+300=1\,676\end{aligned}$$

$$\begin{aligned}\text{经营现金净流量}&=\text{经营所得现金}-\text{经营性营运资产净增加额}\\&=1\,676-(30+40-52)=1\,658\end{aligned}$$

$$\text{营运指数}=\frac{\text{经营现金净流量}}{\text{经营所得现金}}=\frac{1\,658}{1\,676}=0.99$$

例9-7 以启航公司为例，根据该公司各报表的有关数据(参见表9-5、表9-6、表9-7)，进行现金流量分析如下：

$$\text{现金流动负债比}=\frac{\text{经营现金净流量}}{\text{流动负债}}=\frac{365\,531}{1\,592\,746.85}=0.23$$

$$\text{现金债务总额比}=\frac{\text{经营现金净流量}}{\text{债务总额}}=\frac{365\,531}{2\,752\,746.85}=0.13$$

$$\text{全部资产现金回收率}=\frac{\text{经营现金净流量}}{\text{资产总额}}\times100\%=\frac{365\,531}{8\,088\,031}\times100\%=4.5\%$$

第七节 企业财务状况综合评价

企业的各种财务活动、各项财务指标是相互联系、相互影响的。单独分析任何一项财务指标或一张会计报表，可以就企业某一方面的财务活动做出评价，但是难以全面评价企业的财务状况和经营成果。因此，必须采用适当的标准将相互依存、相互作用的各种因素结合起来进行综合性的评价。综合评价的主要方法有杜邦分析法和财务比率综合评价法。

一、杜邦分析法

杜邦分析法是利用各个主要财务比率指标之间的内在联系，建立财务比率分析的综合模型来综合分析企业财务状况的方法。这种方法是由美国杜邦公司最先设计和采用的，故称杜邦分析法。利用这种方法可以把各种财务指标间的关系绘制成杜邦分析系统图，如图9-1所示。

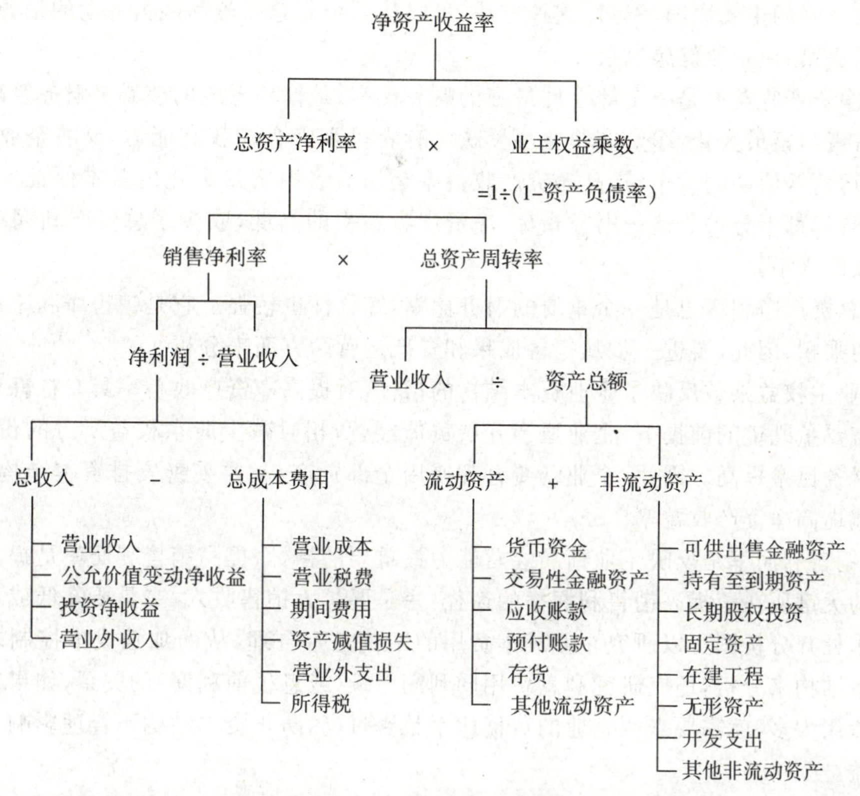

图 9－1　杜邦分析系统图

杜邦分析图中，包含以下几种主要的指标关系：

$$\text{净资产收益率}=\text{总资产净利率}\times\text{权益乘数}$$

$$=\text{销售净利率}\times\text{总资产周转率}\times\text{权益乘数}$$

其中：

$$\text{权益乘数}=\frac{\text{资产}}{\text{权益}}=\frac{1}{1-\text{资产负债率}}$$

进行层层分解可得：

$$\text{总资产净利率}=\text{销售净利率}\times\text{总资产周转率}$$

$$\text{销售净利率}=\frac{\text{净利润}}{\text{营业收入}}$$

$$\text{总资产周转率}=\frac{\text{营业收入}}{\text{资产总额}}$$

$$\text{净利润}=\text{总收入}-\text{总成本费用}$$

$$\text{资产总额}=\text{流动资产}+\text{非流动资产}$$

从图 9－1 中可以看出，企业的核心比率——净资产收益率取决于企业三项指标：企业盈利能力、营运能力和财务杠杆。通过先比较本企业净资产率与前期的差异，将各期净资产报酬率进行层层分解，直至分解到各项明细成本、费用、资产等，从而分析出企业净资产报酬率上升或下降的主要原因。运用这种方法，可以找到企业总体盈利能力变动的根源，从而制定正确的决策，使企业健康发展。

(1)净资产收益率是一个综合性最强的财务比率，是杜邦系统的核心。财务管理的目标是使所有者财富最大化，净资产收益率反映所有者投入资金的获利能力，反映企业筹资、投资、资产运营等活动的效率，提高净资产收益率是所有者财富最大化的基本保证。所以，所有者、经营者都十分关心这一财务指标，净资产收益率的高低，取决于总资产利润率和业主权益指数的水平。

(2)总资产净利率也是一个重要的财务比率，综合性也较强。它是销售净利率和总资产周转率的乘积，因此，要进一步从销售成果和资产运营两方面来分析。

(3)业主权益乘数反映了企业资本结构的指标，对提高净资产收益率具有杠杆作用。在总资产需要量既定的前提下，企业适当开展负债经营，相对减少股东权益所占的份额，就可使此项财务比率提高。因此，企业既要合理使用全部资产，又要妥善安排资本结构，这样才能有效地提高净资产收益率。

(4)销售利润率是反映企业商品经营能力最重要的指标，提高销售利润率是提高企业盈利能力的关键所在。提高销售利润率的途径，一是要扩大销售收入，二是要降低成本费用。

利用杜邦分析图可以研究企业成本费用的结构是否合理，从而加强成本控制。这里联系到资本结构来分析，还应研究利息费用同利润总额(或息税前利润)的关系，如果企业承担的利息费用太多，就需要查明企业的负债比率是否过高，防止资本结构不合理影响企业所有者的收益。

(5)总资产周转率是反映企业营运能力的最重要指标，企业资产的营运能力和流动性，既关系到企业的获利能力，又关系到企业的偿债能力。如果企业持有的现金超过业务需要，就可能影响企业的获利能力；如果企业占用过多的存货和应收账款，则既要影响获利能力，又会影响偿债能力。为此，分析企业资产的使用是否合理、营运效率高低、流动资产和非流动资产的比例安排是否恰当是企业资产经营的核心问题。

杜邦财务分析系统偏重于企业所有者的利益。在其他因素不变的情况下，资产负债率越高，权益报酬率就越高，这是因为利用较多负债，从而利用财务杠杆作用的结果，但是杜邦财务分析系统没有考虑财务风险的因素，负债越多，财务风险越大，偿债压力越大。因此还要结合其他指标综合分析。

二、财务比率结合评价法

各种财务比率分别反映了企业会计报表中各项目之间的对比关系，但是，每项财务比率只能反映某一方面的情况。为了获得一个总的认识，可以运用指数法计算一个综合指数。

运用指数法编制综合分析表的程序如下：

(1)选定评价企业财务状况的比率指标。通常要选择能够说明问题的重要指标。由于偿债能力、营运能力和获利能力三类比率指标能从不同侧面反映财务状况，故应分别从中选择若干具有代表性的重要比率。

(2)根据各项比率指标的重要程度，确定其重要性系数。各项比率指标的重要性系数之和应等于1。重要程度的判断，需根据企业经营状况，一定时期的管理要求，企业所有者、债权人和经营者的意向而定。

(3)确定各项比率指标的标准值。财务比率指标的标准位是指该指标在本企业现时条件下的最理想的数值,即最优值。

(4)计算企业在一定时期各项比率指标的实际值。

(5)求出各指标实际值与标准值的比率,称为关系比率。

(6)求得各项比率指标的综合指数及其合计数。各项比率指标的综合指数,是关系比率和重要性系数的乘积,其合计数可作为综合评价企业财务状况的依据。一般而言,综合指数会计数如果为1或接近于1,表明企业财务状况基本上符合标准要求;如果与1有较大的差距,则表明企业财务状况偏离标准要求。

采用指数法综合评价企业财务状况,关键在于正确确定重要性系数和标准值这两项重要因素。这两项因素的确定,常有较大的主观性,所以要根据历史经验和现时情况,合理加以确定,才能得出正确的结果。

例9-8　根据附表启航公司各报表(表9-5,表9-6,表9-7)中的数据,绘制该公司杜邦财务分析图如下:

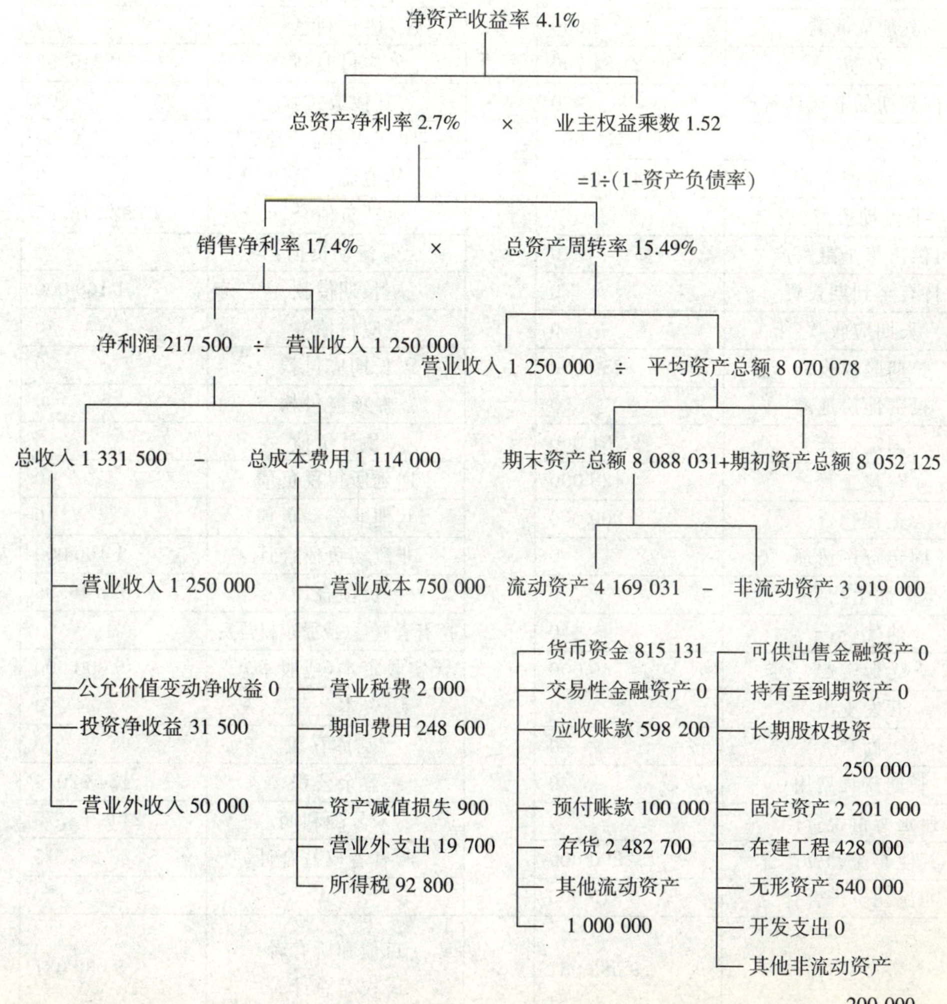

表 9-5　　**资产负债表**

会企 01 表

编制单位:启航公司　　2008 年 12 月 31 日　　单位:元

资　　产	期末余额	年初余额	负债和所有者权益	期末余额	年初余额
流动资产:			流动负债:		
货币资金	815 131		短期借款	50 000	
交易性金融资产	0		交易性金融负债	0	
应收票据	66 000		应付票据	100 000	
应收账款	598 200		应付账款	953 800	
预付款项	100 000		预收款项	0	
应收利息	0		应付职工薪酬	180 000	
应收股利	0		应交税费	226 731	
其他应收款	5 000		应付利息	0	
存货	2 484 700		应付股利	32 215.85	
一年内到期的非流动资产	0		其他应付款	50 000	
其他流动资产	100 000		一年内到期的非流动负债	0	
流动资产合计	4 169 031		其他流动负债	0	
非流动资产:			流动负债合计	1 592 746.85	
可供出售金融资产	0		非流动负债:		
持有至到期投资	0		长期借款	1 160 000	
长期应收款	0		应付债券	0	
长期股权投资	250 000		长期应付款	0	
投资性房地产	0		专项应付款	0	
固定资产	2 201 000		预计负债	0	
在建工程	428 000		递延所得税负债	0	
工程物资	300 000		其他非流动负债	0	
固定资产清理	0		非流动负债合计	1 160 000	
生产性生物资产	0		负债合计	2 752 746.85	
油气资产	0		所有者权益(或股东权益):		
无形资产	540 000		实收资本(或股本)	5 000 000	
开发支出	0		资本公积	0	
商誉	0		减:库存股	0	
长期待摊费用	0		盈余公积	124 020.4	
递延所得税资产	0		未分配利润	211 263.75	
其他非流动资产	200 000		所有者权益合计	5 335 284.15	
非流动资产合计	3 919 000				
资产总计	8 088 031		负债和所有者权益总计	8 088 031	

表 9-6

利　润　表

会企 02 表

编制单位:启航公司　　2008 年　　单位:元

项　　目	本期金额	上期金额
一、营业收入	1 250 000	
减:营业成本	750 000	
营业税金及附加	2 000	
销售费用	20 000	
管理费用	187 100	
财务费用	41 500	
资产减值损失	900	
加:公允价值变动收益(损失以"-"号填列)	0	
投资收益(损失以"-"号填列)	31 500	
其中:对联营企业和合营企业的投资收益	0	
二、营业利润(亏损以"-"号填列)	280 000	
加:营业外收入	50 000	
减:营业外支出	19 700	
其中:非流动资产处置损失	(略)	
三、利润总额(亏损总额以"-"号填列)	310 300	
减:所得税费用	92 800	
四、净利润(净亏损以"-"号填列)	217 500	
五、每股收益:	(略)	
(一)基本每股收益		
(二)稀释每股收益		

表 9-7

现金流量表

会企 03 表

编制单位:启航公司　　2008 年　　单位:元

项　　目	本期金额	上期金额
一、经营活动产生的现金流量:		
销售商品、提供劳务收到的现金	1 312 500	
收到的税费返还	0	
收到其他与经营活动有关的现金	0	
经营活动现金流入小计	1 312 500	
购买商品、接受劳务支付的现金	392 266	
支付给职工以及为职工支付的现金	300 000	

（续表）

项　　目	本期金额	上期金额
支付的各项税费	174 703	
支付其他与经营活动有关的现金	80 000	
经营活动现金流出小计	946 969	
经营活动产生的现金流量净额	365 531	
二、投资活动产生的现金流量：		
收回投资收到的现金	16 500	
取得投资收益收到的现金	30 000	
处置固定资产、无形资产和其他长期资产收回的现金净额	300 300	
处置子公司及其他营业单位收到的现金净额	0	
收到其他与投资活动有关的现金	0	
投资活动现金流入小计	346 800	
购建固定资产、无形资产和其他长期资产支付的现金	601 000	
投资支付的现金	0	
取得子公司及其他营业单位支付的现金净额	0	
支付其他与投资活动有关的现金	0	
投资活动现金流出小计	601 000	
投资活动产生的现金流量净额	－254 200	
三、筹资活动产生的现金流量：		
吸收投资收到的现金	0	
取得借款收到的现金	560 000	
收到其他与筹资活动有关的现金	0	
筹资活动现金流入小计	560 000	
偿还债务支付的现金	1 250 000	
分配股利、利润或偿付利息支付的现金	12 500	
支付其他与筹资活动有关的现金	0	
筹资活动现金流出小计	1 262 500	
筹资活动产生的现金流量净额	－702 500	
四、汇率变动对现金及现金等价物的影响	0	
五、现金及现金等价物净增加额	－591 169	
加：期初现金及现金等价物余额	1 406 300	
六、期末现金及现金等价物余额	815 131	

复习思考题

1. 财务分析的内容有哪些?

2. 常用的财务分析指标有哪些?

3. 简述杜邦分析体系。

练习题

1. 已知启航公司 2006 年资产总额为 663 582 元,该公司其他相关财务数据见表 9－8 所示:

表 9－8　启航公司财务数据　(单位:元)

项　　目	2008 年	2007 年
资产总额	881 265	852 025
无形资产净值	37 962	36 537
负债总额	401 036	307 516
主营业务收入	1 052 500	890 500
净利润	28 428	25 109
所得税	3 256	956
利息费用	12 262	9 826

计算:

(1)分别计算该公司 2007 年与 2008 年权益乘数、已获利息倍数、总资产周转率。

(2)对该公司资产规模变动进行评价。

2. 启航公司财务报表中有关资料如表 9－9 所示:

表 9－9　启航公司权益数据表　(单位:元)

普通股股本 450 000	税后净利 1 186 000
优先股股本 800 000	优先股股利 300 000
资本公积(其中优先股溢价 80 万元)9 800 000	普通股股利 470 000
留存收益 325 000	市盈率 28
股东权益合计 15 425 000	

根据该公司上述资料计算以下财务比率:普通股股东权益报酬率、每股收益、每股股利、每股账面价值及每股市价。

3. 启航公司 2007 年、2008 年的有关资料如表 9－10 所示:根据表中资料,运用连环替代法,分析该企业的资产净利润率的影响因素。

表 9-10　**启航公司财务数据表**　（单位:元）

项　目	2007 年	2008 年
销售收入(单价 50 元)	2 000 000	3 000 000
其中:赊销净额	504 000	600 000
全部成本	1 880 598	2 771 119
制造成本	1 158 598	1 771 119
管理费用	540 000	750 000
销售费用	170 000	240 000
财务费用	12 000	15 000
利润	119 402	223 881
所得税	39 402	73 881
税后利润	80 000	150 000
固定资产	360 000	60 000
现金有价证券	110 000	300 000
应收账款(平均额)	70 000	150 000
存货(平均额)	260 000	450 000
所有者权益	320 000	340 000

第十章　财务控制

[学习目的]　本章主要介绍财务控制的内容、财务控制的方法及财务控制的执行。通过本章的学习，要求了解财务控制的分类、财务控制的基本要素；掌握财务控制的方式、方法；理解内部结算价格、结算方式和责任成本的内部结转；理解责任预算、责任报告的编制方法和责任考核的要求；重点掌握成本中心、利润中心和投资中心的含义、类型、特点及考核指标。

第一节　财务控制概述

一、财务控制的概念与特征

财务控制是指对企业财务活动的控制，是按照一定的程序和方式确保企业及其内部机构和人员全面落实、实现对企业资金的取得、投放、使用和分配过程的控制。

财务控制具有以下特点：

(1)财务控制是一种价值控制。财务预算的实现是财务控制的目标，而财务预算是以价值形式予以反映的，因此，财务控制必须借助价值手段进行。

(2)财务控制是一种全面控制。财务控制的手段是价值控制，可将不同岗位、不同层次的业务活动综合起来进行控制。

(3)财务控制以现金流量为控制目的。企业日常财务活动过程表现为一个组织现金流量的过程。为此，企业现金预算和现金流量表作为控制考核现金流量状况的依据。

财务控制与财务预测、财务决策、财务预算和财务分析等环节一起构成财务管理的循环。其中，财务控制是财务管理的关键环节，其将财务预测、财务决策、财务预算加以落实，是企业整个经济控制系统中连续性、系统性和综合性最强的控制，起着保证、促进、监督和协调等重要作用。

二、财务控制的基础

财务控制的基础是指进行财务控制所必须具备的基本条件，包括：

(1)组织基础。财务控制的首要基础是围绕控制目标所建立有效的组织机构，以保证控制的有效性。

(2)制度基础。内部控制制度是指企业为了顺利实施控制过程所进行的组织机构的设计、控制手段的采取以及各种措施的制定。

(3)预算目标。健全的财务预算目标是进行财务控制的依据。

(4)会计信息。准确、及时、真实的信息是财务控制实施过程中的基本保障。

(5)信息反馈系统。财务控制是一个动态的控制过程，要确保财务预算目标的贯彻实施，必须对各责任中心执行预算的情况进行跟踪监控，不断调整执行偏差。

(6)奖励制度。奖励制度是保证控制系统长期有效运行的重要因素。

三、财务控制的种类

(1)按控制的主体，可分为出资者财务控制、经营者财务控制和财务部门的财务控制。

出资者财务控制是资本所有者为了实现其资本保全和增值目的而对经营者的财务收支活动进行的控制，如对成本开支范围和标准的规定等。

经营者财务控制是管理者为了实现财务预算目标而对企业的财务收支活动所进行的控制，这种控制是通过管理者制定财务决策目标，并促使这些目标被贯彻执行而实现的。

财务部门的财务控制是财务部门为了有效地保证现金供给，通过编制现金预算，对企业日常财务活动所进行的控制。

(2)按控制的时间，可分为事前财务控制、事中财务控制和事后财务控制。

事前财务控制是指财务收支活动尚未发生之前所进行的控制，如财务收支活动之前的申报审批制度、产品设计成本的规划等。

事中财务控制是指财务收支活动发生过程中所进行的控制，如按财务预算要求监督预算的过程、对各项收支进行控制、对产品生产中发生的成本进行约束等。

事后财务控制是指对财务收支活动的结果所进行的考核及相应的奖罚，如依据财务预算对各责任中心的财务收支活动结果进行考核、在产品完工之后对其成本进行分析评价，并进行奖罚等。

(3)按控制的依据，可分为预算控制和制度控制。

预算控制是指以财务预算为依据，对预算执行主体的财务收支活动进行监督、调整的一种控制形式。

制度控制是指通过制定企业内部规章制度，并以此为依据约束企业和各责任中心财务收支活动的一种控制形式。

(4)按控制的对象，可分为收支控制和现金控制。

收支控制是对企业和各责任中心的财务收入活动和财务支出活动所进行的控制。

现金控制是对企业和各责任中心的现金流入和现金流出活动所进行的控制。

(5)按控制的手段，可分为绝对控制和相对控制。

绝对控制是指对企业和责任中心的财务指标采用绝对额进行控制。

相对控制是指对企业和责任中心的财务指标采用相对比率进行控制。

四、财务控制的程序

企业实施财务控制是保证财务预算实现的有效措施，其一般要经过如下三个步骤：

(1)编制预算责任，制定控制标准。财务预算是企业实施财务控制的依据，但是，把以整个企业为主体的财务预算作为对各责任中心进行财务控制的直接依据，显然是不够详细有效的。因此，我们还要依据财务预算，编制面向各个责任中心的责任预算。

责任预算是以责任中心为主体，以其可以控制的成本、收入、利润和投资等为对象编制的预算。通过编制预算,可以明确各责任中心的责任,也为控制和考核各责任中心的经营管理活动提供了依据。

(2)依据责任预算,实施有效控制。责任预算编好之后,为了使其得到贯彻实施,必须把各责任中心执行预算的情况通过各自的会计核算资料反映出来。通过这些会计资料,可以了解分析预算的执行状况,存在的差异及原因,以便及时采取措施,保证各责任中心的财务收支活动严格按责任预算的指标进行。

(3)评价单位业绩,进行考核奖惩。企业在一段时期终了后,根据各个责任单位责任预算的执行情况对其进行评价,考核各项财务指标的执行结果,把财务指标的考核纳入各级岗位责任制,运用激励机制,实行奖优罚劣。

五、财务控制的基本方法

财务控制是内部控制的一个重要环节,财务控制要以消除隐患、防范风险、规范经营、提高效率为宗旨,建立全方位的财务控制体系和多元的财务监控体系。

全方位的财务控制是指财务控制必须渗透到企业法人治理结构与组织管理的各个层次、生产业务全过程、各个经营环节,覆盖企业所有部门、岗位和员工。

多元的财务监控措施,是指既有事后的监控措施,更有事前、事中的监控手段、策略;既有约束手段,也有激励的安排;既有财务上的资金流量、存量预算指标的设定、会计报告反馈信息的跟踪,也有人事委派,生产经营一体化、转移价格、资金融通的策略。

财务控制的具体方法主要有以下几种:

(1)授权与批准控制法。就是通过授权通知书来明确授权事项和使用资金的限额。其原则是对在授权范围内的行为给予充分的信任。但对授权之外的行为不予认可。授权通知书除授权人持有外,还下达给企业相关的部门,这些部门一律按授权范围严格执行。有效的内部财务控制要求每项经济业务活动都必须经过适当的授权批准,以防止内部员工随意处理、盗窃财产物资或歪曲记录。

(2)财务预算控制法。预算控制是财务控制的一个重要方面。包括筹资、融资、采购、生产、销售、投资、管理等经营活动的全过程。其基本要求是:第一,所编制预算必须体现单位的经营管理目标,并明确责任;第二,预算在执行中,应当允许经过授权批准对预算进行调整,以便预算更加切合实际;第三,应当及时或定期反馈预算的执行情况。

(3)财产保全控制法。财产保全控制法是指为实物资产的安全完整而进行的控制,这是一种附加的实物保护制度,包括以下几个方面的内容:①限制接近。就是严格控制对实物资产的接触,只有经过授权批准的人才能接触资产。虽然不同企业因其不同的生产经营特点而对限制接近有不同的要求,但现金、存货等变现能力强的资产是需要加以限制的资产。②定期盘点和比较,以确保账证、账账、账实相符。③保险。通过对资产投保火灾险、盗窃险及其他途径来减少企业受损的程度和机会,从而保护企业的实物安全。

(4)内部责任报告控制法。业绩报告又称为责任报告,它是企业内部报告的一种。是企业管理层掌握信息,加强对经济的控制,改善经营管理,提高经济效益的重要工具。常用的内部财务报告有资产分析报告、经营分析报告、费用分析报告、投资分析报告、财务分析报告。企业应要求相关人员定期编制各种财务报告,反映和监督经济活动,进而有效地控制经济活动。

(5)核对控制。核对控制就是通过对有关记录和事项的核对来控制企业的经济活动。一般可分为账实核对和账务核对。企业应建立健全内部核对制度,通过核对做到"证、账、表"三相符。

(6)风险控制法。风险控制就是尽可能地防止和避免出现不利于企业经营目标实现的各种风险。在这些风险中,经营风险和财务风险显得极为重要。经营风险是指因生产经营方面的原因给企业营利带来的不确定,而财务风险又称筹资风险,是指由于举债而给企业财务带来的不确定性。由于经营风险和财务风险对企业的发展具有很大的影响,所以企业在进行各种决策时,必须尽力规避这两种风险。如企业举债经营,尽管可以缓解企业运转资金短缺的困难,但由于借入的资金需还本付息,到期一旦企业无力偿还债务,必然使企业陷入财务困境。

(7)电子信息控制法。计算机的应用,使会计人员从繁重的手工会计中解脱出来,极大地提高了会计信息处理速度,也减少了差错和舞弊的发生。但是,如果没有健全的控制措施,计算机也可能发生差错或被操纵,且发生差错和舞弊对企业的损失可能比手工会计下更为严重。因此,加强电算化的控制势在必行,特别应加强职责划分,将不同功能工作分由几个不同的部门和人员来完成,以防止一个部门和人员可以操纵整个财务处理过程。应建立严格的系统开发与维护,设定数据输入与输出权限、批准、复核、文件备份、储存与保管、网络安全(防病毒、黑客)等方面的控制。

(8)内部审计控制法。对会计资料进行内部审计,既是内部财务控制的一个组成部分,又是内部财务控制的一种特殊形式。内部审计是通过对企业内部各种经营活动与控制系统的独立评价,以确定既定政策的程序是否贯彻,建立的标准是否遵循资源的利用、是否合理有效以及单位的目标是否达到。内部审计对会计资料的监督、审查,不仅是内部财务控制的有效手段,也是保证会计资料真实、完整的重要措施。

第二节 责任中心

建立责任中心、编制执行责任预算、考核监控责任预算的执行情况是使企业实行财务控制的一种有效手段,又称为责任中心财务控制。

一、责任中心的概念及特征

责任中心就是指具有一定的管理权限,并承担相应的经济责任的企业内部单位。换句话说,责任中心就是各个责任单位能够对其经济活动进行严格控制的区域。根据企业内部责任单位的权责范围及业务活动的特点不同,责任中心一般分为成本中心、利润中心和投资中心三大类。

责任中心的基本特征主要有:

(1)责任中心是一个责权利相统一的实体。

(2)责任中心具有承担经济责任的条件。它有两方面的含义:一是责任中心具有履行经济责任中各条款的行为能力;二是责任中心一旦不能履行经济责任,能对其后果承担责任。

(3)责任中心所承担的责任和行使的权力都应是可控的。

(4)责任中心具有相对独立的经营业务和财务收支活动。

(5)责任中心具有独立核算、业绩评价的能力。

二、成本中心

1. 成本中心的含义

成本中心是指对成本或费用承担责任的责任中心。由于成本中心无收入来源,故这类中心只对成本费用负责,不对收入、利润或投资负责。成本中心一般包括企业产品的生产部门、劳务提供部门以及给予一定费用指标的管理部门。

成本中心的应用范围最广,从一般意义出发,企业内部凡有成本发生,需要对成本负责,并能实施成本控制的单位,都可以成为成本中心。工业企业,上至工厂一级,下至车间、工段、班组,甚至个人都有可能成为成本中心,多个较大的成本中心又能共同构成一个更大的成本中心。从而,在企业形成一个逐级控制,并层层负责的成本中心体系。规模大小不一和层次不同的成本中心,其控制和考核的内容也不尽相同。

2. 成本中心的类型

成本中心的类型有两种:标准成本中心和费用中心。

标准成本中心是指这类中心有稳定而明确的产品,且单位产品的投入量(成本)可以通过技术分析测算出来。标准成本中心是以实际产出量为基础,并按标准成本进行成本控制的成本中心。

费用中心是指这类中心费用发生的多少由管理人员的决策行为所决定,费用的投入与产出之间无密切关系。它一般包括各种管理费用和某些间接成本项目,如广告宣传费、职工培训费等。费用中心是以直接控制经营管理费用总量为主的成本中心。

3. 成本中心的特点

成本中心相对于利润中心和投资中心有其自身的特点,主要表现在:

(1)成本中心只考核成本费用而不考核收益。

(2)成本中心只对可控成本负责。凡是责任中心能够控制的各种耗费,即称为可控成本;凡是责任中心不能控制的各种耗费,即称为不可控成本。可控成本应同时具备以下四个条件:可以预计;可以计量;可以施加影响;可以落实责任。

(3)成本中心只对责任成本进行考核和控制。责任中心所发生的各项可控成本之和即是该中心的责任成本。

(4)成本中心的考核指标

责任中心考核的主要内容是责任成本,即将成本中心发生的实际责任成本同预算责任成本进行比较,从而评判成本中心工作业绩的好坏。

成本中心的考核指标主要采用相对指标和比较指标,包括成本(费用)变动额和变动率,其计算公式如下:

成本(费用)变动额＝实际责任成本(费用)－预算责任成本(费用)

成本(费用)变动率＝成本(费用)变动额÷预算责任成本(费用)×100%

在实际计算时,假如预算产量与实际产量不相等,需要根据实际产量来调整预算产量及其他相关指标,然后再按照上述公式计算。

例 10－1　启航公司内部车间为成本中心，生产 A 产品，预算产量为 5 000 件，单位成本 95 元，实际产量 5 500 件，单位成本 90 元。计算该中心成本变动额与变动率。

成本变动额＝90×5 500－95×5 500＝－27 500（元）

成本变动率＝[－27 500÷(95×5 500)]×100％＝－5％

计算结果表明，该成本中心的成本降低额为 27 500 元，降低率为 5％。

三、利润中心

1. 利润中心的含义

利润中心是指对利润负责的责任中心。由于利润是收入扣除费用后的余额，所以利润中心实际上既要对收入负责，也要对成本费用负责，这类责任中心一般是指企业内部有产品经销权或提供劳务服务的部门。

与成本中心相比，利润中心的权力和责任要大一些。

2. 利润中心的类型

利润中心分为自然利润中心与人为利润中心两种。

自然利润中心是指以对外销售产品而取得实际收入为特征的利润中心。这类中心本身直接面向市场，一般具有产品销售权、价格制定权、材料采购权和生产决策权。

人为利润中心是以产品在企业内部流转而取得“内部销售收入”为特征的利润中心。这种利润中心一般不直接对外销售产品，只对本企业内部各责任中心按内部结算价格提供产品或劳务。

3. 利润中心的成本计算

利润中心对利润负责，必然要考核和计算成本，以便正确计算利润，作为对利润中心业绩评价和考核的可靠依据。对利润中心的成本计算，通常有两种方式可供选择：

(1)利润中心只计算可控成本，不分摊不可控成本，亦即不分摊共同成本。这种方式主要适用于共同成本难以合理分摊或无需进行共同分摊的场合，按这种方式计算出的盈利不是通常意义上的利润，而是相当于“边际贡献总额”。企业各利润中心的“边际贡献总额”之和，减去未分配的共同成本，经过调整以后才是企业的利润总额。采用这种成本计算方式的利润中心，实质上已经不是完整和原来意义上的利润中心，而是边际贡献中心。人为利润中心适合采用这种计算方式。

(2)利润中心不仅计算可控成本，也计算不可控成本。这种方式适合于公共成本交易易于合理分摊或不存在共同成本分摊的场合。这种利润中心在计算时，如果采用变动成本法，应先计算出边际贡献，再减去固定成本，才是税前利润；如果采用完全成本法，利润中心可以直接计算出税前利润。各利润中心税前利润之和，就是整个企业的利润总额。自然利润中心适合采取这种计算方法。

4. 利润中心的考核指标

利润中心的考核指标为利润，通常可以用比较一定期间实际的利润与责任预算所确定的利润，来评价其责任中心的业绩。但是由于成本计算方式的不同，各利润中心的利润指标的表现方式也不相同。

(1)利润中心不计算共同成本或不可控成本。当利润中心不计算共同成本或不可控成本，只计算可控成本时，其考核指标是利润中心边际贡献总额。

利润中心边际贡献总额=该利润中心销售收入总额-该利润中心可控成本总额(变动成本总额)

一般而言,利润中心可控成本总额就等于变动成本总额。

(2)利润中心既计算可控成本,也计算共同成本或不可控成本。当利润中心既计算可控成本,也计算共同成本或不可控成本时,其考核指标包括:利润中心边际贡献总额、利润中心负责人可控利润总额、利润中心可控利润总额等。

利润中心边际贡献总额=该利润中心销售收入总额-该利润中心变动成本总额

利润中心负责人可控利润总额=该利润中心边际贡献总额-该利润中心负责人可控固定成本

利润中心可控利润总额=该中心边际贡献总额-该利润中心负责人不可控固定成本

公司利润总额=各利润中心可控利润总额之和-公司不可分摊的各种管理费用和财务费用等

为了考核利润中心负责任的经营业绩,应针对经理人员的可控成本费用进行评价和考核。这就需要将各利润中心的固定成本区分为可控成本和不可控成本。这主要考虑有些成本费用可以划归、分摊到有关利润中心,却不能被利润中心负责人所控制,如广告费、保险费等。在考核利润中心负责人业绩时,应将其不可控的固定成本从中剔除。

例 10-2 启航公司的甲车间是一个人为利润中心,本期实现内部销售收入 100 万元,销售变动成本为 60 万元,该中心负责人可控固定成本 10 万元,中心负责人不可控的且应由该中心负担的固定成本 9 万元。

则该中心相关业绩考核指标分别为:

利润中心边际贡献总额=100-60=40(万元)

利润中心负责人可控利润总额=40-10=30(万元)

利润中心可控利润总额=30-9=21(万元)

四、投资中心

1. 投资中心的含义

投资中心是对投资负责的责任中心,该中心既要对成本和利润负责,又要对投资效果负责。

由于投资的目的是获得利润,因而投资中心同时也是利润中心。它与利润中心的区别主要在于:

(1)利润中心没有投资决策权,而投资中心拥有投资决策权。

(2)投资中心处于责任中心的最高层次,它具有最大决策权,同时也承担最大的责任。

(3)投资中心的管理特征是较高程度的分权管理。

(4)在组织形式上,成本中心一般不是独立法人,利润中心可以是也可以不是独立的法人,而投资中心一般都是独立的法人。

2. 投资中心的考核指标

投资中心的考核指标主要是投资利润率和剩余收益。

(1)投资利润率,也称投资报酬率,是指投资中心所获得的利润与投资额之间的比率。其计算公式为:

$$投资利润率=\frac{利润}{投资额}\times 100\%$$

可以将此公式进行变形:

$$投资利润率=\frac{销售收入}{投资额}\times\frac{成本费用}{销售收入}\times\frac{利润}{成本费用}$$

$$=资本周转率\times销售成本率\times成本费用利润率$$

投资利润率是评价投资中心业绩的常用指标,该指标的优点是:

① 能反映投资中心的综合盈利能力;

② 能比较不同投资额的投资中心的业绩大小,具有横向可比性,应用范围广;

③ 通过投资利润率进行投资中心业绩评价,可以正确引导投资中心的经营管理行为,促使其行为长期化。

投资利润率作为评价指标的不足之处在于:

① 利润在计算时受人为因素的影响,导致利润数据内容失真,使计算出来的投资利润率指标无法反映投资中心的实际盈利能力;

② 投资利润率指标会造成各投资中心只顾本中心利益,而放弃对整个企业有利的投资行为,缺乏全局观念;

③ 投资利润率的计算与资本支出预算所用的现金流量分析方法不一致,不便于投资项目建成投产后与原定目标的比较。为了克服投资利润率的某些缺陷,采用剩余收益作为评价指标。

(2)剩余收益:剩余收益是一个绝对数指标,是指投资中心获得的利润扣减其最低投资收益后的余额。其计算公式为:

$$剩余收益=利润-(投资额\times预期最低投资报酬率)$$

以剩余收益作为投资中心经营业绩评价指标的基本要求是:只要投资利润率大于预期的最低报酬率,该项投资便是可行的。

剩余收益指标具有两个特点:一是体现了投入产出关系。由于减少投资(或降低资产占用)同样可以达到增加剩余收益的目的,因而与投资利润率一样,该指标也可以用于全面评价与考核投资中心的业绩。二是避免本位主义。剩余收益指标避免了投资中心狭隘的本位倾向,即单纯追求投资利润率而放弃一些对企业整体有利的投资机会。以剩余收益作为衡量投资中心工作成果的尺度,投资中心将会尽量提高剩余收益。也就是说只要有利于增加剩余收益绝对额,投资行为就是可取的,而不是尽量提高投资收益率。

例 10-3 启航公司下设投资中心 A 和投资中心 B,该公司加权平均最低投资利润率为 10%,现准备追加投资。有关资料如表 10-1 所示:

表 10-1 投资中心指标计算表

项目		投资额	利润	投资利润率	剩余收益
追加投资前	A	20	1	5%	1－20×10%＝－1
	B	30	4.5	15%	4.5－30×10%＝＋1.5
	∑	50	5.5	11%	5.5－50×10%＝＋0.5
向投资中心 A 追加投资 10 万元	A	30	1.8	6%	1.8－30×10%＝－1.2
	B	30	4.5	15%	4.5－30×10%＝＋1.5
	∑	60	6.3	10.5%	6.3－60×10%＝＋0.3
向投资中心 B 追加投资 20 万元	A	20	1	5%	1－20×10%＝－1
	B	50	7.4	14.8%	7.4－50×10%＝＋2.4
	∑	70	8.4	12%	8.4－70×10%＝＋1.4

根据资料评价 A、B 两个投资中心的经营业绩，可知：如以投资利润率作为考核指标，追加投资后，A 中心的利润率由 5%提高到 6%，B 中心的利润率由 15%下降到 14.8%，按此指标向 A 中心追加投资比向 B 中心追加投资好。

但如果以剩余收益作为评价指标，A 中心的剩余收益由原来的－1 万元变成了－1.2 万元，B 中心的剩余收益由原来的 1.5 万元增加到 2.4 万元，由此应向 B 中心追加投资。

如果从整个公司进行评价，就会发现向 A 中心追加投资时，全公司总体投资利润率由 11%下降到 10.5%，剩余收益由 0.5 万元下降到 0.3 万元；而向 B 中心追加投资时，全公司总体投资利润率由 11%上升到 12%，剩余收益由 0.5 万元增加到 1.4 万元，这和以剩余收益指标评价各投资中心业绩的结果一致。所以，以剩余收益作为评价指标可以保持各投资中心获利目标与公司获利目标达成一致。

在以剩余收益作为考核指标时，所采用的预期最低投资报酬率的高低对剩余收益的影响很大，通常可用公司的平均利润率（或加权平均利润率）作为基准收益率。

综上所述，责任中心根据其控制区域和权责范围的大小，分为成本中心、利润中心、投资中心三种类型。它们各自不是孤立存在的，每个责任中心承担各自的经营管理责任。最基层的成本中心应就其经营的可控成本向上层成本中心负责；上层的成本中心应就其本身的可控成本和下层转来的责任成本一并向利润中心负责；利润中心应就其本身的收入、成本（含下层转来的成本）和利润（或边际贡献）向投资中心负责；投资中心最终就其经营管理的投资利润率和剩余收益向总经理和董事会负责。所以，企业各种类型和层次的责任中心形成一个“连锁责任”网络，这就促使每个责任中心为保证企业总体的经营目标一致而进行协调运作。

第三节　责任预算、责任报告与业绩考核

一、责任预算

1. 责任预算的含义

责任预算是指以责任中心为主体，以其可控的成本、收入、利润和投资等为对象编制的预算。责任预算是责任中心努力的目标，也是考核责任中心工作业绩的标准。

责任预算由各种责任指标构成，责任指标包括：

(1)主要指标：上述责任中心所涉及的考核指标，也是必须保证实现的指标；

(2)其他指标：为保证主要指标的完成而设定的，或是根据企业其他总目标分解的指标，通常有劳动生产率、设备完好率、出勤率、材料消耗率和职工培训等指标。

2. 责任预算的编制

责任预算编制的目的在于将责任中心的经济责任数量化、具体化。编制程序有两种：

(1)以责任中心为主体，将企业总预算在各责任中心之间层层分解，从而形成各责任中心的具体预算。这种自上而下、指标层层分解的方式是比较常用的预算编制程序。其优点是各责任中心目标与企业总目标上下一致，便于统一指挥与协调。不足之处是可能会抑制各责任中心工作的积极性与创造性。

(2)采取自下而上的方式，即各个责任中心首先根据自身情况编制预算指标，然后层层汇总，最后由企业的专门管理机构进行汇总与调整，从而建立企业总预算。这种方式的优点是有利于发挥各责任中心的积极性，并考虑了责任中心的实际能力。缺陷在于各责任中心往往只从自身角度考虑问题，造成各责任中心之间协调较困难，工作难度加大，影响预算的质量和编制时效。

责任预算的编制程序与企业组织机构设置和经营管理方式有着密切关系。因此，在集权组织结构形式下，公司最高层管理机构对企业的所有成本、收入、利润和投资负责，既是利润中心，也是投资中心。而公司下属各部门、各厂房、各车间、各工段、各地区都是成本中心，它们只对其权责范围内控制的成本负责。因此，在集权组织结构形式下，首先要按照责任中心的层次，从上至下把公司总预算(或全面预算)逐层向下分解，形成各责任中心的责任预算；然后建立责任预算执行情况的跟踪系统，记录预算执行的具体情况，并定期由下至上把责任预算的实际执行数据逐层汇总，直到最高层的投资中心。

在分权组织结构形式下，经营管理权分散在各责任中心，公司下属各部门、各厂房、各车间、各工段、各地区等与公司自身一样，可以都是利润中心或投资中心，它们既要控制成本、提高收入和利润，也要对所占用的全部资产负责。而在它们之下，还有许多只对各自所控制的成本负责的成本中心。在分权组织结构形式下，首先也应该按照责任中心的层次，将公司总体预算从最高层向最底层逐层分解，形成各责任中心的责任预算。然后建立责任预算跟踪体系，记录预算执行情况，并定期从最基层责任中心把责任成本和收入的实际情况，通过编制业绩报告逐级向上汇报。

二、责任报告

责任报告又称业绩报告，它是根据责任会计记录编制的反映责任预算实际执行情况的会计报告。责任报告的形式主要有报表、数据分析和文字说明等。将责任预算的实际履行情况及产生的差异用报表予以列示，是责任报告的基本方式。在揭示差异时，还必须对重大差异予以定量分析和定性分析。通过定量分析了解差异产生的程度，通过定性分析找出差异产生的原因并提出改进意见。

在企业的不同管理层次上，责任报告的侧重点应有所不同。最低层次的责任中心的责任报告应当最详细，随着层次的升高，责任报告的内容以更为概括的形式来表现。这一点与责任预算的由上至下分解过程不同，责任预算是由总括到具体，责任报告则是由具体到概括。责任报告应能突出产生差异的重要影响因素。为此，应突出重点，使报告的使用者能把注意力集中到少数严重脱离预算的因素或项目上来。

为了编制各责任中心的责任报告，必须进行责任会计核算，即要以责任中心为对象组织会计核算工作，具体做法有两种：一种做法是由各责任中心指定专人把各中心日常发生的成本、收入以及各中心相互间的结算和转账业务计入单独设置的责任会计的编号账户内，然后根据管理需要，定期计算盈亏。因其与财务会计分开核算，称为"双轨制"。另一种做法是简化日常核算，不另设专门的责任会计账户，而是在传统财务会计的各明细账户内，为各责任中心分别设置账户进行登记、核算，这称为"单轨制"。

三、业绩考核

1. 业绩考核的含义

业绩考核是以责任报告为依据，分析、评价各责任中心预算的实际执行情况，找出差距，查明原因，借以考核各责任中心的工作成果，实施奖惩，促使各责任中心积极纠正行为偏差，完成责任预算的过程。

责任中心的业绩考核有狭义和广义之分，狭义的业绩考核仅指对各责任中心的价值指标，如成本、收入、利润等完成情况进行考核。广义的业绩考核，除了上述内容外，还包括对各责任中心的非价值指标的完成情况进行考核。责任中心的业绩考核可分为年终考核与日常考核。年终考核通常是指一个年度终了(或预算期结束)时对责任预算执行结果的考核，目的在于进行奖惩和为下一年度(或下一个预算期)编制预算提供依据。日常考核是指在年度内(或预算期内)对责任预算执行过程的考核，目的在于通过信息反馈，控制和调节责任预算的执行偏差，确保责任预算的落实。

2. 责任中心的业绩考核

(1)成本中心的业绩考核。成本中心是企业最基础的责任中心，在进行业绩考核时，只应对其可控成本负责。成本责任中心业绩考核的内容是将实际可控成本与责任成本进行比较，从而确定两者差异的性质、数额以及形成的原因，并根据差异分析的结果，对成本中心进行奖惩，以督促成本中心努力降低成本。

(2)利润中心的业绩考核。利润中心的业绩考核应以销售收入、边际贡献及息税前利润为重点进行分析、评价。特别是应通过一定期间的实际利润与预算利润目标进行对比，分析差异及其形成原因，对经营上存在的问题和取得的成绩进行全面公正的评价。此外，在自然利润中心，若不属于该中心的收入或成本，即使发生实际收付行为，均应在考核时予以剔除。

(3)投资中心的业绩考核。投资中心是企业最高一级的责任中心，其业绩考核的内容包括投资中心的成本、收入、利润及资金占用指标的完成情况，特别要注意考核投资利润率和剩余收益两项指标，将投资中心的实际数与预算数进行比较，分析差异，查明原因，进行奖惩。由于投资中心层次高，管理范围广，内容复杂，考核时应更加仔细深入，依据确凿，责任落实具体，这样才能起到应有的作用。

第四节 责任结算与核算

一、内部转移价格

1. 内部转移价格的含义

内部转移价格是指企业内部各责任中心之间转移中间产品或相互提供劳务而发生内部结算和进行内部责任结转所使用的计价标准。

采用内部转移价格进行内部结算，使两个责任中心之间的关系类似于市场交易的买卖关系。内部转移价格与外部市场价格有很大的不同之处。内部转移价格这一手段使得内部责任单位处于模拟市场竞争关系之中，并不是真正意义上的市场竞争双方。

2. 内部转移价格的制定原则

制定内部转移价格时，必须考虑全局性原则、公平性原则、自主性原则和重要性原则。全局性原则强调企业整体利益高于各责任中心利益，当各责任中心利益冲突时，企业和各责任中心应本着企业利润最大化或企业价值最大化的要求，制定内部转移价格。公平性原则要求内部转移价格的制定应公平合理，应充分体现各责任中心的经营业绩，防止某些责任中心因价格优势而获得额外的利益，某些责任中心因价格劣势而遭受额外的损失。自主性原则是指在确保企业整体利益的前提下，只要可能，就应通过各责任中心的自主竞争或讨价还价来确定内部转移价格，真正在企业内部实现市场模拟，使内部转移价格能为各责任中心所接受。重要性原则即内部转移价格的制定应当体现“大宗细，零星简”的要求，对原料、半成品、产成品等重要物资的内部价格制定从细，而对劳保用品、修理用备件等数量繁多、价值低廉的物资，其内部转移价格从简。

3. 内部转移价格的类型

内部转移价格有多种类型，常用的有以下四种形式：

(1)市场价格。市场价格简称“市价”，是指责任中心在确定内部转移价格时，以产品或劳务的市场供应价格作为计价标准。能采用市场价格作为内部转移价格的责任中心一般具有独立法人地位，能自主决定产品生产的数量、产品出售或购买的数量及相应价格。

(2)协商价格。协商价格也称为协议价，是企业内部责任中心的买卖双方以正常的市场价格为基础，通过共同协商所确定的双方能够接受的价格。协商价格的上限是市价，下限是单位变动成本，具体价格应由各相关责任中心在这一范围内协商议定。

(3)双重价格。双重价格就是责任中心买卖双方采用不同的内部转移价格作为本中心的计价标准，如对产品(半成品)的供应方，可按协商的市场价格计价；对使用方则按供应方的产品(半成品)的单位变动成本计价,其差额由会计最终调整。双重价格有两种形式:一是双重市场价格,就是当某种产品或劳务在市场上出现几种不同价格时,卖方采用最高市价,买方采用最低市价。二是双重转移价格,就是卖方按市场价格或议价作为计价基础,而买方按供应方的单位变动成本作为计价基础。

(4)成本转移价格。成本转移价格是指以产品或劳务的成本为基础而制定的内部转移价格。由于成本的概念不同,成本转移价格也有多种不同形式,其中用途较为广泛的成本转移价格有三种:①标准成本,即以产品(半成品)或劳务标准成本作为内部转移价格。②标准成本加成。即按产品(半成品)或劳务的标准成本加计一定的合理利润作为计价的基础。③标准变动成本,它是以产品(半成品)或劳务的标准变动成本作为内部转移价格。

二、内部结算方式

企业内部各责任中心之间发生经济业务往来,需要按照一定的方式进行内部结算,按照内部对象不同,通常采取以下结算方式:

1. 内部支票结算方式

内部支票结算方式是指由付款方签发内部支票通知内部银行从其账户中支付款项的结算方式。这种方式分为签发、收受和银行转账三个环节。内部支票结算方式主要适用于收、付款双方直接见面进行经济往来的业务结算。

2. 转账通知单方式

转账通知单方式是由收款方根据有关原始凭证或业务活动证明签发转账通知单,通知内部银行将转账通知单转给付款方,让其付款的一种结算方式。这种结算方式适用于买卖双方发生的经常性往来业务且信誉较高的情况。它手续简便,结算及时,但若付款方有异议,则可能拒付。

3. 内部货币结算方式

内部货币结算方式是使用内部银行发行的、限于企业内部流通的货币(包括内部货币、资金本票、流通券、资金券等)进行内部往来结算的一种方式。这种结算方式是一种典型的一手“钱”、一手“货”的结算方式。在一般情况下,小额零星往来业务以内部货币结算,大宗业务以内部银行支票结算。

三、责任成本的内部结转

责任成本的内部结转又称责任转账,是指在生产经营过程中,对于因不同原因造成的各种经济损失,由承担损失的责任中心对应承担损失的责任中心结转责任和赔偿损失的过程。

企业内部各责任中心在生产经营过程中,经常发生这样的情况:发生责任成本的中心与应承担责任成本的中心不是同一责任中心,为划清责任,合理奖罚,就需要将这种责任成本相互结转。最典型的实例是企业内的生产车间与供应部门都是成本中心,如果生产车间所耗用的原材料是由于供应部门购入不合格的材料所致,则多耗的材料的成本或相应发生的损失,应由生产车间成本中心转给供应中心负担。

责任转账的目的是划清各责任中心的成本责任,使不应承担损失的责任中心在经济上得到合理补偿,在责权上明确界限,为业绩考核、评价及奖惩奠定合理的基础。

责任转账的方式有直接的货币结算方式和内部银行转账方式,前者是以内部货币直接支付给损失方，后者只是在内部银行所设立的账户之间划转。

各责任中心在往来结算和责任转账过程中，有时因意见不一致而产生一些责、权、利不协调的纠纷，为此，企业应建立内部仲裁机构，从企业整体利益出发对这些纠纷做出裁决，以保证各责任中心正常、合理地行使权利，保证其权益不受侵犯。

复习思考题

1. 简述财务控制的概念及其分类。

2. 财务控制的程序是怎样的，有哪些方法？

3. 简述责任中心的概念及其分类。

4. 各种责任中心的考核指标有哪些，分别有哪些优缺点？

5. 什么是责任预算，编制的程序是怎样的？

6. 什么是内部转移价格，有哪些类型？

练习题

1. 启航公司的装配车间（成本中心）生产的A产品，预算产量为2 000台，单位成本为300元；实际产量为2 300台，单位成本为295元。

要求：

(1)计算装配车间的成本变动额。

(2)计算装配车间的成本变动率。

2. 启航公司的A部门为利润中心，利润中心销售收入110万元；利润中心销售产品变动成本和变动销售费用50万元；利润中心负责人可控固定成本20万元；利润中心负责人不可控而应由该中心负担的固定成本12万元。

要求：

(1)计算该利润中心的边际贡献总额；

(2)计算该利润中心负责人可控利润总额；

(3)计算该利润中心可控利润总额。

3. 启航公司下设的A分公司，2008年营业利润60万元，平均经营资产为200万元，总公司决定2009年追加投资100万元扩大A分公司经营规模，预计当年可增加营业利润24万元，总公司规定的最低投资报酬率为20%。

要求：

(1)计算A分公司2008年投资报酬率和剩余收益。

(2)计算A分公司2009年追加投资后的剩余收益。

4. 启航公司下设甲、乙两个投资中心，部分资料如表10－2所示：

表10－2　甲、乙两个投资中心的部分资料

投资中心	甲中心	乙中心	总公司
营业利润	100 000	450 000	550 000
经营总资产平均占用额	2 000 000	3 000 000	5 000 000
总公司规定的最低投资报酬率	10%	10%	

现有两个追加投资的方案可供选择：

方案一，若 A 中心追加投入 1 500 000 元经营资产，每年将增加 120 000 元营业利润；

方案二，若 B 中心追加投入 2 000 000 元经营资产，每年将增加 290 000 元营业利润。

要求：

(1)计算追加投资前 A、B 中心的投资报酬率和剩余收益指标。

(2)计算追加投资前总公司的(平均)投资报酬率和剩余收益指标。

(3)计算 A 中心追加投资后，各中心以及总公司的投资报酬率和剩余收益指标。

(4)计算 B 中心追加投资后，各中心以及总公司的投资报酬率和剩余收益指标。

(5)根据投资报酬率指标，分别从 A 中心、B 中心和总公司的角度评价上述追加投资方案的可行性，并据此评价该指标。

(6)根据剩余收益指标，分别从 A 中心、B 中心和总公司的角度评价上述追加投资方案的可行性，并据此评价该指标。

附表一　　**复利现值系数表**

(P/F,i,n)

(n\i)	1%	2%	3%	4%	5%	6%	7%	8%	9%	10%	11%	12%	13%	14%	15%	16%	17%	18%	19%	20%
1	0.9901	0.9804	0.9709	0.9615	0.9524	0.9434	0.9346	0.9259	0.9174	0.9091	0.9009	0.8929	0.8850	0.8772	0.8696	0.8621	0.8547	0.8475	0.8403	0.8333
2	0.9803	0.9612	0.9426	0.9246	0.9070	0.8900	0.8734	0.8573	0.8417	0.8264	0.8116	0.7972	0.7831	0.7695	0.7561	0.7432	0.7305	0.7182	0.7062	0.6944
3	0.9706	0.9423	0.9151	0.8890	0.8638	0.8396	0.8163	0.7938	0.7722	0.7513	0.7312	0.7118	0.6931	0.6750	0.6575	0.6407	0.6244	0.6086	0.5934	0.5787
4	0.9610	0.9238	0.8885	0.8548	0.8227	0.7921	0.7629	0.7350	0.7084	0.6830	0.6587	0.6355	0.6133	0.5921	0.5718	0.5523	0.5337	0.5158	0.4987	0.4823
5	0.9515	0.9057	0.8626	0.8219	0.7835	0.7473	0.713	0.6806	0.6499	0.6209	0.5935	0.5674	0.5428	0.5194	0.4972	0.4761	0.4561	0.4371	0.4190	0.4019
6	0.9420	0.8880	0.8375	0.7903	0.7462	0.7050	0.6663	0.6302	0.5963	0.5645	0.5346	0.5066	0.4803	0.4556	0.4323	0.4104	0.3898	0.3704	0.3521	0.3349
7	0.9327	0.8706	0.8131	0.7599	0.7107	0.6651	0.6227	0.5835	0.5470	0.5132	0.4817	0.4523	0.4251	0.3996	0.3759	0.3538	0.3332	0.3139	0.2959	0.2791
8	0.9235	0.8535	0.7894	0.7307	0.6768	0.6274	0.5820	0.5403	0.5019	0.4665	0.4339	0.4039	0.3762	0.3506	0.3269	0.3050	0.2848	0.2660	0.2487	0.2326
9	0.9143	0.8368	0.7664	0.7026	0.6446	0.5919	0.5439	0.5002	0.4604	0.4241	0.3909	0.3606	0.3329	0.3075	0.2843	0.2630	0.2434	0.2255	0.2090	0.1938
10	0.9053	0.8203	0.7441	0.6756	0.6139	0.5584	0.5083	0.4632	0.4224	0.3855	0.3522	0.3220	0.2946	0.2697	0.2472	0.2267	0.2080	0.1911	0.1756	0.1615
11	0.8963	0.8043	0.7224	0.6496	0.5847	0.5268	0.4751	0.4289	0.3875	0.3505	0.3173	0.2875	0.2607	0.2366	0.2149	0.1954	0.1778	0.1619	0.1476	0.1346
12	0.8874	0.7885	0.7014	0.6246	0.5568	0.4970	0.4440	0.3971	0.3555	0.3186	0.2858	0.2567	0.2307	0.2076	0.1869	0.1685	0.1520	0.1372	0.1240	0.1122
13	0.8787	0.7730	0.6810	0.6006	0.5303	0.4688	0.4150	0.3677	0.3262	0.2897	0.2575	0.2292	0.2042	0.1821	0.1625	0.1452	0.1299	0.1163	0.1042	0.0935
14	0.8700	0.7579	0.6611	0.5775	0.5051	0.4423	0.3878	0.3405	0.2992	0.2633	0.2320	0.2046	0.1807	0.1597	0.1413	0.1252	0.1110	0.0985	0.0876	0.0779
15	0.8613	0.7430	0.6419	0.5553	0.4810	0.4173	0.3624	0.3152	0.2745	0.2394	0.2090	0.1827	0.1599	0.1401	0.1229	0.1079	0.0949	0.0835	0.0736	0.0649
16	0.8528	0.7284	0.6232	0.5339	0.4581	0.3936	0.3387	0.2919	0.2519	0.2176	0.1883	0.1631	0.1415	0.1229	0.1069	0.0930	0.0811	0.0708	0.0618	0.0541
17	0.8444	0.7142	0.6050	0.5134	0.4363	0.3714	0.3166	0.2703	0.2311	0.1978	0.1696	0.1456	0.1252	0.1078	0.0929	0.0802	0.0693	0.0600	0.0520	0.0451
18	0.8360	0.7002	0.5874	0.4936	0.4155	0.3503	0.2959	0.2502	0.2120	0.1799	0.1528	0.1300	0.1108	0.0946	0.0808	0.0691	0.0592	0.0508	0.0437	0.0376
19	0.8277	0.6864	0.5703	0.4746	0.3957	0.3305	0.2765	0.2317	0.1945	0.1635	0.1377	0.1161	0.0981	0.0829	0.0703	0.0596	0.0506	0.0431	0.0367	0.0313
20	0.8195	0.6730	0.5537	0.4564	0.3769	0.3118	0.2584	0.2145	0.1784	0.1486	0.1240	0.1037	0.0868	0.0728	0.0611	0.0514	0.0433	0.0365	0.0308	0.0261

附表二

复利终值系数表

(F/P,i,n)

(n\i)	1%	2%	3%	4%	5%	6%	7%	8%	9%	10%	11%	12%	13%	14%	15%	16%	17%	18%	19%	20%
1	1.0100	1.0200	1.0300	1.0400	1.0500	1.0600	1.0700	1.0800	1.0900	1.1000	1.1100	1.1200	1.1300	1.1400	1.1500	1.1600	1.1700	1.1800	1.1900	1.2000
2	1.0201	1.0404	1.0609	1.0816	1.1025	1.1236	1.1449	1.1664	1.1881	1.2100	1.2321	1.2544	1.2769	1.2996	1.3225	1.3456	1.3689	1.3924	1.4161	1.4400
3	1.0303	1.0612	1.0927	1.1249	1.1576	1.1910	1.2250	1.2597	1.2950	1.3310	1.3676	1.4049	1.4429	1.4815	1.5209	1.5609	1.6016	1.6430	1.6852	1.7280
4	1.0406	1.0824	1.1255	1.1699	1.2155	1.2625	1.3108	1.3605	1.4116	1.4641	1.5181	1.5735	1.6305	1.6890	1.7490	1.8106	1.8739	1.9388	2.0053	2.0736
5	1.0510	1.1041	1.1593	1.2167	1.2763	1.3382	1.4026	1.4693	1.5386	1.6105	1.6851	1.7623	1.8424	1.9254	2.0114	2.1003	2.1924	2.2878	2.3864	2.4883
6	1.0615	1.1262	1.1941	1.2653	1.3401	1.4185	1.5007	1.5869	1.6771	1.7716	1.8704	1.9738	2.0820	2.1950	2.3131	2.4364	2.5652	2.6996	2.8398	2.9860
7	1.0721	1.1487	1.2299	1.3159	1.4071	1.5036	1.6058	1.7138	1.8280	1.9487	2.0762	2.2107	2.3526	2.5023	2.6600	2.8262	3.0012	3.1855	3.3793	3.5832
8	1.0829	1.1717	1.2668	1.3686	1.4775	1.5938	1.7182	1.8509	1.9926	2.1436	2.3045	2.4760	2.6584	2.8526	3.0590	3.2784	3.5115	3.7589	4.0214	4.2998
9	1.0937	1.1951	1.3048	1.4233	1.5513	1.6895	1.8385	1.9990	2.1719	2.3579	2.5580	2.7731	3.0040	3.2519	3.5179	3.8030	4.1084	4.4355	4.7854	5.1598
10	1.1046	1.2190	1.3439	1.4802	1.6289	1.7908	1.9672	2.1589	2.3674	2.5937	2.8394	3.1058	3.3946	3.7072	4.0456	4.4114	4.8068	5.2338	5.6947	6.1917
11	1.1157	1.2434	1.3842	1.5395	1.7103	1.8983	2.1049	2.3316	2.5804	2.8531	3.1518	3.4786	3.8359	4.2262	4.6524	5.1173	5.6240	6.1759	6.7767	7.4301
12	1.1268	1.2682	1.4258	1.6010	1.7959	2.0122	2.2522	2.5182	2.8127	3.1384	3.4985	3.8960	4.3345	4.8179	5.3503	5.9360	6.5801	7.2876	8.0642	8.9161
13	1.1381	1.2936	1.4685	1.6651	1.8856	2.1329	2.4098	2.7196	3.0658	3.4523	3.8833	4.3635	4.8980	5.4924	6.1528	6.8858	7.6987	8.5994	9.5964	10.6993
14	1.1495	1.3195	1.5126	1.7317	1.9799	2.2609	2.5785	2.9372	3.3417	3.7975	4.3104	4.8871	5.5348	6.2613	7.0757	7.9875	9.0075	10.1472	11.4198	12.8392
15	1.1610	1.3459	1.5580	1.8009	2.0789	2.3966	2.7590	3.1722	3.6425	4.1772	4.7846	5.4736	6.2543	7.1379	8.1371	9.2655	10.538	11.9737	13.5895	15.4070
16	1.1726	1.3728	1.6047	1.8730	2.1829	2.5404	2.9522	3.4259	3.9703	4.5950	5.3109	6.1304	7.0673	8.1372	9.3576	10.748	12.330	14.1290	16.1715	18.4884
17	1.1843	1.1002	1.6528	1.9479	2.2920	2.6928	3.1588	3.7000	4.3276	5.0545	5.8951	6.8660	7.9861	9.2765	10.761	12.467	14.426	16.6722	19.2441	22.1861
18	1.1961	1.4282	1.7024	2.0258	2.4066	2.8543	3.3799	3.9960	4.7171	5.5599	6.5436	7.6900	9.0243	10.575	12.375	14.462	16.879	19.6733	22.9005	26.6233
19	1.2081	1.4568	1.7535	2.1068	2.5270	3.0256	3.6165	4.3157	5.1417	6.1159	7.2633	8.6128	10.197	12.055	14.231	16.776	19.748	23.2144	27.2516	31.9480
20	1.2202	1.4859	1.8061	2.1911	2.6533	3.2071	3.8697	4.6610	5.6044	6.7275	8.0623	9.6463	11.523	13.743	16.366	19.460	23.105	27.3930	32.4294	38.3376

附表三 **年金现值系数表**

($P/A,i,n$)

$(n\backslash i)$	1%	2%	3%	4%	5%	6%	7%	8%	9%	10%	11%	12%	13%	14%	15%	16%	17%	18%	19%	20%
1	0.9901	0.9804	0.9709	0.9615	0.9524	0.9434	0.9346	0.9259	0.9174	0.9091	0.9009	0.8929	0.8850	0.8772	0.8696	0.8621	0.8547	0.8475	0.8403	0.8333
2	1.9704	1.9416	1.9135	1.8861	1.8594	1.8334	1.8080	1.7833	1.7591	1.7355	1.7125	1.6901	1.6681	1.6467	1.6257	1.6052	1.5852	1.5656	1.5465	1.5278
3	2.9410	2.8839	2.8286	2.7751	2.7232	2.6730	2.6243	2.5771	2.5313	2.4869	2.4437	2.4018	2.3612	2.3216	2.2832	2.2459	2.2096	2.1743	2.1399	2.1065
4	3.9020	3.8077	3.7171	3.6299	3.5460	3.4651	3.3872	3.3121	3.2397	3.1699	3.1024	3.0373	2.9745	2.9137	2.8550	2.7982	2.7432	2.6901	2.6386	2.5887
5	4.8534	4.7135	4.5797	4.4518	4.3295	4.2124	4.1002	3.9927	3.8897	3.7908	3.6959	3.6048	3.5172	3.4331	3.3522	3.2743	3.1993	3.1272	3.0576	2.9906
6	5.7955	5.6014	5.4172	5.2421	5.0757	4.9173	4.7665	4.6229	4.4859	4.3553	4.2305	4.1114	3.9975	3.8887	3.7845	3.6847	3.5892	3.4976	3.4098	3.3255
7	6.7282	6.4720	6.2303	6.0021	5.7864	5.5824	5.3893	5.2064	5.0330	4.8684	4.7122	4.5638	4.4226	4.2883	4.1604	4.0386	3.9224	3.8115	3.7057	3.6046
8	7.6517	7.3255	7.0197	6.7327	6.4632	6.2098	5.9713	5.7466	5.5348	5.3349	5.1461	4.9676	4.7988	4.6389	4.4873	4.3436	4.2072	4.0776	3.9544	3.8372
9	8.5660	8.1622	7.7861	7.4353	7.1078	6.8017	6.5152	6.2469	5.9952	5.7590	5.5370	5.3282	5.1317	4.9464	4.7716	4.6065	4.4506	4.3030	4.1633	4.0310
10	9.4713	8.9826	8.5302	8.1109	7.7217	7.3601	7.0236	6.7101	6.4177	6.1446	5.8892	5.6502	5.4262	5.2161	5.0188	4.8332	4.6586	4.4941	4.3389	4.1925
11	10.3676	9.7868	9.2526	8.7605	8.3064	7.8869	7.4987	7.1390	6.8052	6.4951	6.2065	5.9377	5.6869	5.4527	5.2337	5.0286	4.8364	4.6560	4.4865	4.3271
12	11.2551	10.5753	9.9540	9.3851	8.8633	8.3838	7.9427	7.5361	7.1607	6.8137	6.4924	6.1944	5.9176	5.6603	5.4206	5.1971	4.9884	4.7932	4.6105	4.4392
13	12.1337	11.3484	10.6350	9.9856	9.3936	8.8527	8.3577	7.9038	7.4869	7.1034	6.7499	6.4235	6.1218	5.8424	5.5831	5.3423	5.1183	4.9095	4.7147	4.5327
14	13.0037	12.1062	11.2961	10.5631	9.8986	9.2950	8.7455	8.2442	7.7862	7.3667	6.9819	6.6282	6.3025	6.0021	5.7245	5.4675	5.2293	5.0081	4.8023	4.6106
15	13.8651	12.8493	11.9379	11.1184	10.3797	9.7122	9.1079	8.5595	8.0607	7.6061	7.1909	6.8109	6.4624	6.1422	5.8474	5.5755	5.3242	5.0916	4.8759	4.6755
16	14.7179	13.5777	12.5611	11.6523	10.8378	10.1059	9.4466	8.8514	8.3126	7.8237	7.3792	6.9740	6.6039	6.2651	5.9542	5.6685	5.4053	5.1624	4.9377	4.7296
17	15.5623	14.2919	13.1661	12.1657	11.2741	10.4773	9.7632	9.1216	8.5436	8.0216	7.5488	7.1196	6.7291	6.3729	6.0472	5.7487	5.4746	5.2223	4.9897	4.7746
18	16.3983	14.9920	13.7535	12.6593	11.6896	10.8276	10.0591	9.3719	8.7556	8.2014	7.7016	7.2497	6.8399	6.4674	6.1280	5.8178	5.5339	5.2732	5.0333	4.8122
19	17.2260	15.6785	14.3238	13.1339	12.0853	11.1581	10.3356	9.6036	8.9501	8.3649	7.8393	7.3658	6.9380	6.5504	6.1982	5.8775	5.5845	5.3162	5.0700	4.8435
20	18.0456	16.3514	14.8775	13.5903	12.4622	11.4699	10.5940	9.8181	9.1285	8.5136	7.9633	7.4694	7.0248	6.6231	6.2593	5.9288	5.6278	5.3527	5.1009	4.8696

附表四

年金终值系数表

$(F/A,i,n)$

$(n\backslash i)$	1%	2%	3%	4%	5%	6%	7%	8%	9%	10%	11%	12%	13%	14%	15%	16%	17%	18%	19%	20%
1	1.0000	1.0000	1.0000	1.0000	1.0000	1.0000	1.0000	1.0000	1.0000	1.0000	1.0000	1.0000	1.0000	1.0000	1.0000	1.0000	1.0000	1.0000	1.0000	1.0000
2	2.0100	2.0200	2.0300	2.0400	2.0500	2.0600	2.0700	2.0800	2.0900	2.1000	2.1100	2.1200	2.1300	2.1400	2.1500	2.1600	2.1700	2.1800	2.1900	2.2000
3	3.0301	3.0604	3.0909	3.1216	3.1525	3.1836	3.2149	3.2464	3.2781	3.3100	3.3421	3.3744	3.4069	3.4396	3.4725	3.5056	3.5389	3.5724	3.6061	3.6400
4	4.0604	4.1216	4.1836	4.2465	4.3101	4.3746	4.4399	4.5061	4.5731	4.6410	4.7097	4.7793	4.8498	4.9211	4.9934	5.0665	5.1405	5.2154	5.2913	5.3680
5	5.1010	5.2040	5.3091	5.4163	5.5256	5.6371	5.7507	5.8666	5.9847	6.1051	6.2278	6.3528	6.4803	6.6101	6.7424	6.8771	7.0144	7.1542	7.2966	7.4416
6	6.1520	6.3081	6.4684	6.6330	6.8019	6.9753	7.1533	7.3359	7.5233	7.7156	7.9129	8.1152	8.3227	8.5355	8.7537	8.9775	9.2068	9.4420	9.6830	9.9299
7	7.2135	7.4343	7.6625	7.8983	8.1420	8.3938	8.6540	8.9228	9.2004	9.4872	9.7833	10.089	10.4047	10.7305	11.0668	11.4139	11.7720	12.1415	12.5227	12.9159
8	8.2857	8.5830	8.8923	9.2142	9.5491	9.8975	10.2598	10.6366	11.0285	11.435	11.8594	12.299	12.7573	13.2328	13.7268	14.2401	14.7733	15.3270	15.9020	16.4991
9	9.3685	9.7546	10.1591	10.5828	11.0266	11.4913	11.9780	12.4876	13.0210	13.579	14.1640	14.775	15.4157	16.0853	16.7858	17.5185	18.2847	19.0859	19.9234	20.7989
10	10.462	10.949	11.4639	12.0061	12.5779	13.1808	13.8164	14.4866	15.1929	15.937	16.7220	17.548	18.4197	19.3373	20.3037	21.3215	22.3931	23.5213	24.7089	25.9587
11	11.566	12.168	12.8078	13.4864	14.2068	14.9716	15.7836	16.6455	17.5603	18.531	19.5614	20.654	21.8143	23.0445	24.3493	25.7329	27.1999	28.7551	30.4035	32.1504
12	12.682	13.412	14.1920	15.0258	15.9171	16.8699	17.8885	18.9771	20.1407	21.384	22.7132	24.133	25.6502	27.2707	29.0017	30.8502	32.8239	34.9311	37.1802	39.5805
13	13.809	14.680	15.6178	16.6268	17.7130	18.8821	20.1406	21.4953	22.9534	24.522	26.2116	28.029	29.9847	32.0887	34.3519	36.7862	39.4040	42.2187	45.2445	48.4966
14	14.947	15.973	17.0863	18.2919	19.5986	21.0151	22.5505	24.2149	26.0192	27.975	30.0949	32.392	34.8827	37.5811	40.5047	43.6720	47.1027	50.8180	54.8409	59.1959
15	16.096	17.293	18.5989	20.0236	21.5786	23.2760	25.1290	27.1521	29.3609	31.772	34.4054	37.279	40.4175	43.8424	47.5804	51.6595	56.1101	60.9653	66.2607	72.0351
16	17.257	18.639	20.1569	21.8245	23.6575	25.6725	27.8881	30.3243	33.0034	35.949	39.1899	42.753	46.6717	50.9804	55.7175	60.9250	66.6488	72.9390	79.8502	87.4421
17	18.430	20.012	21.7616	23.6975	25.8404	28.2129	30.8402	33.7502	36.9737	40.544	44.5008	48.883	53.7391	59.1171	65.0751	71.6730	78.9792	87.0680	96.0218	105.930
18	19.614	21.412	23.4144	25.6454	28.1324	30.9057	33.9990	37.4502	41.3013	45.599	50.3959	55.749	61.7251	68.3941	75.8364	84.1407	93.4056	103.740	115.265	128.116
19	20.810	22.840	25.1169	27.6712	30.5390	33.7600	37.3790	41.4463	46.0185	51.159	56.9395	63.439	70.7494	78.9619	88.2118	98.6032	110.284	123.413	138.166	154.740
20	22.019	24.297	26.8704	29.7781	33.0660	36.7856	40.9955	45.7620	51.1601	57.275	64.2028	72.052	80.9468	91.0242	102.443	115.379	130.032	146.628	165.418	186.688

参考文献

1. 财政部注册会计师考试委员会办公室．财务成本管理[M]．北京:经济科学出版社,2008.
2. 财政部会计资格评价中心．财务管理[M]．北京:中国财政经济出版社,2009.
3. 荆新,王化成,刘俊彦．财务管理学[M]．北京:中国人民大学出版社,2006.
4. 郭复初,王庆成．财务管理学[M]．北京:高等教育出版社,2006.
5. 姚晓明．财务管理学[M]．上海:上海财经大学出版社,2007.
6. 傅元略．财务管理理论[M]．厦门:厦门大学出版社,2007.
7. 傅元略．中级财务管理[M]．上海:复旦大学出版社,2007.
8. 张根文,田维华．中级财务会计[M]．合肥:合肥工业大学出版社,2009.
9. 中国证券业协会．证券市场基础知识[M]．北京:中国财政经济出版社,2008.
10. 杨荣彦,樊莹．中级财务管理[M]．广东:暨南大学出版社,2007.
11. 高树凤．新编财务管理[M]．北京:经济管理出版社,2006.
12. 张根文,田维化,任国瑞．基础会计[M]．合肥:合肥工业大学出版社,2008.
13. 傅元略．财务管理[M]．上厦门:厦门大学出版社,2005.
14. 邵天营,陈复昌,财务管理学[M]．上海:立信会计出版社,2005.
15. 钟新桥,刘荣英,杨洛新．现代企业财务管理[M]．武汉:武汉理工大学出版社,2006.
16. 谷祺,刘淑莲．财务管理[M]．大连:东北财经大学出版社,2007.
17. 刘淑莲．高级财务管理理论与实务[M]．大连:东北财经大学出版社,2005.
18. 汤谷良,王化成．企业财务管理学[M]．北京:经济科学出版社,2000.
19. 王庆成、郭复初．财务管理学[M]．北京:高等教育出版社,2004.
20. 张显国．财务管理[M]．北京:机械工业出版社,2006.
21. 王化成．高级财务管理学[M]．北京:中国人民大学出版社,2003.
22. 余绪缨．管理会计学[M]．北京:中国人民大学出版社,2005.
33. 陆正飞．高级财务管理[M]．杭州:浙江人民出版社,2000.
24. 王化成．财务管理教学案例[M]．北京:中国人民大学出版社,2001.
25. 陈文浩．公司财务[M]．上海:上海财经大学出版社,2003.
26. 蒋萍．公司财务管理[M]．北京:对外经济贸易大学出版社,2001.
27. 李志远．财务分析禁忌 70 例[M]．北京:电子工业出版社,2006.
28. 鲁爱民．财务分析[M]．北京:机械工业出版社,2005.
29. 张先治．财务分析[M]．大连:东北财经大学出版社,2008.
30. 财政部会计资格评价中心．财务管理[M]．北京:中国财政经济出版社,2009.
31. 斯蒂尼克,布朗．财务报告与报表分析[M]．北京:中信出版社,2004.
32. 张新民．企业财务报表分析案例点评[M]．杭州:浙江人民出版社,2003.
33. 张维宾．财务会计案例分析[M]．上海:立信会计出版社,2006.